Hinter dem Verzeichnis der Stichworte befindet sich ein ausführliches Verzeichnis der

Guttentagschen Sammlung

Deutscher Reichs- und Preußischer Gesetze

— Textausgaben mit Anmerkungen; Taschenformat —

die alle wichtigeren Gesetze in unbedingt zuverlässigem Abdruck und mit mustergültiger Erläuterung wiedergibt.

Guttentagsche Sammlung
Nr. 42. Preußischer Gesetze. Nr. 42.
Textausgaben mit Anmerkungen.

Die Gesetzgebung
über die

Allgemeine Landesverwaltung

und über die

Zuständigkeit der Verwaltungs- und Verwaltungsgerichtsbehörden.

Kritische Textausgabe mit Anmerkungen
und Sachregister.

Bearbeitet von

Justizrat Dr. Karl Friedrichs.
Rechtsanwalt in Düsseldorf.

Zweite Auflage.

Berlin und Leipzig 1921.
Vereinigung wissenschaftlicher Verleger
Walter de Gruyter & Co.
vormals G. J. Göschen'sche Verlagshandlung — J. Guttentag, Verlagsbuchhandlung — Georg Reimer — Karl J. Trübner — Veit & Comp.

Druck von C. Schulze & Co., G. m. b. H., Gräfenhainichen.

Vorwort zur ersten Auflage.

Der Zweck der vorliegenden Ausgabe ist die Herstellung eines möglichst zuverlässigen Textes der Gesetzgebung über die Allgemeine Landesverwaltung und die Zuständigkeit der Verwaltungs- und Verwaltungsgerichtsbehörden in Preußen. Diese Aufgabe ist keine leichte und einfache. Denn die grundlegenden Gesetze, das Landesverwaltungsgesetz und das Zuständigkeitsgesetz von 1883 sowie die Reste des Verwaltungsgerichtsgesetzes von 1880 sind nicht nur in vielen ihrer Bestimmungen durch ausdrückliche Gesetzesvorschriften für die ganze Monarchie oder einzelne Landesteile außer Kraft gesetzt worden, sondern ebenso oft stillschweigend und mittelbar beeinflußt worden. Es war daher wegen jeder einzelnen Bestimmung an der Hand der ganzen übrigen Gesetzgebung des öffentlichen Rechts zu prüfen, ob und wieweit sie noch in Kraft steht, und das Ergebnis dieser Prüfung ist in den Anmerkungen niedergelegt. Ob damit eine unbedingte Vollständigkeit erreicht ist, steht dem Verfasser nicht zu, zu beurteilen, aber jedenfalls ist die Vollständigkeit größer, als in jeder einzelnen anderen der vorhandenen Ausgaben.

Außer den drei grundlegenden Gesetzen sind alle zu ihrer Ausführung oder Abänderung ergangenen Gesetze und gesetzesgleichen Königlichen Verordnungen mit abgedruckt, mit Ausnahme der auf die gewerblichen Anlagen bezüglichen, auf Grund des § 109 ZustG. erlassenen Königlichen Verordnungen. Diese waren bei ihrem stets gleichbleibenden Wortlaut zu entbehren, da der sachliche Inhalt in den Anmerkungen wiedergegeben ist. Alle übrigen sind aber zur Ergänzung und Vervollständigung unentbehrlich und finden sich deshalb auch in allen guten Ausgaben. Dasselbe gilt von der Verordnung über das Verwaltungszwangsverfahren vom 15. November 1899 und m. E. auch von dem hochwichtigen Sprachengesetz vom 28. August 1876. Diese sind daher auch mit aufgenommen.

Ausgeschlossen von der Aufnahme sind dagegen die ältere Gesetzgebung einerseits und die Ministerialerlasse andererseits. Die ältere Gesetzgebung bedarf einer ganz besonderen Bearbeitung, um sie für den praktischen Gebrauch geeignet zu machen, ohne die ursprüngliche Wortfassung unkenntlich zu machen. Durch ihre Aufnahme würde das Büchlein seinen einheitlichen Charakter verlieren. Die Aufnahme der Ministerialerlasse andererseits hätte die Handlichkeit des Büchleins vermindert, was jedenfalls für die erste Auflage vermieden werden sollte.

Eine besondere Sorgfalt ist dem Verzeichnis der Stichworte gewidmet. Bei der vielfach wechselnden Ausdrucksweise der Gesetze war aber nicht zu vermeiden, daß derselbe Gegenstand gelegentlich unter verschiedenen Stichworten gesucht werden muß, z. B. „Grundstück" und „unbewegliche Sache" usw.

Die in sehr beschränktem Umfang verwandten Abkürzungen sind die üblichen und allbekannten.

Die Gesetze und Verordnungen sind nach dem Wortlaut in der Gesetzsammlung abgedruckt, ohne eine andere

Veränderung, als durch die Anwendung der geltenden amtlichen Rechtschreibung geboten war. Veraltete Bestimmungen sind durch kleinere Schrift und eckige Klammern, einzelne Zusätze durch Sperrdruck kenntlich gemacht, so daß sowohl der amtlich bekannt gemachte als auch der jetzt geltende Wortlaut deutlich ersichtlich ist.

Düsseldorf, 16. September 1908.

Dr. Friedrichs.

Vorwort zur zweiten Auflage.

Seit dem Erscheinen der ersten Auflage hat die Gesetzgebung nicht still gestanden. Das Zuständigkeitsgesetz ist stark abgebaut worden, eine große Anzahl von Nebengesetzen ist wieder aufgehoben worden, jenes namentlich durch die neue Jagd- und Fischerei-Gesetzgebung, dieses durch die Vergrößerung der Stadtgemeinde Berlin und die Abschaffung des Landespolizeibezirks. Auch sonst ist eine Reihe von Veränderungen eingetreten, die alle so genau wie möglich nachgetragen sind. Von den großen politischen Ereignissen spiegelt sich nur weniges wieder: an die Stelle des Königs ist das Staatsministerium getreten, und bei der starken Verkleinerung der Provinz Posen und der Ungewißheit der künftigen Schicksale der Restprovinz ist das Gesetz vom 19. Mai 1889 nicht wieder abgedruckt worden.

Unter den Abänderungsgesetzen sind auch solche, welche sich selbst nur als vorübergehend bezeichnen. Ihre Einwirkung auf den Text ist dadurch gekennzeichnet, daß die betroffenen Stellen in eckige Klammern gesetzt, aber in gewöhnlicher Schrift gelassen sind. Nach Aufhebung der Änderung kann der Leser die Klammern wegstreichen.

Auf diese Weise erscheint das Bändchen in der zweiten Auflage um reichlich 100 Seiten gekürzt. Dafür ist das Verzeichnis der Stichworte neu durchgesehen und wesentlich bereichert. Eine neuartige Druckanordnung sucht Raumersparnis mit Übersichtlichkeit zu verbinden.

Düsseldorf, 7. August 1921.

Karl Friedrichs.

Inhalt.

1. Gesetz vom 30. Juli 1883 über die allgemeine Landesverwaltung.

2. Gesetz vom 1. August 1883 über die Zuständigkeit der Verwaltungs- und Verwaltungsgerichtsbehörden.

Anhang I. Allgemeine ergänzende Vorschriften.

Verzeichnis der Gesetze und Verordnungen nach der Zeitfolge.

Einleitung

Unter der absoluten Herrschaft genoß die Preußische Regierung viele Generationen hindurch den Ruf strengster Gerechtigkeit und Unparteilichkeit. Beschwerden gegen die Gesetzmäßigkeit oder Zweckmäßigkeit der Anordnungen gingen von der Ortsbehörde an den Landrat, weiter an die Provinzialbehörde (namentlich die im Jahre 1723 geschaffenen Kriegs- und Domänenkammern), an den Staatsrat, endlich an den König selbst. Die höheren Verwaltungsbehörden waren mit rechtskundigen, erfahrenen Beamten besetzt, und die Könige aus dem Hause Hohenzollern waren fast alle von dem Geist der Unparteilichkeit erfüllt, sodaß der Despotismus in Preußen einen großen Teil der Vorwürfe nicht verdiente, die man ihm in andern Ländern mit Recht zu machen hatte.

Aber die Verwaltung war gerade durch ihre gründliche Gewissenhaftigkeit so schwerfällig geworden, daß die Steinsche Reformgesetzgebung den verwickelten und ungefügigen Verwaltungsapparat nicht bestehen lassen konnte.

So wurde denn in dem Aufschwung des preußischen öffentlichen Lebens, der der Schlacht von Jena folgte und die Befreiungskriege begleitete, auch die innere Verwaltung umgestaltet

Schon das Jahr 1808 brachte eine Verordnung vom 26. Dezember wegen verbesserter Einrichtung der Provinzial-Polizei und Finanzbehörden; darauf folgte als erstes Gesetz der neueingerichteten Gesetzsammlung die Vdg. v. 27. Oktober 1810 über die veränderte Verfassung aller obersten Staatsbehörden, wodurch die Kraft der Verwaltung von dem Staatsrat auf die Ministerien übertragen wurde und die letzteren eine klare und übersichtliche Geschäftsverteilung als Zentralbehörden für die ganze Monarchie bekamen. Die Vdg. v. 30. April 1815 wegen verbesserter Einrichtung der Provinzialbehörden teilte den Staat in zehn Provinzen und 25 Regierungsbezirke, führte die Oberpräsidenten mit den Konsistorien und den Provinzial-Medizinalkollegien in allen Provinzen ein, wandelte die zu schwerfälligen Kriegs- und Domänenkammern in Regierungen mit mehreren Abteilungen um, und machte den Landrat zum Organ der Regierung für die innere Verwaltung des ganzen Kreises mit Einschluß der kleinen Städte. Unter dem 23. Oktober 1817 wurden für die Oberpräsidenten, die Konsistorien, die Medizinalkollegien und die Regierungen ausführliche Dienstinstruktionen erlassen und der Regierungsinstruktion die Vdg. v. 26. Dezember 1808, soweit sie noch von praktischer Bedeutung war, als Anhang beigefügt. In zwei Kabinettsorders vom 31. Dezember 1825 wurde die Instruktion für die Oberpräsidenten durch eine neue ersetzt und die für die Konsistorien (unter Teilung in das eigentliche Konsistorium und das Provinzialschulkollegium), der Medizinalkollegien und der Regierungen in einzelnen Punkten abgeändert.

Die in diesen Verordnungen und Instruktionen niedergelegten Verwaltungsgrundsätze haben die Stürme des Jahres 1848 überstanden, da eine Kreis-, Bezirks- und Provinzialordnung vom 11. März 1850 (GS. 251), welche die Selbstverwaltung der Angelegenheiten der Kommunalverbände durch Kreisversammlungen und Kreisausschüsse, Bezirksräte und Provinzialversammlungen anordnete, niemals in Kraft getreten ist. Im Jahre 1867 sind sie in den neuen Provinzen eingeführt worden, und sie bilden noch heut das gemeine subsidiäre Recht für die Organisation und das Verfahren, nicht nur für die eigentlichen Behörden der inneren Verwaltung, sondern z. B. auch für die Königlichen Eisenbahndirektionen.

Aber die Verwaltung nach diesen Verordnungen hatte sich innerlich überlebt. Schon durch die Gesetzgebung von 1808—1825 waren die Garantien für eine unparteiische innere Verwaltung verringert worden und die Verfassung vom 31. Januar 1850 brachte mit dem konstitutionellen System auch den Einfluß der politischen Parteien. Nach dem schlechten Beispiel Frankreichs wurde die Zuständigkeit der ordentlichen Gerichte planmäßig zugunsten der Verwaltungsbehörden eingeengt, und da jeder Minister die seinen Verwaltungszweig betreffenden Gesetze in höchster Instanz selbst auszulegen hatte, so wurde in den letzten Jahren der Regierung Friedrich Wilhelms IV. die Handhabung der Verwaltungsgesetze nach dem Zeugnis G n e i s t s grundsätzlich so parteiisch, daß zuletzt selbst die Bestätigung der Gemeindebeamten, die Genehmigung von Gast- und Schankwirtschaften, die Erteilung von Pässen und Baukonzessionen usw. von der politischen Parteistellung der Beteiligten abhängig gemacht wurde. Man suchte auf diese Weise die Wahlen zum Abgeordnetenhause zu beeinflussen, und rühmte als Verdienst einer starken und konservativen Regierung, daß selbst die Polizeigewalt in der Hauptstadt Berlin im Parteiinteresse ausgeübt wurde.

Der notwendig gewordene Umschwung kam nun von oben und zwar nach Gneists Zeugnis aus eigenster Entschließung Bismarcks, der alsbald nach Beendigung des Konflikts mit dem Abgeordnetenhause die Einführung der Selbstverwaltung als Garantie für die Unabhängigkeit der Verwaltung mit allen Kräften in Bewegung setzte, nachdem die 1861 in Angriff genommene Erweiterung des Rechtsweges sich nicht als das geeignete Mittel erwiesen hatte.

Diese Selbstverwaltung bezieht sich nicht nur auf die Erledigung der eigentlichen Staatsgeschäfte (allgemeine Landesverwaltung), sondern auch auf die der größeren Kommunalverbände (Kreise und Provinzen) sowie der Bezirksverbände in Hessen-Nassau und Hohenzollern. Diese erhielten eine Verfassung und Vertretung, durch die sie, wie schon vorher die Städte, zu besserer Erfüllung bestehender und neu zu stellender wirtschaftlicher Aufgaben befähigt wurden. Die Angelegenheiten der Staatsverwaltung wurden nach Möglichkeit den der Sache näherstehenden Instanzen überwiesen und zugleich auf unabhängige, an die Weisungen der Minister nicht gebundene, Kollegien übertragen. Beiden Zwecken diente die Schaffung von neuen Kollegien, die aus Berufsbeamten und Laien zusammengesetzt sind, wobei die für die Staatsverwaltung und Kommunalverwaltung bestimmten Kollegien in allen Instanzen aneinander geschlossen und zum Teil identisch wurden. Dazu gehörte ferner die Ordnung eines Verfahrens für streitige und nicht streitige Verwaltungssachen, und eine selbstverständliche Folge war es, daß diejenigen Angelegenheiten der inneren Verwaltung, welche den Selbstverwaltungsbehörden nicht übertragen wurden, sondern bei den

Berufsbehörden zurückblieben, nicht mehr in kollegialischer Beratung, sondern nach den Anweisungen des Vorsitzenden erledigt werden.

Zunächst wurde eine Kreisordnung für die östlichen Provinzen geschaffen, deren erster Entwurf vom 8. Oktober 1869 nur zur Vorberatung einiger Paragraphen gelangte. Der zweite Entwurf vom 21. Dezember 1871 wurde, nachdem unter vielen Kämpfen eine Verständigung zwischen der Regierung und dem Abgeordnetenhause erzielt war, am 31. Oktober 1872 von dem Herrenhause abgelehnt. Der dritte Entwurf vom 16. November 1872 wurde im Abgeordnetenhause am 26. November und den aus allerhöchstem Vertrauen um 24 Mitglieder verstärkten Herrenhause am 9. Dezember 1872 angenommen, er wurde am 13. Dezember 1872 verkündet und trat am 1. Januar 1874 in beiden Preußen, Brandenburg, Pommern, Schlesien und Sachsen in Kraft. Das Gesetz enthält nicht nur Vorschriften über die Verfassung der Kreisverbände, sondern auch eine Neuordnung der Ortspolizei auf dem Lande durch Schaffung der Amtsvorsteher und Vorschriften über das Verfahren in zwei Instanzen und die Zuständigkeit der Behörden in Verwaltungsstreit- und Beschlußsachen. Diesem Gesetz folgt als nächstes Obergeschoß die Provinzialordnung vom 29. Juni 1875, welche zugleich das Beschlußverfahren weiter ausbaute, das Dotationsgesetz vom 8. Juli 1875, welches die Aufgaben der Provinzen erweiterte und ihnen zugleich die Mittel zur Erfüllung dieser Aufgaben — beides auf Kosten des Staates — gewährte, während die Vorschriften der Kreisordnung über das Verwaltungsstreitverfahren durch das Verwaltungsgerichtsgesetz vom 3. Juli 1875 ersetzt und durch Schaffung des Oberverwaltungsgerichts als dritter Instanz gekrönt wurden. Das Zuständigkeitsgesetz vom 26. Juli 1876 ersetzte die Vorschriften der Kreisordnung über die Zuständigkeit der Behörden und schuf zugleich eine Reihe neuer Vorschriften über Verwaltungsbeschwerden, Rechtsmittel gegen polizeiliche Verfügungen und Zwangsverfahren.

Alle Verhandlungen und Beratungen, welche zu dieser Gesetzgebung geführt hatten, wurden noch durch zwei vergebliche Versuche der Staatsregierung erschwert. Der eine bezog sich auf die Vereinfachung der Provinzialverwaltung, für welche die Verordnung vom 30. April 1815 die Regierungen und die Oberpräsidenten nicht als über- und untergeordnete, sondern als streng nebengeordnete Instanzen eingeführt hatte. Die Staatsregierung glaubte, eine dieser Instanzen entbehren zu können, und zwar die Bezirksregierungen, da man die durch alte geschichtliche Erinnerungen und vielfache wirtschaftliche Angelegenheiten zusammengehaltenen Provinzen nicht zerreißen mochte. Aber diesem Plane stand die ungleiche und zum Teil sehr erhebliche Größe der Provinzen entgegen, und es zeigte sich auch nicht als möglich, die Bezirksregierungen, die seit langer Zeit die wichtigsten Provinzialbehörden für die meisten Zweige der Verwaltung gewesen waren, zu beseitigen. Es wurden also beide Instanzen beibehalten, und sogar, gegen den ursprünglichen Plan, der Oberpräsident in vielen Angelegenheiten zur Beschwerdeinstanz über den Regierungspräsidenten bestellt.

Der zweite Versuch betraf die Berliner Behördenverfassung, die schon seit dem Jahre 1822 abnorm und nur provisorisch gewesen war, aber mehrere Entwürfe einer planmäßigen Neuordnung der Verwaltung wurden abgelehnt, und es mußten hier und dort einige Sonderbestimmungen eingeschoben werden, um die Einführung der neuen Gesetze in der Hauptstadt notdürftig zu ermöglichen.

Durch alle diese Schwierigkeiten und Wandlungen hatte die Gesetzgebung eine äußere Form gewonnen „halb Rohbau, halb Ruine", nach den Worten des Ministers Grafen Botho zu Eulenburg, so daß sie in den neuen Provinzen nicht wohl eingeführt werden konnte, obgleich sich der sachliche Inhalt der wichtigsten und grundsätzlichen Bestimmungen ausgezeichnet bewährt hatte. Man schritt also zu einer Umwandlung der äußeren Form und schuf das Organisationsgesetz vom 26. Juli 1880, in dem die Vorschriften der Provinzialordnung und des Zuständigkeitsgesetzes über die Behördenverfassung, das Beschlußverfahren und einige andere Gegenstände zusammengenommen und neu gefaßt wurden, ferner wurden das Verwaltungsgerichtsgesetz, die Kreisordnung und die Provinzialordnung in verschiedenen, aber nicht grundsätzlichen Bestimmungen abgeändert und neu verkündet, das erstere am 2. August 1880, die beiden letzteren unter dem 19. und 22. März 1881. Die Neuverkündung der Kreisordnung und der Provinzialordnung geschah namentlich im Interesse der neueu Provinzen, um die in andere Gesetze übernommenen oder sonst aufgehobenen und nicht mehr gültigen Bestimmungen weglassen zu können.

Die Neufassung des Organisationsgesetzes wurde von der Staatsregierung schon drei Jahre später in die Hand genommen, weil man glaubte, die bisher festgehaltene scharfe Unterscheidung zwischen dem Beschlußverfahren und dem Verwaltungsstreitverfahren verwischen zu sollen. Das Abgeordnetenhaus wollte aber diese Unterscheidung nicht aufgeben, sondern nur die bis dahin scharf getrennten Behörden der Mittelinstanz, Bezirksrat und Bezirksverwaltungsgericht, unter dem Namen Bezirksausschuß zu einer Behörde zusammenfassen. Zu diesem Zwecke wurden die Verfahrensbestimmungen des Verwaltungsgerichtsgesetzes mit möglichst genauer Beibehaltung des Wortlautes in den Entwurf aufgenommen und das Letztere mit Ausnahme der Vorschriften über das Oberverwaltungsgericht formell aufgehoben. So entstand das Landesverwaltungsgesetz vom 30. Juli 1883. Gleichzeitig mit ihm wurde das neue Zuständigkeitsgesetz vom 1. August 1883 beraten und verkündet. In diesem werden die Reste des Zuständigkeitsgesetzes vom 26. Juli 1876 revidiert und zugleich durch Vorschriften über die Angelegenheiten der Städte, die Wegepolizei, und wasserpolizeiliche Vorschriften für die neuen Provinzen bereichert.

Nunmehr konnte die Einführung in die neuen Provinzen erfolgen, die denn auch Jahr um Jahr geschehen ist, indem die Kreisordnung und die Provinzialordnung trotz der Neufassung von 1880 für jede Provinz neu verkündet wurden, während das Landesverwaltungsgesetz und das Zuständigkeitsgesetz mit einzelnen Zusätzen oder Abänderungen für anwendbar erklärt wurden.

Damit hat die Schaffung umfassender Gesetze aufgehört, aber noch nicht die Fortbildung des Rechtes selbst. Das Landesverwaltungsgesetz ist am wenigsten und meist nur mittelbar beeinflußt worden; das Verwaltungsgerichtsgesetz hat drei Novellen erfahren; am reichsten ist das Zuständigkeitsgesetz bedacht worden, und zwar teils durch Bereicherungen, infolge des Ausbaues des Reichsverwaltungsrechts, teils durch Streichungen in ausgebauten preußischen Verwaltungsgesetzen, welche mit dem materiellen Recht auch die Zuständigkeit und das Verfahren geordnet haben.

Auf diese Weise sind die Gesetze, die schon bei ihrer Verkündung keineswegs klar und scharf umrissen waren, wiederum in hohem Maße zerstückelt und unübersichtlich geworden; dagegen ist der sachliche Inhalt der Bestimmungen durch die Rechtsprechung des Oberverwaltungsgerichts, daneben auch des Kammergerichts, weniger durch die Literatur zu einem Gesetzgebungswerke von großer Einheitlichkeit und Folgerichtigkeit ausgebildet worden und die Gesetzgebung enthält einen bedeutenden Fortschritt in der Entwicklung des öffentlichen Lebens und Rechts für Preußen und unmittelbar auch für das Deutsche Reich. Durch dasselbe ist dem Verwaltungsrecht ein Rechtsschutz gesichert, wie er in einzelnen Deutschen Staaten in der Folgezeit annähernd erreicht, aber in keinem Staate des Europäischen Festlandes übertroffen wird.

Was uns noch fehlt, ist eine Vereinfachung, etwa im Sinne der Ausführungen des Grafen Hue de Gray in Bd. 15 S. 325—376 des Verwaltungsarchivs. Dagegen findet sich kaum ein Gegenstand für eine grundsätzliche sachliche Verbesserung.

Nr. 1. — Gesetz vom 30. Juli 1883 über die allgemeine Landesverwaltung.

(GS. 195)[1].

Wir Wilhelm, von Gottes Gnaden König von Preußen usw. verordnen, mit Zustimmung beider Häuser des Landtags, für den gesamten Umfang der Monarchie[2], was folgt:

Erster Titel.

Grundlagen der Organisation.

§ 1. Die Verwaltungseinteilung[3] des Staatsgebiets in Provinzen,[4] Regierungsbezirke und Kreise bleibt mit der Maßgabe bestehen, daß die Stadt Berlin aus der Provinz Brandenburg ausscheidet[5] und einen Verwaltungsbezirk für sich bildet.

1) Erläuterungen von Stier-Somlo (1902) Friedrichs (1910) v. Brauchitsch-Genzmer, Verwaltungsgesetze Bd. 1 (1918). Systematische Worte von Mueller, Begriffe der Verwaltungsrechtspflege (1895), Popitz, Parteibegriff (1907), Bartels, Verfahren vor den Verwaltungsgerichten (1907) Kunze, Verwaltungsstreitverfahren (1908) Friedrichs, Verwaltungsrechtspflege 3 Bde. (1920—1921).

2) Über das Inkrafttreten vgl. §§ 154, 155.

3) Anlage zur Vdg. v. 30 4 1815 (GS. 85) mit vielen Ergänzungen

4) Provinz Oberschlesien: G. v 14. 10 1919 (GS 169), geändert durch G. v. 14. 1. 1921 (GS. 132); besondere

Verfassungsbestimmungen: G. v. 7. 4 1921 (GS. 353). Verfassung der bei Deutschland verbliebenen Teile von Posen und Westpreußen: ErlMinInn. v. 2 8. 1919 (MBlInn. 354), v. 28. 8. 1919 (MBlInn.). Siedlungsverband Ruhrkohlenbezirk: G. v. 5. 5. 1920 (GS. 286). Wahl zum Reichsrat, G. v. 3 6. 1921 (GS. 379).

5) In Kraft getreten am 1. 4. 1881 OrgG. v. 26. 7. 1880 § 1. Über das Ausscheiden aus dem Kommunalverband vgl. ProvO. v. 29. 6. 1875 (GS. 335) § 2. G. v. 27 4. 1920 (GS. 123), vorbereitet durch G. v. 21. 1. 1920 (GS. 49); G. v. 17 12. 1920 (GS. 623) § 56, G. v. 11. 3 1921 (GS. 339)

§ 2. In der Provinz Hannover bleiben die Landdrosteibezirke[1] als Regierungsbezirke bestehen.

Die Abänderung der Kreis- und Amtseinteilung der Provinz Hannover erfolgt mittels besonderen Gesetzes.[2]

1) Über die Behördenverfassung vgl. § 25.

2) KrO v. 6. 5. 1884 (GS. 181).

§ 3. Die Geschäfte der allgemeinen Landesverwaltung werden, soweit sie nicht anderen Behörden überwiesen sind, unter Oberleitung der Minister, in den Provinzen von den Oberpräsidenten, in den Regierungsbezirken von den Regierungspräsidenten und den Regierungen, in den Kreisen von den Landräten geführt.

Die Oberpräsidenten, die Regierungspräsidenten und die Landräte handeln innerhalb ihres Geschäftskreises selbständig unter voller persönlicher Verantwortlichkeit, vorbehaltlich der kollegialischen Behandlung der durch die Gesetze bezeichneten Angelegenheiten

§ 4. Zur Mitwirkung bei den Geschäften der allgemeinen Landesverwaltung nach näherer Vorschrift der Gesetze bestehen für die Provinz am Amtssitze des Oberpräsidenten der Provinzialrat[1], für den Regierungsbezirk am Amtssitze des Regierungspräsidenten der Bezirksausschuß[2], für den Kreis am Amtssitze des Landrats der Kreisausschuß[3].

An die Stelle des Kreisausschusses tritt in den durch die Gesetze vorgesehenen Fällen in den Stadtkreisen, in welchen ein Kreisausschuß nicht besteht[4], der Stadtausschuß[5], in den einem Landkreise angehörigen Städten mit mehr als 10000 Einwohnern[6] der Magistrat (kollegialische Gemeindevorstand).[7]

In Stadtgemeinden, in welchen der Bürgermeister allein den Gemeindevorstand bildet[8], treten für die in dem zweiten Absatze bezeichneten Fälle an die Stelle des Magistrats der Bürgermeister und die Beigeordneten als Kollegium.

1) §§ 10—15 2) §§ 28—35, 54

3) §§ 36, 39, 40.

4) z. Z. gibt es keine Stadtkreise mit KrA.

5) §§ 37, 39, 40. Vorschriften über die Zuständigkeit finden sich ZustG. (Nr. 2) §§ 75, 100, 109, 114, 151; Vdg. v. 31. 12. 1883 (Nr 10); Vdg v. 30 7 1900 (Nr. 16) § 1. WasserG. v 7. 4. 1913 (GS 53) § 93 und oft. FischereiG. v. 11. 5. 1916 (GS. 55) § 12 II und oft Vdg. v. 25 7. 1910 (Nr. 20). Über die Verfassung des StA. Berlin G. v. 27. 4. 1920 (GS. 123) § 40, Übergangsvorschrift § 58 Nr. 12.

6) ZustG. § 162; HannKrO. v. 6. 5 1884 (GS 181) § 23 Nr 1, §§ 27, 28.

7) Vgl. Abs. III. Vorschriften über die Zuständigkeit finden sich ZustG. §§ 109, 114; Vdg. v 31. 12. 1883 § 1; Vdg. v. 30. 7. 1900 § 1.

8) RheinStO v. 15. 5. 1856 (GS. 406) § 53.

§ 5. In den Hohenzollernschen Landen[1] tritt, soweit nicht die Gesetze anderes bestimmen, an die Stelle des Oberpräsidenten und des Provinzialrats der zuständige

Minister, an die Stelle des Kreises der Oberamtsbezirk, an die Stelle des Landrats der Oberamtmann, an die Stelle des Kreisausschusses der Amtsausschuß.

1) Vdg. v. 7. 1. 1852 (GS. 35); Amts- und LandesO. v. 2. 7. 1900 (GS. 324). Für die landwirtschaftliche Unfallversicherung der Rheinprovinz angeschlossen, G. v. 23. 7. 1912 (GS. 207) § 1 III.

§ 6. In bezug auf die amtliche Stellung, die Befugnisse, die Zuständigkeit und das Verfahren der Verwaltungsbehörden bleiben die bestehenden Vorschriften[1] in Kraft, soweit dieselben nicht durch das gegenwärtige Gesetz abgeändert werden.

1) Vdg. v. 30. 4. 1815 (GS. 85) wegen verbesserter Einrichtung der Provinzialbehörden; Instruktion v. 23. 10. 1817 (GS. 248) zur Geschäftsführung der Regierungen, mit Beilage; KabO. v. 31 12. 1825 (GS. 1826, 5); Instruktion v. 31. 12. 1825 für die Oberpräsidenten (GS. 1826, 1) mit vielfachen Änderungen.

I **§ 7.** Die Verwaltungsgerichtsbarkeit (Entscheidung im Verwaltungsstreitverfahren)[1] wird durch die Kreis-(Stadt-)Ausschüsse und die Bezirksausschüsse[2] als Verwaltungsgerichte, sowie durch das in Berlin für den ganzen Umfang der Monarchie bestehende Oberverwaltungsgericht[3] ausgeübt. Die Entscheidungen ergehen unbeschadet aller privatrechtlichen Verhältnisse[4].

II Die sachliche Zuständigkeit dieser Behörden zur Entscheidung in erster Instanz wird durch besondere gesetzliche Bestimmungen geregelt[5].

III Die Bezirksausschüsse treten überall an die Stelle der Deputationen für das Heimatwesen[6].

IV Wo in besonderen Gesetzen das Verwaltungsgericht genannt wird, ist darunter im Zweifel der Bezirksausschuß zu verstehen.

1) §§ 50–112.

2) die Bergausschüsse, BergG. v. 14. 7 1905 (GS 307) § 192a II, § 194a. Der durch G. v. 28. 6. 1909 (GS. 677) Art IV gefaßte Abs. I des § 192a ist durch G. v. 18. 12. 1920 (GS. 1921, 97) wieder aufgehoben worden. Aber § 192a III ist in Kraft geblieben. Die Beschlußbehörde für Groß-Berlin ist durch G v 27. 4. 1920 (GS. 123) wieder aufgehoben: Verbandsrat für den Siedlungsverband Ruhrkohlenbezirk G. v. 5 5. 1920 (GS 286) § 26.

3) VerwGerG. v. 2. 8. 1880 (Nr. 6 dieser Ausgabe) §§ 17–30a, § 88. Die Geschäftsräume standen in Charlottenburg. Durch die Eingemeindung Charlottenburgs in Berlin ist die Frage, ob damit auch der Sitz nach Charlottenburg verlegt sei, gegenstandslos geworden.

4) Wiederholt in § 127 V und ZG. § 160 II.

5) oder durch Vdgen. auf Grund ZustG. § 109 II, § 121; G. v. 27 4. 1885 (Nr. 4)

6) AusfG. v. 8 3. 1874 zum UntWohnsG (GS. 130) § 40 wird dadurch aufgehoben. Aufrecht erhalten sind andere Vorschriften des AusfG. in § 157 Nr. 3, § 158 Nr. 1. Eine Sondervorschrift über die Beschlußfähigkeit enthält LVG. § 33.

Zweiter Titel.

Verwaltungsbehörden.

I. Abschnitt.

Provinzialbehörden[1].

1. Oberpräsident.

§ 8. An der Spitze der Verwaltung der Provinz steht der Oberpräsident[2]. Demselben wird ein Oberpräsidialrat[3] und die erforderliche Anzahl von Räten und Hilfsarbeitern beigegeben, welche die Geschäfte nach seinen Anweisungen bearbeiten. Auch ist der Oberpräsident befugt, die Mitglieder der an seinem Amtssitz befindlichen Regierung, sowie die dem Regierungspräsidenten daselbst beigegebenen Beamten (§ 19 Abs. 1) zur Bearbeitung der ihm übertragenen Geschäfte heranzuziehen.

1) Abweichung von dem sonst üblichen Sprachgebrauch, nach welchem der Ausdruck auch solche Behörden bezeichnet, die nur für einen RegBez. zuständig sind.

2) Publikandum v. 16. 12. 1808 (GS. 1806/10, 361); Vdg. v. 30. 4 1815 (GS. 85) §§ 2, 4; Instruktion v. 31. 12. 1825 (GS. 1826, 1), vielfach vor und nach 1883 abgeändert. Mitwirkung des Provinzialausschusses bei der Ernennung VerfUrk. v. 30. 11. 1920 (GS. 543) Art. 86. Gehalt der Ministerialdirektoren.

3) im Range der Räte 3. Klasse, Kgl. Erlaß v 13. 4. 1888 (GS. 76). Gehalt Gruppe 13, daneben Oberregierungsräte Gehalt Gruppe 12 (Etat des Finanzministeriums).

§ 9. Die Stellvertretung[1] des Oberpräsidenten in Fällen der Behinderung erfolgt, soweit sie nicht für einzelne Geschäftszweige durch besondere Vorschriften[2] geordnet ist, durch den Oberpräsidialrat. Die zuständigen Minister[3] sind befugt, in besonderen Fällen eine andere Stellvertretung anzuordnen.

1) in allen Geschäften, die dem OPräs. zugeteilt sind.

2) z. B ProvO. § 26.

3) Min. Inn. und Fin.

2. Provinzialrat.

§ 10. Der Provinzialrat besteht aus dem Oberpräsidenten beziehungsweise dessen Stellvertreter[1] als Vorsitzenden, aus einem von dem Minister des Innern auf die Dauer seines Hauptamtes am Sitze des Oberpräsidenten ernannten höheren Verwaltungsbeamten beziehungsweise dessen Stellvertreter und aus fünf Mitgliedern, welche vom Provinzialausschusse[2] aus der Zahl der zum Provinziallandtage wählbaren[3] Provinzialangehörigen[4] gewählt werden Für die letzteren werden in gleicher Weise fünf Stellvertreter gewählt.

Von der Wählbarkeit ausgeschlossen sind der Oberpräsident, die Regierungspräsidenten, die Vorsteher Königlicher Polizeibehörden, die Landräte und die Beamten des Provinzialverbandes[5].

1) Vgl. § 9.

2) ProvO. §§ 45 ff., für Hessen-Nassau Vdg. v. 16. 12. 1887 (GS. 487). Wegen der Restprovinz Posen G. v. 18. 12. 1919 (GS. 1920, 2).

3) ProvO. § 17, für Posen gilt statt dessen G. v. 19. 5. 1889 (GS. 108) Art. II, III. G v. 16. 7. 1919 (GS. 129) § 3. StMG. v. 4. 5. 1920 (GS. 188). G. v 3. 12. 1920 (GS. 1921, 1) §§ 2, 5. G. v 14. 1. 1921 (GS 132)

4) ProvO. § 5; KrO. § 6.

5) Abs. II anwendbar auf die Mitglieder des Oberstromausschusses nach G v. 12. 8. 1905 (GS. 335) §§ 3, 11 II. Wegen des Verbandsrats für den Siedlungsverband Ruhrkohlenbezirk vgl VerbandsO. v. 5. 5. 1920 (GS. 286) § 26.

§ 11.[1] Die Wahl der Mitglieder des Provinzialrats und deren Stellvertreter erfolgt auf sechs Jahre.

Jede Wahl verliert ihre Wirkung mit dem Aufhören einer der für die Wählbarkeit vorgeschriebenen Bedingungen. Der Provinzialausschuß hat darüber zu beschließen, ob dieser Fall eingetreten ist. Gegen den Beschluß des Provinzialausschusses findet innerhalb zwei Wochen[2] die Klage bei dem Oberverwaltungsgerichte statt. Die Klage steht auch dem Vorsitzenden des Provinzialrats zu. Dieselbe hat keine aufschiebende Wirkung; jedoch dürfen bis zur Entscheidung des Oberverwaltungsgerichts Ersatzwahlen nicht stattfinden.

1) Anwendbar auf die Mitglieder des BezA § 28 V, des Bergausschusses BergG. v. 14. 7. 1905 (GS. 307) § 194a und des Oberstromausschusses § 10 Anm. 5.

2) § 52.

§ 12.[1] Alle drei Jahre scheidet die Hälfte der gewählten Mitglieder und Stellvertreter, und zwar das erste Mal die nächstgrößere Zahl, aus und wird durch neue Wahlen ersetzt. Die Ausscheidenden bleiben jedoch in allen Fällen bis zur Einführung der Neugewählten in Tätigkeit Die das erste Mal Ausscheidenden werden durch das Los bestimmt. Die Ausscheidenden sind wieder wählbar.

Für die im Laufe der Wahlperiode ausscheidenden Mitglieder und Stellvertreter haben Ersatzwahlen stattzufinden. Die Ersatzmänner bleiben nur bis zum Ende desjenigen Zeitraums in Tätigkeit, für welchen die Ausgeschiedenen gewählt waren.

1) Anwendbar wie bei § 11 Anm. 1, aber nicht auf den BezA. Berlin, G. v. 27. 4. 1920 (GS. 123) § 33, 2. abgedruckt zu § 43.

§ 13.[1] Die Dauer der Wahlperiode kann durch das Provinzialstatut[2] auch anders bestimmt werden.

1) Anwendbar auf den BezA., aber nicht in Berlin. G v. 27. 4 1920 § 39, 2, vgl § 12 Anm. 1.

2) ProvO § 8 Nr. 1. §§ 35, 119.

I **§ 14.**[1] Die gewählten Mitglieder und stellvertretenden Mitglieder des Provinzialrats werden von dem Oberpräsidenten vereidigt und in ihre Stellen eingeführt.

Sie können aus Gründen, welche die Entfernung II eines Beamten aus seinem Amte rechtfertigen (§ 2 des Gesetzes vom 21 Juli 1852, betreffend die Dienstvergehen der nicht richterlichen Beamten, Gesetz-Samml. S. 465), im Wege des Disziplinarverfahrens ihrer Stellen enthoben werden.

Für das Disziplinarverfahren gelten die Vorschriften III des genannten Gesetzes mit folgenden Maßgaben:[2]

Die Einleitung des Verfahrens sowie die Ernennung IV des Untersuchungskommissars und des Vertreters der Staatsanwaltschaft erfolgt durch den Minister des Innern.

Disziplinargericht ist das [Plenum des][3] Oberver- V waltungsgericht[s].

1) Anwendbar auf den Oberstromausschuß. Über die Entschädigung vgl. ProvO. § 100; Hessen-Nassau § 89 II; Posen Vdg v. 5 11. 1889 (GS. 108) § 34

2) und den Maßgaben des § 157 Nr. 2

3) Geändert durch G. v. 8. 5. 1889 (Nr 7).

§ 15.[1] Der Provinzialrat ist beschlußfähig, wenn mit Einschluß des Vorsitzenden fünf Mitglieder anwesend sind. Die Beschlüsse[2] werden nach Stimmenmehrheit gefaßt Bei Stimmengleichheit gibt die Stimme des Vorsitzenden den Ausschlag.

1) Anwendbar auf den Oberstromausschuß.

2) GeschRegul. v. 28. 2. 1884 (MBlInn. 35) § 2.

3. Generalkommissionen.

§ 16.[1]

1) Gegenstandslos nach dem G. v. 3. 6. 1919 über Landeskulturbehörden (GS 101).

II. Abschnitt.

Bezirksbehörden.

1. Regierungspräsident und Bezirksregierung.[1]

§ 17. An die Spitze der Bezirksregierung am Sitze des Oberpräsidenten tritt, unter Wegfall des Regierungsvizepräsidenten[2], ein Regierungspräsident[3]. Der Oberpräsident ist fortan nicht mehr Präsident dieser Regierung.

1) §§ 17—20 anwendbar auf das Verbandspräsidium des Siedlungsverbandes Ruhrkohlenbezirk, G. v. 5. 5. 1920, AusfBest. v. 4 6 1920 § 24 VIII.

2) Vdg. v. 30. 4. 1815 § 32; KabO. v. 31 12 1825 D IV

3) Ernennung im Einvernehmen mit dem Provinzialausschusse. VerfUrk. v. 30. 11 1920 (GS. 530) Art. 86. Gehalt der Ministerialdirigenten (Gruppe II).

§ 18. Die Regierungsabteilung des Innern[1] wird aufgehoben. Die Geschäfte derselben[2] werden, soweit nicht durch das gegenwärtige Gesetz abweichende Bestimmungen getroffen sind, von dem Regierungspräsidenten mit den der Regierung zustehenden Befugnissen[3] verwaltet.

1) d. h. die kollegiale beratende Verfassung; die Geschäfte, soweit sie nicht auf die Beschlußbehörden übergehen, bleiben dieselben und werden von denselben Beamten, aber in bürokratischer Weise (nach Anweisungen), bearbeitet; auch die Stellung zu den über- und untergeordneten Behörden ist dieselbe geblieben.

2) und der Katasterverwaltung, RundErl. v 29 3. 1920 ErlFinMin. v. 11. 5. 1920 (RAnz. 109, Spalte 5)

3) § 6 Anm. 1.

§ 19. Dem Regierungspräsidenten wird für die ihm persönlich übertragenen Angelegenheiten ein[1] Oberregierungsrat[2] und die erforderliche Anzahl von Räten und Hilfsarbeitern[3], von denen mindestens einer die Befähigung zum Richteramte haben muß, beigegeben, welche die Geschäfte nach seinen Anweisungen bearbeiten.

Diese Beamten können zugleich bei der Regierung beschäftigt werden und nehmen an den Plenarberatungen derselben nach Maßgabe der für die Regierungsmitglieder[4] bestehenden Vorschriften teil.

Die Mitglieder der Regierung können von dem Regierungspräsidenten zur Bearbeitung der ihm übertragenen Geschäfte herangezogen werden.

1) oder mehrere, aber nur einer hat die besonderen Befugnisse aus § 20.

2) der auch Dirigent der Abt. II sein kann. Gehalt Gruppe 12.

3) Wohnungsaufsichtsbeamte, WohnungsG v. 28. 3. 1918 (GS. 23) Art. 6 § 5 Art 7. Gehalt der Regierungsräte Gruppe 10, 11.

4) RegInstr v. 23 10. 1817 § 5; KabO. v. 31. 12. 1825, DV; KabO. v. 21. 9. 1905 (GS. 403).

§ 20. Die Stellvertretung[1] des Regierungspräsidenten in Fällen der Behinderung erfolgt durch den ihm beigegebenen Oberregierungsrat und, wenn auch dieser behindert ist, durch einen Oberregierungsrat der Bezirksregierung. Die zuständigen Minister[2] sind befugt, in besonderen Fällen eine andere Stellvertretung anzuordnen

1) erledigte Übergangsvorschrift § 146

2) Min. Inn. und Fin.

§ 21. Die Geschäfte der Regierungen zu Stralsund[1] und zu Sigmaringen, soweit sie zur Zuständigkeit der Regierungsabteilungen des Innern gehören, werden nach Maßgabe des § 18 von den Regierungspräsidenten verwaltet. Die Mitglieder der Regierung bearbeiten diese Geschäfte nach den Anweisungen des Präsidenten.

Die Stellvertretung des Präsidenten in Fällen der Behinderung erfolgt durch ein von den zuständigen Ministern[2] beauftragtes Mitglied der Regierung.

1) Geändert durch Vdg. v 22 4. 1892 (GS. 96), es ist eine besondere Finanzabteilung gebildet.

2) Min. Inn. und Fin.

§ 22. Bei den Regierungen zu Danzig, Erfurt, Münster, Minden, Arnsberg, Koblenz, Köln, Aachen und Trier tritt an die Stelle der Abteilung des Innern für die bisher von derselben bearbeiteten Kirchen- und Schulsachen eine Abteilung[1] für Kirchen- und Schulwesen.

1) die aber keines besonderen ORegR. bedarf, sondern von dem ORegR. der PräsAbteilung geleitet werden kann.

§ 23[1].

1) Gegenstandslos geworden wie § 16.

§ 24. Der Regierungspräsident ist befugt[1], Beschlüsse der Regierung oder einer Abteilung derselben, mit welchen er nicht einverstanden ist, außer Kraft zu setzen und, sofern er den Aufenthalt in der Sache für nachteilig erachtet, auf seine Verantwortung anzuordnen, daß nach seiner Ansicht verfahren werde. Andernfalls ist höhere Entscheidung einzuholen.

Auch ist der Regierungspräsident befugt[2], in den zur Zuständigkeit der Regierung gehörigen Angelegenheiten anstelle des Kollegiums unter persönlicher Verantwortlichkeit Verfügungen zu treffen, wenn er die Sache für eilbedürftig oder, im Falle seiner Anwesenheit an Ort und Stelle, eine sofortige Anordnung für erforderlich erachtet.

1) Ersatz für die Befugnisse aus RegInstr. v. 23. 10. 1817 § 39, 3; KabO. v. 31. 12 1825, D I, V, VII

2) neben den Befugnissen aus RegInstr. §§ 39, Nr. 4, § 40 III, § 42 IV.

§ 25. In der Provinz Hannover treten an die Stelle der Landdrosteien und der Finanzdirektion[1] sechs Regierungspräsidenten und Regierungen, welche, gleich dem Oberpräsidenten, die Verwaltung mit den Befugnissen[2] und nach den Vorschriften führen, welche dafür in den übrigen Provinzen gelten, beziehungsweise in dem gegenwärtigen Gesetz gegeben sind.

Welche der vorbezeichneten Regierungen nach dem Vorbild der Regierung zu Stralsund zu organisieren sind, bleibt Königlicher Verordnung[3] vorbehalten.

1) Erl. v. 5. 4. 1869 (GS 511).

2) § 6 Anm. 1.

3) Vdg v. 3 11. 1884 (GS 349); Vdg v 22. 4. 1892 (GS 173); Vdg. v. 2 9. 1894 (GS. 173); später verschiedentlich geändert.

§ 26. Die Zuständigkeiten der Konsistorialbehörden in der Provinz Hannover in betreff des Schulwesens sowie die kirchlichen Angelegenheiten, welche bisher zum Geschäftskreise der katholischen Konsistorien zu Hildesheim und Osnabrück gehörten, werden den Abteilungen für Kirchen- und Schulwesen der betreffenden Regierungen überwiesen.

Die genannten katholischen Konsistorien werden aufgehoben.

§ 27. Den evangelischen Konsistorialbehörden in der Provinz Hannover verbleiben, bis zur anderweitigen gesetzlichen Regelung[1], in Kirchensachen ihre bisherigen Zuständigkeiten.

1) Vgl. die Aufzählung der wichtigsten geltenden Bestimmungen im Staatshandbuch.

2. Bezirksausschuß.

I **§ 28.** Der Bezirksausschuß besteht aus dem Regierungspräsidenten als Vorsitzenden und aus sechs Mitgliedern.

II Zwei dieser Mitglieder, von denen eins zum Richteramte, eins zur Bekleidung von höheren Verwaltungsämtern befähigt[1] sein muß, werden vom Könige auf Lebenszeit ernannt. Aus der Zahl dieser Mitglieder ernennt der König gleichzeitig den Stellvertreter des Regierungspräsidenten im Vorsitze mit dem Titel Verwaltungsgerichtsdirektor[2]. Zur sonstigen Stellvertretung des Regierungspräsidenten im Bezirksausschusse[3] und zur Stellvertretung jedes der beiden auf Lebenszeit ernannten Mitglieder[4] ernennt der König ferner aus der Zahl der am Sitze des Bezirksausschusses ein richterliches oder ein höheres Verwaltungsamt bekleidenden Beamten einen Stellvertreter. Die Ernennung der Stellvertreter erfolgt auf die Dauer ihres Hauptamts am Sitze des Bezirksausschusses.

III Die vier anderen Mitglieder des Bezirksausschusses[5] werden aus den Einwohnern seines Sprengels durch den Provinzialausschuß gewählt. In gleicher Weise wählt letzterer vier Stellvertreter, über deren Einberufung das Geschäftsregulativ bestimmt[6].

IV Wählbar ist mit Ausnahme des Oberpräsidenten, der Regierungspräsidenten, der Vorsteher Königlicher[7] Polizeibehörden, der Landräte und der Beamten des Provinzialverbandes jeder zum Provinziallandtage wählbare[8] Angehörige des Deutschen Reichs. Mitglieder des

Provinzialrats können nicht Mitglieder des Bezirksausschusses sein.

Im übrigen finden auf die Wahlen beziehungsweise V
die gewählten Mitglieder die Bestimmungen der §§ 11,
12 und 13 sinngemäße Anwendung[9].

1) S. unten Nr. 6 § 17 Anm 6.

2) mit dem Rang und Gehalt der ORegR. Kgl. Vdg. v. 4 8. 1880 (GS 349).

3) auf ihn sind §§ 29, 33 anwendbar, aber nicht §§ 30, 31, 32, 64 III, 67 IV

4) auf sie sind §§ 29, 30, 32, 33 anwendbar, aber nicht § 31.

5) auf sie sind §§ 29, 32, 33, 34 anwendbar

6) In Posen Bestätigung durch den OPräs. erforderlich G. v. 19. 5. 1889 (GS. 108) Art. II, III; eine für Hessen-Nassau durch EinfG. v. 8. 6. 1885 (GS. 242) Art. IV eingeführte Besonderheit ist durch Vdg. v. 16. 12. 1887 (GS. 487) wieder beseitigt worden.

7) staatlicher.

8) Vgl. § 10 Anm 8

9) Ausnahme für Berlin, G. v. 27. 4. 1920 (GS 123) § 39, 2.

§ 29. Wo der Geschäftsumfang es erfordert, können durch Königliche[1] Verordnung[2] Abteilungen des Bezirksausschusses für Teile des Regierungsbezirks gebildet werden.[3] In solchen Fällen gehören der Vorsitzende, und sofern nicht für die verschiedenen Abteilungen besondere Ernennungen erfolgen, die ernannten Mitglieder allen Abteilungen an. Die gewählten Mitglieder und deren Stellvertreter müssen für jede Abteilung gesondert bestellt werden Im übrigen gelten die für den Bezirksausschuß gegebenen Vorschriften sinngemäß für jede Abteilung

1) Staatsministerium, VerfUrk. v. 30. 11. 1920 (GS. 543) Art. 82 (1).

2) Düsseldorf Vdg. v. 28. 5. 1888 (GS. 186); Arnsberg Vdg. v. 6. 3. 1889 (GS 31).

3) Auf den BezA Berlin nicht anwendbar, vgl. § 43 und G. v 27 4 1920 § 39, 1 (2) abgedruckt bei § 43.

§ 30. Der Vorsitz im Bezirksausschusse geht in Behinderungsfällen von dem Regierungspräsidenten bezw. dem Verwaltungsgerichtsdirektor auf das zweite ernannte Mitglied, sodann auf den Stellvertreter des Verwaltungsgerichtsdirektors über. Der Regierungspräsident gilt als behindert[1] in allen Fällen,[2] in welchen über eine Beschwerde gegen die Verfügung eines Regierungspräsidenten verhandelt wird.[3]

1) ausgeschlossen LVG §§ 61, 115.

2) Solche Fälle kommen unter der gegenwärtigen Gesetzgebung nicht vor.

3) Der Satz 2 ist auf das Verhältnis des Berghauptmanns zum Bergausschuß nicht anzuwenden BergG. § 192 a II, § 194 a VII.

§ 31.[1] [Den ernannten Mitgliedern[2] darf eine Vertretung des Regierungspräsidenten oder eine Hilfsleistung in den diesem persönlich überwiesenen Geschäften nicht aufgetragen werden.][3] Beide nehmen an den Plenarberatungen der Regierung[4] nach Maßgabe der für die Regierungsmitglieder bestehenden Vorschriften teil. Im übrigen ist ihnen die Führung eines anderen Amtes nur gestattet, wenn dasselbe ein richterliches ist oder ohne Vergütung[5] geführt wird.

1) Gilt in Berlin und Hohenzollern nicht §§ 35, 43.

2) Bezieht sich nicht auf die Stellvertreter.

3) Satz 1 vorübergehend gestrichen, G. v. 13. 5. 1918 (GS. 52) Art 1 Nr. 1.

4) § 19 Anm. 3.

5) Gemeint ist eine Beschäftigung in den Abt. II, III der Regierung.

§ 32[1]**.** Die gewählten Mitglieder[2] und stellvertretenden Mitglieder werden durch den Vorsitzenden vereidigt. Alle Mitglieder und stellvertretenden Mitglieder unterliegen in dieser ihrer Eigenschaft den Vorschriften des Gesetzes betreffend die Dienstvergehen der Richter usw., vom 7. Mai 1851 (Gesetz-Samml. S 218), bezw. des Gesetzes vom 26. März 1856 (Gesetz-Samml S. 201)[3]. Disziplinargericht ist das [Plenum des] Oberverwaltungsgericht[s][4]; der Vertreter der Staatsanwaltschaft wird von dem Präsidenten des Oberverwaltungsgerichts ernannt.

1) Anwendbar auf den Bergausschuß BergG. § 194a VII sind auf den Verbandsrat des Siedlungsverbandes Ruhrkohlenbezirk, G v. 5. 5. 1920 (GS. 286) § 26 (4).

2) aber nicht der RegPräs. und sein „sonstiger" Stellvertreter (im Votum).

3) Das G. v. 9 4. 1879 betr. Abänderung von Bestimmungen der Disziplinargesetze (GS. 345) findet keine Anwendung, wohl aber § 157 Nr 2.

4) Disziplinarsenat, vorübergehend der I. Senat, G. v. 8. 5. 1889 (Nr. 7) in der Fassung des G. v 13. 5. 1918.

§ 33[1]**.** Der Bezirksausschuß ist bei Anwesenheit[2] von fünf Mitgliedern, in Streitsachen unter Armenverbänden bei Anwesenheit von drei Mitgliedern beschlußfähig, unter denen sich in allen Fällen mit Einschluß des Vorsitzenden mindestens zwei ernannte, [darunter ein zum Richteramte befähigtes,][3] und ein gewähltes Mitglied befinden muß.

Die Beschlüsse werden nach Stimmenmehrheit gefaßt.

Bei gerader Stimmenzahl scheidet, wenn außer dem Vorsitzenden zwei ernannte Mitglieder anwesend sind, das dem Dienstalter nach jüngste ernannte, wenn außer dem Vorsitzenden nur ein ernanntes Mitglied anwesend ist, das dem Lebensalter nach jüngste gewählte Mitglied mit der Maßgabe aus, daß das Stimmrecht vorzugsweise

1) unter den ernannten Mitgliedern einem zum Richteramte befähigten, sofern es dessen zur Beschlußfähigkeit bedarf,
2) im übrigen dem Berichterstatter

verbleibt.

1) Anwendbar auf den Bergausschuß und den Verbandsrat, § 32 Anm. 1.

2) Ueber die Ladung Regul. v. 28. 2. 1884 (MBlInn. 37) § 3 II.

3) Vorübergehend gestrichen. G. v. 18. 5 1918 (GS. 58) Art. 1 Nr. 2.

§ 34[1]. Die gewählten Mitglieder und deren Stellvertreter erhalten[2] Tagegelder und Reisekosten nach den für Staatsbeamte der vierten Rangklasse bestehenden gesetzlichen Bestimmungen[3].

Alle Einnahmen des Bezirksausschusses fließen zur Staatskasse. Derselben fallen auch alle Ausgaben zur Last[4].

1) Anwendbar auf den Bergausschuß und den Verbandsrat, § 32 Anm. 1.

2) Rechtsweg G. v. 24. 5. 1861 (GS. 241) §§ 1—6.

3) G. v. 21. 6. 1897 (GS. 193). G. v. 9. 8. 1918 (GS. 143). Vdg. v. 8. 4. 1920 (GS. 88). Vdg. v. 31 5. 1921 (GS. 337).

4) ErlMinFinInn. v. 17. 1. 1895 (MBlInn. 23) § 3.

§ 35. In den Hohenzollernschen Landen[1] kommen in Betreff des Bezirksausschusses die Bestimmungen der §§ 28, 30, 32, 33, 34[2] mit der Maßgabe zur Anwendung, daß die zu wählenden Mitglieder von dem Landesausschusse aus der Zahl der zum Kommunallandtage wählbaren Angehörigen des Landeskommunalverbandes[3] gewählt werden. Der Regierungspräsident, die Oberamtmänner und die Beamten des Landeskommunalverbandes sind von der Wählbarkeit ausgeschlossen.

1) Vgl. § 5.

2) auch die durch § 28 gedeckten §§ 11—13.

3) G. v. 16. 7. 1919 (GS. 135) § 2, nicht berührt durch das G. v. 3. 12. 1920.

III. Abschnitt.

Kreisbehörden.

§ 36. An der Spitze der Verwaltung des Kreises steht der Landrat[1]. Derselbe führt den Vorsitz im Kreisausschusse. Im übrigen wird die Zusammensetzung des Kreisausschusses durch die Kreisordnungen[2] geregelt[3].

1) Gehalt Gruppe 10, 11 (Ministerium des Innern).

2) KrO. östl. §§ 74—76, 130, 131, 136, 137; Hannover v. 6. 5. 1884 (GS. 181) §§ 22—24, 87, 88, 90 bis 93; Hessen-Nassau v. 7. 6. 1885 (GS. 193) §§ 24—26, 88, 89, 91—94; Westfalen vom 31. 7. 1886 (GS 217) §§ 30—32, 75, 76, 79—81; Rheinprovinz v. 30. 5. 1887 (GS. 209) §§ 30—32, 75, 76, 78—81, Schleswig-Holstein v. 26. 5. 1888 (GS. 139) §§ 66—69, 118, 119, 121—124. In Posen gelten statt des § 36 und statt KrO. §§ 131, 133, 136, 164 die Vorschriften G. v. 19. 5 1889 (GS. 108) Art IV §§ 1—6.

3) Über den Geschäftsgang Regul. v. 28. 2 1884 (MBlInn. 41).

I **§ 37.** Der Stadtausschuß[1] besteht aus dem Bürgermeister beziehungsweise dessen gesetzlichem Stellvertreter als Vorsitzenden und vier Mitgliedern, welche vom Magistrate (kollegialischen Gemeindevorstande)[2] aus seiner Mitte für die Dauer ihres Hauptamtes gewählt werden.

II Für Fälle der Behinderung sowohl des Bürgermeisters wie seines gesetzlichen Stellvertreters wählt der Stadtausschuß den Vorsitzenden aus seiner Mitte. Derselbe bedarf der Bestätigung des Regierungspräsidenten, in dem Stadtkreise Berlin des Oberpräsidenten der Provinz Brandenburg.

III Der Vorsitzende oder ein Mitglied des Stadtausschusses muß zum Richteramt oder zum höheren Verwaltungsdienst befähigt sein.

IV Bei dem Stadtausschuß des neuen Stadtkreises Berlin können durch Ortsgesetz je nach dem Bedürfnis Abteilungen für einzelne Teile des Stadtkreises und für einzelne Geschäftszweige gebildet werden; dabei werden die Geschäfte des Stadtausschusses von Mitgliedern der Bezirksämter wahrgenommen. Die für den Stadtausschuß gegebenen Vorschriften gelten sinngemäß für jede Abteilung des Stadtausschusses. Die Wahl der Mitglieder der einzelnen Abteilungen des Stadtausschusses erfolgt durch den Magistrat[3]

1) Vgl. § 4 II.

2) Diese Erläuterung ist seit Erlaß der Hessisch-Nassauischen StädteO. v. 4. 8. 1897 überflüssig geworden.

3) Abs. IV aus dem G. v. 27. 4. 1920 (GS. 123) § 40, Übergangsvorschrift § 58, 12.

§ 38. In Stadtkreisen, in denen der Bürgermeister allein den Gemeindevorstand bildet[1], werden die außer dem Vorsitzenden zu bestellenden Mitglieder von der Gemeindevertretung aus der Zahl der Gemeindebürger gewählt. I

Die Wahl erfolgt auf sechs Jahre. II

Alle drei Jahre scheidet die Hälfte der gewählten Mitglieder aus und wird durch neue Wahlen ersetzt. Die Ausscheidenden bleiben jedoch in allen Fällen bis zur Einführung der neu Gewählten in Tätigkeit. III

Die das erste Mal Ausscheidenden werden durch das Los bestimmt. Die Ausscheidenden sind wieder wählbar IV

Für die im Laufe der Wahlperiode ausscheidenden Mitglieder haben Ersatzwahlen stattzufinden. Die Ersatzmänner bleiben nur bis zum Ende desjenigen Zeitraums in Tätigkeit, für welchen die Ausgeschiedenen gewählt wurden. V

Im übrigen gelten in betreff der Wählbarkeit, der Wahl, der Einführung und der Vereidigung der Mitglieder, sowie des Verlustes ihrer Stellen unter[2] einstweiliger Enthebung von denselben, die für unbesoldete Magistratsmitglieder bestehenden gesetzlichen Vorschriften[3]. VI

1) RheinStO. v. 15. 5 1856 (GS 406) § 53

2) „unter" ist ein Diktatfehler statt „und der", OVG. 17, 85; in PrVBl. 10, 254 l., 476 r.

3) Titel VIII der RheinStO v 15. 5. 1856 (GS. 406) Die RheinStO. unterscheidet zwischen Magistratsmitgliedern und Magistratspersonen (vor § 28)

§ 39.[1] Die gewählten Mitglieder des Kreis-(Stadt-) Ausschusses können aus Gründen, welche die Entfernung eines Beamten aus seinem Amte rechtfertigen (§. 2 des Gesetzes vom 21 Juli 1852, betreffend die Dienstver- I gehen der nicht richterlichen Beamten), im Wege des Disziplinarverfahrens ihrer Stellen enthoben werden.

II Für das Disziplinarverfahren gelten die Vorschriften des genannten Gesetzes mit folgenden Maßgaben[2]:

III Die Einleitung des Verfahrens sowie die Ernennung des Untersuchungskommissars erfolgt durch den Regierungspräsidenten.

IV Die entscheidende Behörde erster Instanz ist der Bezirksausschuß, die entscheidende Behörde zweiter Instanz das [Plenum des] Oberverwaltungsgericht[s][3].

V Der Vertreter der Staatsanwaltschaft wird für die erste Instanz von dem Regierungspräsidenten[4], für die zweite Instanz von dem Minister des Innern ernannt.

1) Gilt auch in Posen G. v. 19. 5. 1889 (GS. 108), Art. IV § 3 Abs. III und bezieht sich auch auf die Angelegenheiten der Kommunalverwaltung, KrO. östl. § 132; Hannover § 90 III; Hessen-Nassau § 91 II; Westfalen, Rheinprovinz § 78 II; Schleswig-Holstein § 121 III.

2) und denen des § 157 Nr 2

3) jetzt der Disziplinarsenat, vorübergehend der I. Senat. G. v 8 5. 1889 in der Fassung des G. v 13. 5. 1918 (Nr. 7).

4) in Berlin vom OPräs. § 42 I.

§ 40. Der Kreis-(Stadt-)Ausschuß ist beschlußfähig[1], wenn mit Einschluß des Vorsitzenden drei Mitglieder anwesend sind. Die Beschlüsse werden nach Stimmenmehrheit gefaßt. Ist eine gerade Zahl von Mitgliedern anwesend, so nimmt das dem Lebensalter nach jüngste gewählte Mitglied an der Abstimmung nicht teil. Dem Berichterstatter steht jedoch in allen Fällen Stimmrecht zu.

1) in Sachen der allg. Landesverwaltung Wegen der Kommunalangelegenheiten vgl. KrO. östl. § 188.

IV. Abschnitt.

Behörden für den Stadtkreis Berlin.

§ 41. Der Oberpräsident der Provinz Brandenburg ist zugleich Oberpräsident von Berlin.

Ingleichen fungieren das Provinzialschulkollegium[1], das Medizinalkollegium, [die Generalkommission[2]] und die Direktion der Rentenbank für die Provinz Brandenburg auch für den Stadtkreis Berlin[3].

1) Bek. OPräs. v. 16. 12. 1826 (Amtsbl. Potsdam 47).

2) § 16. auch die landwirtschaftliche Berufsgenossenschaft, G. v. 23. 7. 1912 (GS. 207) § 1 III.

3) im übrigen nicht geändert durch G v. 27. 4. 1920 (GS. 123) wo die Bestimmungen dieses Abschnittes hätten aufgenommen werden können

§ 42. Anstelle des Regierungspräsidenten führt der Oberpräsident die Aufsicht des Staats über die Verwaltung der Gemeindeangelegenheiten der Stadt Berlin. Auf welche Behörden die sonstigen Zuständigkeiten der Regierungsabteilung des Innern zu Potsdam in betreff Berlins übergehen, wird durch Königliche Verordnung[1] bestimmt.

Im übrigen, und soweit nicht sonst die Gesetze anderes bestimmen, tritt für den Stadtkreis Berlin an die Stelle des Regierungspräsidenten der Polizeipräsident von Berlin[2].

1) Vdg v 26. 1. 1881 (Nr. 8).

2) Bek. OPräs. Brandenburg v. 28. 12. 1821 (Amtsbl. Berlin 265, Potsdam 1822, 13); Bek. OPräs. v. 27. 6. 1822 (Amtsbl. Potsdam-Berlin 141); Kgl. PolizeiRegl. v. 18. 9. 1822 (Beil. Amtsbl. Potsdam 1824, v. Kamptz Annalen 1824, 491); KabO. v. 16. 5. 1830 (v. Kamptz Annalen 359); Bek

OPräs. Berlin v 7. 7. 1830 (v. Kamptz Annalen 360); KabO. v. 31. 12. 1838; Bek. OPräs. v 30. 12 1854 (Amtsbl. Potsdam 1955, 2); KabO. v 28 12. 1875 (Amtsbl. Potsdam 1876, 8); G. v. 12. 6. 1889 (Nr. 9) G. v 27. 4. 1920 (GS 123) § 33. Vdg. Min Wissensch. 5 5. 1919 (GS. 90) Art. 2.

§ 43. An die Stelle des Provinzialrats tritt in den Fällen, in welchen derselbe in erster Instanz beschließt, der Oberpräsident[1], in den übrigen Fällen der zuständige Minister.

Für den Stadtkreis Berlin besteht ein besonderer Bezirksausschuß Auf denselben finden die Bestimmungen der §§. 28, 30 Satz 1, 31 Satz 3, 32, 33, 34 mit folgenden Maßgaben Anwendung:

1) Anstelle des Regierungspräsidenten tritt ein vom Könige ernannter Präsident Die Ernennung dieses Beamten kann im Nebenamte auf die Dauer seines Hauptamtes in Berlin erfolgen[2]. Beamte des Polizeipräsidiums sind von dieser Ernennung ausgeschlossen.

2) [Die zu wählenden Mitglieder werden durch den Magistrat und die Stadtverordnetenversammlung unter dem Vorsitz des Bürgermeisters gewählt]. Dasselbe Kollegium beschließt anstelle des Provinzialausschusses[3] über das Aufhören einer der für die Wählbarkeit vorgeschriebenen Bedingungen [sowie über die Abänderung der Dauer der Wahlperiode]. Die Mitglieder des Magistrats und der Stadtverordnetenversammlung sind von der Wählbarkeit ausgeschlossen.

Zur Zuständigkeit des Bezirksausschusses für den Stadtkreis Berlin gehören die im Verwaltungsstreitverfahren zu behandelnden Angelegenheiten und diejenigen im Beschlußverfahren zu behandelnden Angelegenheiten, welche im einzelnen durch die Gesetze seiner Zuständigkeit überwiesen werden[4]; in betreff der übrigen im Beschlußverfahren zu behandelnden Angelegenheiten tritt für den Stadtkreis Berlin der Oberpräsident an die Stelle des Bezirksausschusses, soweit nicht in den Gesetzen ein anderes bestimmt ist[5].

Bis zum Erlasse neuer Bestimmungen gelten für den Bezirksausschuß der neuen Stadtgemeinde Berlin folgende Vorschriften:

1 (1) Der § 43 des Landesverwaltungsgesetzes vom 30. Juli 1883 (GSamml. 195) findet mit folgenden Maßgaben Anwendung:

(2) Der Bezirksausschuß besteht aus zwei oder mehreren Abteilungen, auf welche die Dienstgeschäfte nach sachlichen Merkmalen verteilt werden.

(3) Der Präsident und die ernannten Mitglieder gehören allen Abteilungen an, sofern nicht für jede Abteilung besondere Mitglieder ernannt werden.

(4) Für jede der Abteilungen werden je vier Mitglieder und Stellvertreter durch den Magistrat und die Stadtverordnetenversammlung unter dem Vorsitz des Oberbürgermeisters nach den Grundsätzen der Verhältniswahl jedesmal auf sechs Jahre gewählt. Die Wahl der Mitglieder und der Stellvertreter hat auf Grund getrennter Wahlvorschläge zu erfolgen.

(5) Die Wahlzeit der bisherigen gewählten Mitglieder (Stellvertreter) endet mit Ablauf des Monats, in dem die Neuwahl stattfindet.

2. Die Bestimmungen der §§ 12 und 13 des Landesverwaltungsgesetzes vom 30. Juli 1883

(Gesetzsamml. S. 195) finden auf den Bezirksausschuß der neuen Stadtgemeinde keine Anwendung.

3. Die näheren Anordnungen über die Zahl der Abteilungen und die Verteilung der Dienstgeschäfte auf diese, ferner über den Zeitpunkt des Amtsbeginns der neugewählten Mitglieder (Stellvertreter) sowie über die Durchführung der Verhältniswahl erläßt der Minister des Innern[6].

1) Sitz in Charlottenburg seit 1. 6. 1918, vgl Vdg. v. 10. 5. 1918 (MBlMed 172).

2) Präsident der Ministerial= Militär= und Baukommission.

3) also auch Klage an das OVG § 11 II.

4) z. B. ZustG. (Nr 2) § 161 I; PolizeikostenG. v. 3. 6. 1908 (GS 149) § 7 III. FischereiG. v. 11. 5 1916 § 120.

5) Die Schulaufsichtsbehörde SchulUntG. v 28. 7. 1906 (GS. 335) § 36 VII; der Polizeipräsident ZustG §§ 115, 117, 124, 141: Vdg. v. 31 12 1883 (Nr. 17) § 3.

6) G v. 27. 4. 1920 (GS. 123) § 39: Übergangsvorschrift § 58, 11.

§ 44. In Angelegenheiten der kirchlichen Verwaltung tritt für den Stadtkreis Berlin an die Stelle der Regierungsabteilung für Kirchen= und Schulwesen der Polizeipräsident[1].

Bezüglich der Verwaltung des landesherrlichen Patronats[2] und des Schulwesens[3] verbleibt es bei den bestehenden Bestimmungen.

1) G. v. 3 6. 1876 (GS. 125) Art. 23; Vdg v. 9 9 1876 (GS 395) Art. III; Vdg. v 5. 9. 1877 (GS 215) Art. III; Vdg. v 30. 1 1893 (GS 13) Art I Nr. 3; Vdg v 20. 10. 1896 (GS. 203) Art. IV.

2) Vdg. v. 9. 9. 1876 (GS. 395) Art. III Nr 3; Vdg. v. 5. 9. 1877 (GS. 215) Art. IV.

3) Bek OPräs. v. 16. 2. 1826 (Amtsbl. Potsdam 47).

4) Beeinflußt durch G. v. 27. 4. 1920 §§ 42—52, Übergangsvorschrift § 58, Nr. 13, 14.

§ 45 [1]. Die Geschäfte der direkten Steuerverwaltung werden anstelle der Regierungsabteilung für direkte Steuern, Domänen und Forsten, für den Stadtkreis Berlin von der „Direktion für die Verwaltung der direkten Steuern" wahrgenommen.

Diese Behörde wird in betreff der Zuständigkeit in Disziplinarsachen den im § 24 Nr 2 des Gesetzes vom 21. Juli 1852, betreffend die Dienstvergehen der nicht richterlichen Beamten ꝛc., bezeichneten Provinzialbehörden gleichgestellt.

1) G. v 15. 11. 1919 (GS. 1920, 1). Vdg. FinMin. v. 29. 3. 1920 (FinMinBl 108)

§ 46 [1].

1) Aufgehoben durch EinkStG. v 24 6. 1891 (GS 175) § 41 II, ersetzt durch EinkStG v. 19. 6. 1906 (GS. 259) §§ 32ff., jetzt erledigt wie § 45 Anm. 1.

§ 47. Für diejenigen Kategorien der in Berlin angestellten Beamten, bezüglich deren nicht die Zuständigkeit einer anderen Behörde in Disziplinarsachen begründet ist, behält es bei den Bestimmungen des § 25 des Gesetzes vom 21. Juli 1852 mit der Maßgabe sein Bewenden, daß die Einleitung des Disziplinarverfahrens, sowie die Ernennung des Untersuchungskommissars und des Vertreters des Staatsanwalts für die erste Instanz dem Oberpräsidenten von Berlin zusteht [1])

1) Wegen der Landgendarmen AusfVdg. MinInn. v. 10. 4 1913 (MinBlInn 156), vgl. jetzt Vdg. v 10 8 1919 (GS. 37). Vdg. v. 21. 6. 1920 (GS. 357).

V. Abschnitt.

Stellung der Behörden.

§ 48. Die dienstliche Aufsicht[1] über die Geschäftsführung des Kreis- (Stadt-) Ausschusses wird von dem Regierungspräsidenten, in Berlin von dem Oberpräsidenten, die Aufsicht über die Geschäftsführung des Bezirksausschusses von dem Oberpräsidenten, die Aufsicht über die Geschäftsführung des Provinzialrats von dem Minister des Innern geführt.

Vorstellungen gegen die geschäftlichen Aufsichtsverfügungen des Regierungspräsidenten unterliegen der endgültigen Beschlußfassung des Oberpräsidenten, Vorstellungen gegen die Aufsichtsverfügungen des Oberpräsidenten der endgültigen Beschlußfassung des Ministers des Innern.

Die Aufsichtsbehörden sind zur Vornahme allgemeiner[2] Geschäftsrevisionen befugt.

1) DiszG. v. 21. 7. 1852 (GS. 465) § 18; DiszG. v. 9. 4 1879 (GS. 345) § 23; AusfG. v. 21. 9. 1899 z. GVG. § 80. Ein sachliches Eingreifen ist nur im Umfange des § 50 III zulässig; vgl. aber Vfg. Min. Fin. Inn. v. 17. 1. 1905 (MinBlInn. 23) § 7 II

2) Spezielle Revisionen nach Art der MilStrGerO. § 113 finden nicht statt.

§ 49. Die im §. 48 bezeichneten Behörden haben sich gegenseitig[1] Rechtshilfe zu leisten. Sie haben den geschäftlichen Aufträgen und Anweisungen der ihnen im Instanzenzuge vorgesetzten Behörden Folge zu leisten.

1) Über die Pflicht der Gerichte zur Rechtshilfe, welche gegenwärtig in tatsächlicher und unbestrittener Übung ist,

bestehen keine gültigen ausdrücklichen gesetzlichen Vorschriften. Über die Rechtshilfepflicht gegenüber anderen Verwaltungsbehörden vgl. z. B. G v. 25. 11. 1899 über die ärztlichen Ehrengerichte (GS. 565) § 11 I. Friedrichs Amtshilfe in Stengel-Fleischmanns Wörterbuch 1, 118.

Dritter Titel.
Verfahren.

I. Abschnitt.

Allgemeine Vorschriften[1].

§ 50. Das Gesetz bestimmt, in welcher Weise Verfügungen (Bescheide, Beschlüsse) in Verwaltungssachen angefochten werden können. Zur ersten Anfechtung dienen in der Regel die Beschwerde oder die Klage im Verwaltungsstreitverfahren[2].

Die Beschwerde ist ausgeschlossen, soweit das Verwaltungsstreitverfahren zugelassen ist, vorbehaltlich abweichender besonderer Bestimmungen des Gesetzes[3].

Unberührt[4] bleibt in allen Fällen die Befugnis der staatlichen Aufsichtsbehörden, innerhalb ihrer gesetzlichen Zuständigkeit Verfügungen und Anordnungen der nachgeordneten Behörden außer Kraft zu setzen, oder diese Behörden mit Anweisungen zu versehen[5].

1) Dazu gehören ferner §§ 4, 6, 7, 48, 49, 68, 71, 72, 73, 75, 76, 77, 79, die sowohl im VerwStrVerf., als im BeschlußVerf. anzuwenden sind, und G. v 28. 8. 1876 betr. die Geschäftssprache der Behörden, Beamten und politischen Körperschaften des Staats (Nr. 3) §§ 4—9.

2) ferner der Einspruch ZustG §§ 10, 46, 47, 56,, KommAbgG. § 69, der Antrag auf Verteilung KommAbgG.

§ 71, der Antrag auf mündliche Verhandlung § 69, ZustG. § 161 II.

3) § 128.

4) Der Abs. III, entwickelt aus § 39 des ZustG. v. 1876, schafft kein neues Recht.

5) Beschwerde der angewiesenen Behörde nur im Falle ZustG. § 145.

§ 51. Wo die Gesetze für die Anbringung der Beschwerde gegen Beschlüsse des Kreis- (Stadt-) Ausschusses, des Bezirksausschusses oder des Provinzialrats, oder der Klage beziehungsweise des Antrags auf mündliche Verhandlung im Verwaltungsstreitverfahren[1] eine andere als eine zweiwöchentliche Frist vorschreiben, beträgt die Frist fortan zwei Wochen. Das gleiche gilt von den im § 11 des Gesetzes vom 14. August 1876, betreffend die Verwaltung der den Gemeinden und öffentlichen Anstalten gehörigen Holzungen in den Provinzen Preußen, Brandenburg, Pommern, Posen, Schlesien und Sachsen, (Gesetz-Samml. S. 373) [und im § 91 des Gesetzes vom 1. April 1879, betreffend die Bildung von Wassergenossenschaften, (Gesetz-Samml. S. 297)[2]] vorgeschriebenen Fristen.

1) keine analoge Ausdehnung auf andere Fristen oder Verhältnisse.

2) Aufgehoben WasserG. § 399, 11.

§ 52. Die Fristen für die Anbringung der Beschwerde und der Klage beziehungsweise des Antrags auf mündliche Verhandlung im Verwaltungsstreitverfahren, sowie alle Fristen im Verwaltungsstreitverfahren sind präklusivisch[1] und beginnen, sofern nicht die Gesetze anderes[2] vorschreiben, mit der Zustellung[3]. Für die Berechnung der Fristen sind die bürgerlichen Prozeßgesetze maßgebend[4].

Bezüglich der Beschwerde kann die angerufene Behörde in Fällen unverschuldeter Fristversäumung Wiedereinsetzung in den vorigen Stand gewähren.

Für eine im Verwaltungsstreitverfahren zu gewährende Wiedereinsetzung in den vorigen Stand sind lediglich die für das Verwaltungsstreitverfahren besonders getroffenen Bestimmungen maßgebend (§ 112).

1) Ausnahmen für Irrläufer §§ 111 IV, 129 V, ZustG. § 56 II, für Erklärungsfristen LVG §§ 65 I, 86 II.

2) z. B. § 100 in Verb. mit ZPO. § 586; FluchtlinienG. v. 2. 7. 1875 (GS. 561) § 7; KommAbgG. § 69. UnterbringungsG. v. 30. 3. 1920 (GS. 63) § 12 (2).

3) Über die Form der Zustellung vgl. GeschRegul. OVG. v. 22. 2. 1892 (MinBlInn. 133) § 16; Regul. v. 28. 2. 1884 für ProvRat (MinBlInn. 35) § 17, f. BezA. (MinBlInn. 37) § 17, f. KrA. (MinBlInn. 41) § 17; JagdO v. 15. 7. 1907 (GS. 207) § 58 II; VerwZwO. v. 15. 11. 1899 (Nr. 5) §§ 9—16; AusfAnw v. 28. 11. 1899 Art 28. 29; AusfAnw. z. KommAbgG. Art. 43 Nr. 1 Abs. V, VI, Art. 45 Nr. 2 Abs. II; GewStG. v. 24. 6. 1891 § 32 II.

4) ZPO. §§ 222, 224 III in Verb mit BGB. §§ 187 I 188 II, 190, 193. Jebens in PrVBl. 24, 773.

§ 53. Die Anbringung der Beschwerde sowie der Klage beziehungsweise des Antrags auf mündliche Verhandlung im Verwaltungsstreitverfahren hat, sofern nicht die Gesetze anderes[1] vorschreiben, aufschiebende Wirkung. Verfügungen, Bescheide und Beschlüsse können jedoch, auch wenn dieselben mit der Beschwerde oder mit der Klage beziehungsweise dem Antrag auf mündliche Verhandlung im Verwaltungsstreitverfahren angefochten sind, zur Ausführung gebracht werden[2], sofern letztere nach dem Ermessen der Behörde ohne Nachteil für das Gemeinwesen nicht ausgesetzt bleiben kann[3], vorbehaltlich der Bestimmung im §. 133 Absatz 3 dieses Gesetzes[4]

1) Keine aufschiebende Wirkung besteht z. B. nach § 123 VI und RG. v. 30. 6. 1900 betr. die Bekämpfung gemeingefährlicher Krankheiten (RGBl. 306) und G. v. 28. 8. 1905 betr. die Bekämpfung übertragbarer Krankheiten (GS. 373) § 12 IV; UntWohnsG v. 30. 5. 1908 (RGBl. 381) § 53; ZustG. § 11 II, 18 V, 28 III, 34 V, 44 IV, 46 VII, 101; LGemO. (östl.) §§ 9 II, 67 III, 71 IV, 136; KommAbgG. § 75; KommBeamtG. § 7; Kr und ProvAbgG. v 23. 4. 1906 (GS. 163) §§ 11 V, 14 II, 28 V, 30 Nr 4, § 34; G. v. 22. 3. 1906 (GS. 41) Art. IV § 5; JagdO. v. 15. 7. 1907 (GS. 207) §§ 59 II, 61 II. FischereiG v. 11. 5 1916 (GS 55) §§ 55 (2), 60.

2) Beschwerde an die Aufsichtsbehörde nach § 133 II.

3) so auch G. v. 11. 5. 1842 (GS. 192) § 3; ZustG. § 55.

4) Weitere Ausnahme § 123 VI.

I **§ 54** [1]. Das Verfahren des Kreis- [2] (Stadt-) [3] Ausschusses und des Bezirksausschusses [4] in Angelegenheiten der allgemeinen Landesverwaltung ist entweder das Verwaltungsstreitverfahren [5] oder das Beschlußverfahren.

II Das Verwaltungsstreitverfahren tritt in allen Angelegenheiten ein, in welchen die Gesetze von der Entscheidung in streitigen Verwaltungssachen oder von der Erledigung der Angelegenheit im Streitverfahren oder durch Endurteil oder von der Klage bei dem Kreisausschusse, dem Bezirksausschusse oder einem Verwaltungsgerichte sprechen, und wo sonst dieses Verfahren gesetzlich vorgeschrieben ist.

III In allen anderen Angelegenheiten ist das Verfahren des Kreis- (Stadt-) Ausschusses und des Bezirksausschusses das Beschlußverfahren.

IV Das Oberverwaltungsgericht verfährt nur im Verwaltungsstreitverfahren [6]; der Provinzialrat nur im Beschlußverfahren.

1) Zusammengesetzt von der Komm. HH. aus § 45 der Regierungsvorlage und § 62 des Organisationsgesetzes KommBer. HH. Drucks. 1883 Nr. 158 S. 44, und schon für das damalige, vollends für das heutige Recht unvollständig.

2) außerdem Kommunalverwaltung KrO. östl. §§ 130, 166; landwirtschaftliche Unfallversicherung G. v. 23. 7. 1912 (GS. 207) § 4; Disziplinarverfahren KrO. §§ 68, 134 Nr. 8, ZustG. § 36.

3) außerdem landwirtschaftliche Unfallversicherung s. Anm. 2.

4) außerdem Disziplinarverfahren ZustG. § 20; ProvO. § 98 Nr. 5; eine Art Verordnungsrecht JagdO v. 15 7. 1907 §§ 40, 42, 48, 49. Führung des Wasserbuches WasserG. v. 7. 4. 1913 (GS. 53) § 183. FischereiG. v. 11. 5. 1916 (GS. 55) § 11.

5) Im VerwStrV. verfährt auch der Bergausschuß, BergG. v. 14. 7. 1905 § 192a II, § 194a und der Verbandsrat des Siedlungsverbandes Ruhrkohlenbezirk, G. v. 5. 5. 1920 (GS. 286) § 26.

6) außerdem: Kompetenzkonflikte, Disziplinarverfahren sowie freiwillige Gerichtsbarkeit: Vereidigung des Direktors und der Mitglieder der Hauptverwaltung der Staatsschulden und Verpflichtung des Präsidenten der Oberrechnungskammer als Mitglieder der Staatsschuldenkommission G. v. 28. 1. 1879 (GS. 10) § 1. Alle diese Verfahren gehören nicht zum VerwStrV. Ferner Beschwerdeinstanz im VerwStrV, § 78 II, 110 und im BeschlVerf., § 120 am Ende

§ 55. Der Vorsitzende[1] des Kreis- (Stadt-) Ausschusses, des Bezirksausschusses und des Provinzialrats beruft[2] das Kollegium, leitet[3] und beaufsichtigt den Geschäftsgang und sorgt für die prompte Erledigung der Geschäfte. Er bereitet die Beschlüsse der Behörde vor und trägt für deren Ausführung Sorge. Er vertritt die Behörde nach außen, verhandelt namens derselben mit anderen Behörden und mit Privatpersonen, führt den Schriftwechsel und zeichnet alle Schriftstücke namens der Behörde.

1) oder Stellvertreter.
2) GeschRegul. ProvR., BezA. §§ 2—4, KrA. §§ 3, 4.
3) GeschRegul. ProvR. §§ 5—8, BezA., KrA. §§ 6—9.

§ 56. Soweit Geschäftsgang und Verfahren des Kreis- (Stadt-) Ausschusses, des Bezirksausschusses und des Provinzialrats nicht durch die nachstehenden oder durch besondere gesetzliche Bestimmungen geregelt sind, werden dieselbe durch Regulative[1] geordnet, welche der Minister des Innern erläßt.

1) OVG. v. 22. 2. 1892 (MinBlInn. 133); Nachtrag v 15. 5. 1893 (MinBlInn 123); ProvR., BezA., KrA. v. 28. 2. 1884 (MinBlInn. 35, 37, 41); Amtsausschuß in Hohenzollern v. 28. 2. 1884 (AmtsblSigm. 80); BergA. v. 8. 12. 1905 (MinBlHand. 333; Zschr. f. Berg-, Hütten- und SalinenW. 101; Zschr. f. Bergrecht 47, 137). Über die Ausdehnung auf die neuen Provinzen Bek. Min. Inn. f. Hannover v. 3. 1. 1885; Hessen-Nassau v. 9. 6. 1886; Westfalen v. 31. 5. 1887; Rheinprovinz v. 4. 4. 1888; Schleswig-Holstein v. 4. 3. 1889; Posen v. 8. 2. 1900.

§ 57. Die örtliche Zuständigkeit für das Verwaltungsstreit- und Beschlußverfahren bestimmt sich, wie folgt:

Zuständig in erster Instanz ist:

1) in Angelegenheiten, welche sich auf Grundstücke beziehen, die Behörde der belegenen Sache[1];
2) in allen sonstigen Fällen die Behörde desjenigen Bezirks (Kreis, Regierungsbezirk, Provinz), in welchem die Person wohnt[2] oder die Korporation beziehungsweise öffentliche Behörde ihren Sitz[3] hat, welche im Verwaltungsstreitverfahren in Anspruch genommen

wird oder auf deren Angelegenheit sich die Beschlußfassung bezieht. Wenn die Korporation oder öffentliche Behörde ihren Sitz außerhalb ihres räumlichen Bezirks[4] hat, ist diejenige Behörde zuständig, welcher dieser Bezirk angehört.

Bezüglich des Kommunalverbandes der Provinz Brandenburg ist der Bezirksausschuß zu Potsdam zuständig.

1) in Waldschutzsachen gelten die besonderen Vorschriften G. v. 6. 7. 1875 (GS. 416) §§ 8 III, 31 III.

2) BGB. §§ 7—11. dagegen finden ZPO. §§ 13—16, 20—35 keine Anwendung

3) Vgl. BGB. § 24. Die Vorschriften ZPO. §§ 17—19 und der auf Grund der Berliner Gerichtsorganisation ergangenen Bek. RK. v. 21. 4. 1906 (RGBl. 464), Bek. JMin. v. 23., 24., 25. 4. 1906 (JMBl. 125, 128) könnten nur soweit herangezogen werden, als sie bestehende staatsrechtliche Sätze einfach wiederholen. Wegen der Heimatssachen vgl. UntWohnsG. v. 30. 5. 1908 (RGBl. 381) §§ 38, 56. Für die Angelegenheiten des Provinzialverbandes Westpreußen sind zuständig der BezA. Marienwerder und der ProvRat Königsberg. Vfg. MinInn. v. 4. 12. 1920 (MinBlInn. 406).

4) Dazu gehören diejenigen Landratsämter von Landkreisen, die ihren Sitz in den gleichnamigen Stadtkreisen haben, auch die von Niederbarnim und Teltow in Berlin, ferner eine große Anzahl von Behörden in Berlin, deren Bezirk teilweise einen oder mehrere Kreise, teilweise die ganze Provinz Brandenburg ohne Berlin umfaßt.

§ 58[1]. Sind die Grundstücke in mehreren Bezirken belegen, oder ist es zweifelhaft, zu welchem Bezirke sie gehören, so wird die zuständige Behörde

1) für das Verwaltungsstreitverfahren durch den Bezirksausschuß und, wenn die Grundstücke in verschiedenen

Regierungsbezirken liegen, durch das Oberverwaltungsgericht,

2) für das Beschlußverfahren[2] durch den Regierungspräsidenten, den Oberpräsidenten oder den Minister des Innern, je nachdem die betreffenden Bezirke demselben Regierungsbezirke, derselben Provinz, aber verschiedenen Regierungsbezirken, oder verschiedenen Provinzen angehören,

endgültig[3] bestimmt[4].

Dasselbe findet statt, wenn die Personen oder Korporationen, deren Angelegenheit den Gegenstand der Entscheidung oder Beschlußfassung bildet, in mehreren Bezirken wohnen oder ihren Sitz haben[5].

1) Anwendbar auch nach HannovFischereiG. v. 26. 6. 1897 (GS. 196); vgl. FischereiG. § 133, 12. KommAbgG. § 53 VI in der Fassung v. 24. 7. 1906 (GS. 377), §§ 71 IV, 72 I; AusfAnw. v. 29. 7. 1907 zur JagdO. (MinBlHand. 297) Nr. 14 Abs. II.

2) Die Bestellung gilt für das demnächstige VerwStrV. nur dann, wenn dieses durch Antrag auf mündliche Verhandlung nach § 69 eröffnet wird.

3) § 126, gegen die Ablehnung Beschwerde nach § 110

4) Die Verjährung wird durch den bloßen Antrag auf Bestellung der zuständigen Behörde unterbrochen BGB. §§ 210, 220; AG. z. BGB. Art. 8 § 2; die Ausschlußfrist nur dann, wenn neben dem Antrag auf Bestellung zugleich eine vollständige Klage oder Beschwerde vorgelegt wird.

5) Das OVG. ist auch in Heimatssachen zuständig.

§ 59. Ist bei einer Angelegenheit, welche zur Zuständigkeit des Kreis- (Stadt-)Ausschusses gehört, die betreffende Kreiskorporation (Stadtgemeinde) als solche beteiligt[1]), so wird

1) für das Verwaltungsstreitverfahren von dem Bezirksausschusse und, wenn ein Stadtkreis beteiligt ist, von dem Oberverwaltungsgerichte,
2) für das Beschlußverfahren von dem Regierungspräsidenten, für Berlin von dem Oberpräsidenten, ein anderer Kreis- oder Stadtausschuß mit der Entscheidung oder Beschlußfassung beauftragt.

1) AusnahmeG. v. 23. 7. 1912 (GS. 195) Art. 3.

§ 60[1]. Die Vollstreckung[2] im Verwaltungsstreitverfahren und im Beschlußverfahren erfolgt im Wege des Verwaltungszwangsverfahrens[3]. Die Vollstreckung wird namens der Behörde, welche in der ersten Instanz entschieden beziehungsweise beschlossen hatte, von deren Vorsitzendem verfügt[4]. Über Beschwerden[5] gegen die Verfügungen des Vorsitzenden entscheidet die Behörde. Gegen die Entscheidung der Behörde findet innerhalb zwei Wochen die Beschwerde an die im Instanzenzuge zunächst höhere Behörde[6] statt.

Die Entscheidung der letzteren ist endgültig.

1) Anwendbar auf die Landeskulturbehörden, G. v 3. 6. 1919 (GS. 101) § 28 und nach UntWohnsG. v. 30. 5. (7. 6.) 1908 (RGBl. 380) § 53.

2) Wegen der Kosten Vfg. MinFinInn. v. 17. 1. 1905 (MinBlInn. 23).

3) Vdg. v. 15. 12. 1899 (Nr. 5); AusfAnw. v. 28. 11. 1899; soweit es sich um Handlungen, Duldungen oder Unterlassungen handelt, sind §§ 132, 133 anzuwenden; soweit dem Vorsitzenden die Zuständigkeit fehlt, greift § 49 ein.

4) Vollstreckung gegen Fiskus, Gemeinden, Kommunalverbände und gegen Korporationen, deren Vermögen von Staatsbehörden verwaltet wird: im ehemaligen Geltungsgebiet des ALR. Allg. GerO. Anfang § 153 zu Teil I, Titel 24

§ 45; Teil I Titel 35 § 33 und Anhang § 242; im ehemaligen Geltungsgebiet des Rheinischen Rechts Konsularbeschluß v. 12. Brumaire XI (3. 11. 1802); Staatsratsgutachten v. 11./26. 5. 1813 (v. Daniels 4, 421; 5, 860. Friedrichs, Rheinisches Verwaltungsrecht 374); im ehemaligen Geltungsgebiet des Gemeinen Rechts Erl. JustMin. v. 18. 7. 1881 (JMBl. 160). Vogeler, Verwaltungszwang (1914). Waldecker, Zwangsvollstreckung (1918). Friedrichs, Verwaltungsrechtspflege § 645.

5) ohne Frist; nur in Waldschutzsachen gilt eine zehntägige Frist WaldSchG. v. 6. 7. 1875 (GS 416) § 20.

6) in Heimatssachen das OVG.

II. Abschnitt.

Verwaltungsstreitverfahren.

1. Von der Ausschließung und Ablehnung der Gerichtspersonen.

§ 61. Die Bestimmungen der bürgerlichen Prozeßgesetze[1] über Ausschließung und Ablehnung der Gerichtspersonen[2] finden für das Verwaltungsstreitverfahren sinngemäße Anwendung.

Aus der innerhalb seiner Zuständigkeit geübten amtlichen Tätigkeit des Landrats beziehungsweise des Regierungspräsidenten darf kein Grund zur Ablehnung desselben wegen Besorgnis der Befangenheit entnommen werden.

1) ZPO. §§ 41—49. Über die (streitige) Anwendbarkeit vgl. Friedrichs, Verwaltungsrechtspflege 1, 220.

2) §§ 75, 77 II; ZPO. § 49.

§ 62. Über das Ablehnungsgesuch beschließt das Gericht, welchem der Abgelehnte angehört, und wenn der

Vorsitzende des Kreis- (Stadt-) oder Bezirksausschusses abgelehnt werden soll, das nächst höhere Gericht[1].

Der Beschluß, durch welchen das Gesuch für begründet erklärt wird, ist endgültig[2]. Wird das Gesuch für unbegründet erklärt, so steht der mit demselben zurückgewiesenen Partei innerhalb zwei Wochen die Beschwerde an das im Instanzenzuge zunächst höhere Gericht zu. Das letztere entscheidet endgültig. Die Verhandlung über die Ablehnung erfolgt in nicht öffentlicher Sitzung.

Das im Instanzenzuge zunächst vorgesetzte Gericht entscheidet desgleichen endgültig und bestimmt das zuständige Gericht, wenn das Gericht, dem das ausgeschlossene oder abgelehnte Mitglied angehört, bei dessen Ausscheiden beschlußunfähig wird.

1) Auch wenn in der Hauptsache eine andere Behörde zuständig sein würde wie in dem Falle ZustG. § 36 Nr. 4, §§ 78 II, 113 und in Heimatssachen, ist für diesen Zwischenstreit der BezA. oder das OVG. zuständig.

2) Wiederaufnahme des Verfahrens § 100 in Verb. mit ZPO. § 579 Nr. 2, 3.

2. Von dem Verfahren in erster Instanz.

§ 63. Die Klage ist bei dem zuständigen Gericht[1] schriftlich einzureichen[2]. Die Klage beim Kreisausschusse kann zu Protokoll erklärt werden. In der Klage ist ein bestimmter Antrag zu stellen, und sind die Person des Beklagten, der Gegenstand des Anspruchs, sowie die den Antrag begründenden Tatsachen genau[3] zu bezeichnen.

1) Ausnahme § 129 II. Über die örtliche Zuständigkeit vgl. § 57.

2) Wahrung der Frist durch Einreichung. Im übrigen Eintritt der Rechtshängigkeit (BGB. §§ 291, 292, 818) und

der übrigen Wirkungen der Klageerhebung (BGB. §§ 209, 211, 212, 220, 284, 285), die wenigstens in bezug auf Wildschaden und die Ansprüche aus der Bereicherung und Geschäftsführung reichsgesetzliche Geltung beanspruchen, erst mit der Zustellung EG. z. BGB. Art. 152. Nicht anwendbar sind ZPO. §§ 264—266, 271, 276, 281 und vor allen Dingen §§ 693, 695, 700, 701. Friedrichs, Verwaltungsrechtspflege 424.

3) Ergänzung und Berichtigung des sachlichen Inhalts einer formell ausreichenden Klageschrift § 71, Vervollständigung einer materiell unvollständigen Klage ZustG. §§ 47, 48, 56. Klageänderung § 71 II.

I **§ 64**[1]. Stellt sich der erhobene Anspruch sofort als rechtlich unzulässig oder unbegründet heraus, so kann die Klage ohne weiteres durch einen mit Gründen versehenen Bescheid zurückgewiesen werden.

II Scheint der erhobene Anspruch dagegen rechtlich begründet, so kann dem Beklagten ohne weiteres durch einen mit Gründen versehenen Bescheid die Klaglosstellung des Klägers aufgegeben werden[2].

III Namens des Kreisausschusses steht auch dem Vorsitzenden desselben, namens des Bezirksausschusses auch dem Vorsitzenden [im Einverständnis mit den ernannten Mitgliedern][3] der Erlaß eines solchen Bescheides zu.

IV. In dem Bescheide ist den Parteien zu eröffnen[4], daß sie befugt seien, innerhalb zwei Wochen, vom Tage der Zustellung ab, entweder die Anberaumung der mündlichen Verhandlung zu beantragen oder dasjenige Rechtsmittel[5] einzulegen, welches zulässig wäre, wenn der Bescheid als Entscheidung des Kollegiums ergangen wäre.

V Wird mündliche Verhandlung beantragt, so muß dieselbe zunächst stattfinden.

Hat einer der Beteiligten mündliche Verhandlung VI beantragt, ein anderer das Rechtsmittel eingelegt, so wird nur dem Antrag auf mündliche Verhandlung stattgegeben.

Wird weder mündliche Verhandlung beantragt, noch VII das Rechtsmittel eingelegt, so gilt der Bescheid als endgültiges Urteil.

1) Anwendbar nach § 111 III.

2) Der zusprechende und der abweisende Vorbescheid sind auch in Heimatssachen zulässig, dagegen nicht in den Fällen GewO. § 21, LVG. § 69, im Disziplinar- oder Kompetenzkonfliktverfahren und den höheren Instanzen.

3) Abs. III gilt vorübergehend in der Fassung des G. v. 13. 5. 1918 (GS. 53) Art. 1, 8: „Namens des Kreisausschusses und namens des Bezirksausschusses steht auch dem Vorsitzenden der Erlaß eines solchen Bescheides zu."

4) Über die Form Regul ProvR., BezA., KrA. § 16. BergA. § 15. Anwendbar ist ferner § 103 II trotz § 107 Nr. 2.

5) in Heimatssachen die Berufung an das Bundesamt.

§ 65 [1]. Wird ein Bescheid nach den Bestimmungen des § 64 nicht erlassen, so ist die Klage dem Beklagten mit der Aufforderung zuzufertigen, seine Gegenerklärung [2] innerhalb einer bestimmten, von einer bis zu vier Wochen zu bemessenden Frist schriftlich einzureichen. Wenn das Verfahren bei dem Kreisausschusse anhängig ist, so kann die Gegenerklärung auch zu Protokoll erklärt werden

Die Frist kann in nicht schleunigen Sachen der Regel nach nicht über zwei Wochen verlängert werden. Die Gegenerklärung des Beklagten wird dem Kläger zugefertigt.

1) Gilt nur in I. Instanz; wegen der Oberinstanzen vgl. §§ 86, 95.

2) Repliken und weitere Schriftsätze § 68 III.

§ 66[1]. Allen Schriftstücken sind die als Beweismittel in bezug genommenen Urkunden im Original oder in Abschrift beizufügen. Von allen Schriftstücken und deren Anlagen sind Duplikate einzureichen[2].

Das Gericht kann geeignetenfalls gestatten, daß statt der Einreichung von Duplikaten die Anlagen selbst zur Einsicht der Beteiligten in seinem Geschäftslokale offen gelegt werden.

1) Gültig in den Oberinstanzen, §§ 92, 95.

2) Über die Anfertigung durch das Gericht auf Kosten der Parteien GeschRegul. BezA., KrA. § 6 III. BergA. § 5 III.

§ 67[1]. [Ist weder vom Kläger noch vom Beklagten die Anberaumung der mündlichen Verhandlung ausdrücklich verlangt, so kann das Gericht auch ohne solche Verhandlung schon auf Grund der Erklärung der Parteien seine Entscheidung in der Form eines mit Gründen versehenen Bescheides fällen. Dabei gelten die Bestimmungen der Absätze 4 bis 7 des § 64[3].]

Erscheint durch die Erklärung der Parteien das Sach- und Rechtsverhältnis genügend geklärt, so kann auf Grund dieser Erklärungen das Gericht oder namens desselben der Vorsitzende auch ohne mündliche Verhandlung seine Entscheidung in der Form eines mit Gründen versehenen Bescheides[2] fällen. Dabei gelten die Bestimmungen des § 64[3].

1) Wegen der höheren Instanzen vgl. §§ 89, 95.

2) Über den Bescheid in Waldschutzsachen, der in Wahrheit ein Beschluß (im Beschlußverfahren) ist, vgl. G. v. 6. 7. 1875 (GS. 416) §§ 15, 33, 36.

3) Vorübergehende Fassung des G. v. 13. 5. 1918 (GS. 53) Art. 1, Nr. 4.

§ 68[1]. [Hat dagegen auch nur eine Partei die Anberaumung der mündlichen Verhandlung gefordert oder[2]] erachtet das Gericht eine solche für erforderlich, so werden[3] die Parteien zur mündlichen Verhandlung[4] unter der Verwarnung[5] geladen[6], daß beim Ausbleiben nach Lage der Verhandlungen werde entschieden werden.

Das Gericht kann zur Aufklärung des Sachverhältnisses das persönliche Erscheinen einer Partei anordnen[7].

Den Parteien steht es frei, ihre[8] Erklärungen, auch ohne dazu besonders aufgefordert zu sein, vor dem Termine schriftlich einzureichen und zu ergänzen. Das Duplikat solcher Erklärungen ist der Gegenpartei zuzufertigen. Kann dies nicht mehr vor dem Termine zur mündlichen Verhandlung bewirkt werden, so ist der wesentliche Inhalt der Erklärungen in dieser Verhandlung mitzuteilen[9].

1) Gilt auch im Verfahren aus § 69 und nach erhobenem Einspruch gegen einen Vorbescheid § 64, oder Bescheid § 67. Wegen der höheren Instanzen vgl. §§ 90, 95.

2) Die eingeklammerten Worte durch die Änderung des § 67 gegenstandslos.

3) nach Fertigstellung des Referats GeschRegul. OVG. § 8 I.

4) Sitzungstage GeschRegul. VAH. § 1; OVG. § 6 I; BezA. § 2; Ermessen des Vorsitzenden GeschRegul. BergA. § 2, KrA. § 3. Ferien OVG. v. 15. 7.—15. 9. GeschRegul. § 18 I; VAH. v. 1. 7.—31. 8. GeschRegul. § 2; ProvR., BezA., KrA. v. 21. 7.—1. 9. GeschRegul. ProvR. § 2, BezA., KrA. § 5. Der BergA. hat keine Ferien.

5) § 79 Satz 2. 6) § 52 Anm. 3.

7) kein Zwangsmittel, kein Rechtsmittel gegen die Ablehnung.

8) Das Wort „tatsächlichen“, enthalten in VerwGerG. v. 2. 8. 1880 (GS. 315) § 39, ist durch Beschluß des HH. gestrichen worden

9) wenn der Gegner anwesend ist.

§ 69. Wo die Gesetze[1] zur Einleitung des Verwaltungsstreitverfahrens statt der Klage den Antrag auf mündliche Verhandlung im Verwaltungsstreitverfahren geben, erfolgt auf den Antrag ohne weiteres[2] die Vorladung der Parteien zur mündlichen Verhandlung.

Der Antrag muß alles enthalten, was nach § 63 für den Klageantrag[3] erfordert wird, soweit dasselbe nicht aus den Vorverhandlungen bei der Behörde sich ergibt

1) z. B. WaldSchG v. 6. 7. 1875 (GS. 416) §§ 15, 33, 36, ZustG. §§ 114 II, 115 II, 117, 124 II, 140 II; KommAbgG. § 72.

2) nach Zustellung der Beiladung § 70, Erledigung der Beweisaufnahme § 76 und Fertigstellung des Referats GeschRegul. OVG. § 8 I.

3) soll heißen Klageschrift.

§ 70. Das Gericht kann[1] auf Antrag oder von Amts wegen die Beiladung Dritter, deren Interesse durch die zu erlassende Entscheidung berührt wird, verfügen[2]. Die Entscheidung ist in diesem Falle auch den Beigeladenen gegenüber gültig[3].

1) Auch in der Berufungsinstanz § 92. Notwendige Beiladung: Friedrichs, Verwaltungsrechtspflege **2**, 628 § 318.

2) Die Verfügung ist unanfechtbar, gegen die Ablehnung Beschwerde aus § 110.

3) Diesem Satz gibt das OVG. eine aus dem Wortsinne nicht ohne weiteres erkennbare Bedeutung, vgl. Kunze im VerwArch. **1**, 198–212; Anschütz ebenda **5**, 403; Schultzenstein ebenda **9**, 100; Kunze, VerwStrV. **1**, 36–58; Friedrichs, Verwaltungsrechtspflege **2**, 628 § 312. OVG. **10**, 87; **11**, 192; **15**, 75; **18**, 413; in PrVBl. **11**, 287 r., **22**, 56 l.; BAH. in PrVBl. **12**, 595; **16**, 614.

I **§ 71**[1]. In der mündlichen Verhandlung sind die

Parteien oder ihre mit Vollmacht[2] versehenen Vertreter
zu hören.

Dieselben können ihre tatsächlichen oder rechtlichen II
Anführungen ergänzen oder berichtigen und die Klage
abändern, insofern durch die Abänderung nach dem Ermessen des Gerichts das Verteidigungsrecht der Gegenpartei nicht geschmälert oder eine erhebliche Verzögerung des Verfahrens nicht herbeigeführt wird. Sie haben sämtliche Beweismittel anzugeben und, soweit dies nicht bereits geschehen, die schriftlichen ihnen zu Gebote stehenden Beweismittel vorzulegen; auch können von ihnen Zeugen zur Vernehmung vorgeführt werden.

Der Vorsitzende des Gerichts hat dahin zu wirken, III
daß der Sachverhalt vollständig aufgeklärt und die sachdienlichen Anträge von den Parteien gestellt werden.

Er kann einem Mitgliede des Gerichts gestatten, das IV
Fragerecht auszuüben.

Eine Frage ist zu stellen, wenn das Gericht diese V
für angemessen erachtet.

1) Anwendbar (beschränkt nach) §§ 92, 95, 119 III. auch in Wasserbeschlußsachen, LWasserA. in PrVBl. 38, 48 r. Ergänzt durch GeschRegul. OVG. § 8, ProvR. §§ 10—12, BezA., KrA. §§ 11—18, BergA. §§ 10—13.

2) Stempel TarifSt. 73 IV; Vfg. MinInn. v 18. 9. 1895 (MBlInn. 228); Vfg. MinInn. v. 26. 6. 1896 (MinBlInn. 116, AbgZBl. 586); Vfg. MinInn. v. 30. 11. 1898 (AbgZBl. 453); Vfg. MinInn. v. 30. 5. 1904 (MinBlInn. 142).

§ 72[1]. Die mündliche Verhandlung erfolgt in öffent- I
licher Sitzung des Gerichts.

Die Öffentlichkeit kann durch einen öffentlich zu ver- II
kündigenden Beschluß ausgeschlossen werden[2], wenn das

Gericht dies aus Gründen des öffentlichen Wohls oder der Sittlichkeit für angemessen erachtet.

III Der Vorsitzende kann[3] aus der öffentlichen Sitzung jeden Zuhörer entfernen lassen, der Zeichen des Beifalls oder des Mißfallens gibt oder Störung irgendeiner Art verursacht.

VI Parteien[4], Zeugen, Sachverständige, welche den zur Aufrechterhaltung der Ordnung erlassenen Befehlen des Vorsitzenden nicht gehorchen, können auf Beschluß des Gerichts aus dem Sitzungszimmer entfernt werden[5]. Gegen die bei der Verhandlung beteiligten Personen wird sodann in gleicher Weise verfahren, wie wenn sie sich freiwillig entfernt hätten.

1) Anwendbar in den höheren Instanzen §§ 92—95, im Kompetenzkonfliktsverfahren §§ 113, 114, im Beschluß-verfahren § 119. In Gewerbesachen finden auf die Öffentlichkeit GVG. §§ 173—176 Anwendung GewO. § 21 Nr. 5. Der § 72 ist nicht anwendbar nach § 157 Nr. 2. Die Verhandlungen vor dem BAH sind immer öffentlich UntWohnsG. v. 30. 5. 1908 (RGBl. 381) § 50. Nicht öffentlich § 62 II.

2) StrGB. § 184 II ist anwendbar, aber weder GVG. § 175 II, noch RG. v. 5. 4. 1888 (RGBl. 133) Art. II, III.

3) Beschwerde nach § 110.

4) ohne Ausnahme, auch öffentliche Beamte und Rechts-anwälte.

5) Beschwerde nach § 110, eventuell Revision.

§ 73. Die Parteien sind in der Wahl der von ihnen zu bestellenden Bevollmächtigten nicht beschränkt[1].

Das Gericht kann Vertreter, welche, ohne Rechts-anwalte zu sein, die Vertretung vor dem Gerichte ge-schäftsmäßig betreiben, zurückweisen. Eine Anfechtung dieser Anordnung findet nicht statt.

Gemeindevorsteher, welche als solche legitimiert sind, bedürfen zur Vertretung ihrer Gemeinden einer besonderen Vollmacht nicht[2].

1) auch in den Fällen ZustG. §§ 4 III, 21 II, 37 II, KrO. § 180 III, LGemO. 88, 1 I, § 144 II.

2) Vorsteher aller öffentlich-rechtlichen Körperschaften, OVG. in 4 408; 13 82; in PrVBl. 8, 169 r.; 11, 115 l.; 12, 279. Friedrichs, Verwaltungsrechtspflege 2, 587. Die Vorschrift wird wiederholt in WasserG. § 212(3), § 299(3) FischereiG. § 41(3). PrAusfVdg. v. 15. 12. 1919 zum SiedlungsG. § 22(3) Vertretung der Justizbehörden im Verw.-StrVerf. Vfg. JustMin. v. 19. 1. 1898 (JustMinBl. 29).

§ 74[1]. Liegt einer öffentlichen Behörde als Partei die Wahrnehmung des öffentlichen Interesses ob, so kann auf deren Antrag der Regierungspräsident für die mündliche Verhandlung vor dem Bezirksausschusse, und der Ressortminister für die mündliche Verhandlung vor dem Oberverwaltungsgerichte einen Kommissar zur Vertretung der Behörde bestellen.

Der Regierungspräsident beziehungsweise der Ressortminister kann in geeigneten Fällen auch ohne Antrag einer Partei einen besonderen Kommissar zur Wahrnehmung des öffentlichen Interesses für die mündliche Verhandlung bestellen[2]. Der Kommissar ist vor Erlaß des Endurteils[3] mit seinen Ausführungen und Anträgen zu hören, zur Einlegung von Rechtsmitteln aber nicht befugt[4].

Der Vorsitzende des Kreis- (Stadt-) Ausschusses beziehungsweise des Bezirksausschusses und der Ressortminister hat behufs der erforderlichen Wahrnehmung des öffentlichen Interesses einen Kommissar zu bestellen, wenn das Gesetz[5] die öffentliche Behörde, welche die

Rolle des Klägers oder des Beklagten wahrzunehmen hat, nicht bezeichnet.

1) Anwendbar in den höheren Instanzen §§ 92—95, aber nicht im BeschlVerf. § 119 III.

2) vor jeder Instanz. Anzeigepflicht der Präsidenten des OVG. GeschRegul. § 6.

3) nach den Parteien GeschRegul. OVG. § 8 IV; BezA. § 11 I. BergA. § 10 I.

4) Trotzdem Zustellung des Urteils § 81.

5) Beispiele: WaldschutzG. v. 6 7. 1875 (GS. 416) §§ 15, 36, 45; G. v. 14. 3. 1881 (GS 261) § 4 III; ZustG. (Nr. 2) §§ 26, 114,115, 117; AnsiedlungsG v. 10. 8. 1904 (GS. 227) Art. I § 18 II; Erl. Min. Kult. Inn. Hand. Fin. v. 28. 12. 1904 (MBlInn. 1905, 2) Nr. 10.

§ 75[1]. [Die mündliche Verhandlung erfolgt unter Zuziehung eines vereidigten Protokollführers. Das Protokoll muß die wesentlichen Hergänge der Verhandlung enthalten. Dasselbe wird von dem Vorsitzenden und dem Protokollführer unterzeichnet[2].]

1) Gilt vorübergehend in der Fassung: „Über die mündliche Verhandlung ist entweder von einem vereideten Protokollführer oder einem Mitgliede des Gerichts eine Niederschrift zu verfassen", G. v. 13. 5. 1918 (GS. 53) Art. 1 Nr. 5.

2) Anwendbar in den höheren Instanzen §§ 92, 95, und im BeschlVerf. § 119 III, aber nicht bei der Beweisaufnahme, § 77 II; Regul. ProvR, BezA., KrA. § 12. Über die Gerichtsschreiber vgl. im übrigen VerwGerG. (Nr. 6) § 30 a; Regul. OVG. § 4 I, § 13 II; ProvR. §§ 5, 20; BezA. §§ 6 II, 21; BergA. § 5 II. KrO. § 116, 7, § 134, 3; Regul. KrA. § 6 II.

§ 76[1]. [Das Gericht ist befugt — geeignetenfalls schon vor Anberaumung der mündlichen Verhandlung — Untersuchungen an Ort und Stelle zu veranlassen,

Zeugen und Sachverständige zu laden und eidlich zu vernehmen, überhaupt den angetretenen oder nach dem Ermessen des Gerichts erforderlichen Beweis in vollem Umfange zu erheben[2].]

1) Gilt vorübergehend in der Fassung: „Das Gericht oder namens desselben der Vorsitzende ist befugt, geeignetenfalls schon vor Anberaumung der mündlichen Verhandlung Untersuchungen an Ort und Stelle zu veranlassen, Zeugen und Sachverständige zu laden und eidlich zu vernehmen, überhaupt den angetretenen oder für erforderlich erachteten Beweis in vollem Umfange zu erheben." G v. 13. 5. 1918 (GS. 101) Art. 1 Nr 6.

2) Anwendbar in der Berufungsinstanz § 92, und im Beschlußverfahren § 120, auch in Gewerbesachen GewO. § 21, 1. Dagegen gilt in Heimatssachen AG. v 8. 8. 1871 z. UntWohnsG. (GS. 130) § 49 I; vgl. LVG. § 157 Nr. 3, § 158 Nr. 1.

§ 77. Das Gericht kann die Beweiserhebung durch eines seiner Mitglieder oder erforderlichenfalls durch eine zu dem Ende zu ersuchende[1] sonstige Behörde bewirken lassen. Es kann verordnen, daß die Beweiserhebung in der mündlichen Verhandlung stattfinden soll.

Die Beweisverhandlungen sind unter Zuziehung eines vereidigten oder von der betreffenden Behörde durch Handschlag zu verpflichtenden Protokollführers[2] aufzunehmen; die Parteien sind zu denselben zu laden.

1) § 39. 2) § 61 I.

§ 78[1]. Hinsichtlich der Verpflichtung, sich als Zeuge oder Sachverständiger vernehmen zu lassen, sowie hinsichtlich der im Falle des Ungehorsams zu verhängenden Strafen kommen die Bestimmungen der bürgerlichen Prozeßgesetze[2] mit der Maßgabe zur Anwendung, daß im Falle des Ungehorsams die zu erkennende Geldbuße den Betrag von Einhundertfünfzig Mark nicht übersteigen darf.

Gegen die eine Strafe oder die Nichtverpflichtung des Zeugen oder Sachverständigen aussprechende Entscheidung steht den Beteiligten innerhalb zwei Wochen die Beschwerde[3] an das im Instanzenzuge zunächst vorgesetzte Gericht[4], gegen die in zweiter Instanz ergangene Entscheidung des Bezirksausschusses die weitere Beschwerde[5] an das Oberverwaltungsgericht zu[6].

1) Anwendbar auch im Disziplinarverfahren vor dem OVG., BezA., KrA., aber nicht in Heimatssachen AG. v. 8. 8. 1871 z. UntWohnsG. (GS. 130) § 49 II.

2) ZPO. §§ 375 II, 376, 378, 380—385, 390, 402, 406—409.

3) Berechnung § 52, aufschiebende Wirkung § 53.

4) in Heimatssachen an das BAH. AG. § 49 II.

5) Ausnahme von § 110.

6) Über die Gebühren vgl. § 106.

§ 79[1]. Das Gericht hat nach seiner freien, aus dem ganzen Inbegriffe der Verhandlungen und Beweise geschöpften Überzeugung zu entscheiden. Beim Ausbleiben der betreffenden Partei oder in Ermangelung einer Erklärung derselben können die von der Gegenpartei vorgebrachten Tatsachen für zugestanden erachtet werden. Die Entscheidungen dürfen nur die zum Streitverfahren vorgeladenen Parteien und die in demselben erhobenen Ansprüche betreffen.

1) Anwendbar auch in den höheren Instanzen §§ 92, 95, auch in Gewerbe- und Heimatssachen, für Bescheide § 67, und Vorbescheide § 64. Alle diese Entscheidungen sind Urteile im Sinne BGB. § 839.

§ 80[1]. Die Entscheidung kann ohne vorgängige Anberaumung einer mündlichen Verhandlung erlassen werden, wenn beide Teile auf eine solche ausdrücklich verzichtet haben.

1) Gültig auch in den höheren Instanzen §§ 92, 95, aber nicht in Gewerbesachen.

§ 81. Die Verkündigung der Entscheidung erfolgt der Regel nach[1] in öffentlicher Sitzung[2] des Gerichts. Eine mit Gründen versehene Ausfertigung[3] der Entscheidung ist den Parteien und, sofern ein besonderer Kommissar zur Wahrnehmung des öffentlichen Interesses bestellt war (§ 74 Absatz 2), gleichzeitig auch diesem zuzustellen[4]. Die Zustellung genügt, wenn die Verkündigung in öffentlicher Sitzung nicht erfolgt ist.

1) In Gewerbesachen und in Heimatssachen II. Instanz ausnahmslos Regul. BezA., KrA. § 14 III; BAH. § 6 III.

2) Über die Anberaumung einer besonderen Spruchsitzung Regul. OVG. § 9 II, BezA., KrA. § 14 III, BergA. § 13 II, ferner LVG. §§ 82 II, 83 III, 93 II, 95 I.

3) Regul. OVG. §§ 12 II, 13; BAH. § 9; ProvR. § 15; BezA., KrA. §§ 15, 16. BergA. §§ 14, 15.

4) Wegen der höheren Instanzen vgl. §§ 92, 95, 98; UntWohnsG. v. 30. 5. 1908 (RGBl. 381) § 50 II. Form der Zustellung § 52 Anm. 3.

3. Von dem Verfahren in den weiteren Instanzen und von der Wiederaufnahme des Verfahrens.

§ 82. Gegen die in streitigen Verwaltungssachen ergangenen Endurteile der Kreisausschüsse und gegen die Bescheide in den Fällen der §§ 64 und 67 steht, soweit nicht gemäß besonderer gesetzlicher Vorschrift diese Urteile endgültig[1] oder die gegen dieselben stattfindenden

Rechtsmittel in abweichender Weise geregelt[2] sind, den Parteien und aus Gründen des öffentlichen Interesses[3] dem Vorsitzenden des Kreisausschusses die Berufung an den Bezirksausschuß zu.

Will der Vorsitzende des Kreisausschusses gegen eine Entscheidung des letzteren die Berufung einlegen, so hat er dies sofort zu erklären. Die Verkündigung[4] der Entscheidung bleibt in diesem Falle einstweilen, jedoch längstens drei Tage ausgesetzt. Sie erfolgt mit der Eröffnung, daß im öffentlichen Interesse die Berufung eingelegt worden sei. Ist die Verkündigung ohne diese Eröffnung erfolgt, so findet die Berufung im öffentlichen Interesse nicht mehr statt. Die Gründe der Berufung sind den Parteien zur schriftlichen Erklärung innerhalb der im § 86 gedachten Frist mitzuteilen. Nach Ablauf der Frist sind die Verhandlungen dem Bezirksausschusse einzureichen und die Parteien hiervon zu benachrichtigen.

1) Beispiele: Feld- und ForstPolG v. 1. 4. 1880 (GS. 230) §§ 76, 80.

2) Beispiele: ZustG. § 36 Nr. 4, § 78.

3) in Gewerbesachen nicht, GewO. § 21 Nr. 4.

4) oder Zustellung, abgesehen von Gewerbesachen, in denen die Verkündigung notwendig ist.

§ 83. Gegen die in streitigen Verwaltungssachen in erster Instanz ergangenen Endurteile der Bezirksausschüsse und gegen die Bescheide in den Fällen der §§ 64 und 67 steht, soweit nicht gemäß besonderer gesetzlicher Vorschrift diese Urteile endgültig[1] oder die gegen dieselben stattfindenden Rechtsmittel in abweichender Weise geregelt[2] sind, den Parteien und aus Gründen des öffentlichen Interesses dem Vorsitzenden des Bezirksausschusses die Berufung an das Oberverwaltungsgericht zu.

Das Recht der Berufung des Vorsitzenden[3] findet in den Formen statt, welche in § 82 Absatz 2 vorgeschrieben sind.

1) z. B.: UntWohnsG v. 30. 5. 1908 (RGBl. 381) § 58; Feld- und ForstPolG. v. 1. 4. 1880 (GS. 230) §§ 76, 84.

2) Berufung an das Heimatsamt UntWohnsG. § 41; ZustG. § 39; Kreck in PrVBl. 19, 398 l.; Revision ZustG. §§ 44 II, 118 und die diesen nachgebildeten Bestimmungen Nr. 10 dieser Ausgabe, §§ 2, 3; Nr. 18, § 1 II; KommAbgG. v. 14 7. 1893 (GS. 152) § 70 II; Kr.- und ProvAbgG. v. 23. 4. 1906 (GS. 159) §§ 11 IV, 14 II, 16 I. BergG. § 192a III in der Fassung des G. v. 28. 6. 1909 (GS. 677) Art. IV.

3) oder der Revision, wenn diese statt der Berufung zulässig ist.

§ 84[1]. Die Vertretung der aus Gründen des öffentlichen Interesses von dem Vorsitzenden des Kreisausschusses oder des Bezirksausschusses eingelegten Berufung erfolgt vor dem Bezirksausschusse durch den von dem Regierungspräsidenten, vor dem Oberverwaltungsgerichte durch den von dem Ressortminister zu bestellenden Kommissar[2].

1) Anwendbar in der Revisionsinstanz § 95.

2) § 74 III. Wegen der Wiederaufnahme des Verfahrens § 100) vgl. Friedrichs, Verwaltungsrechtspflege 2, 958.

§ 85[1]. Die Frist[2] zur Einlegung der Berufung beträgt vorbehaltlich der Bestimmungen der §§ 82 Absatz 2, 83 Absatz 2 und 157 dieses Gesetzes zwei Wochen.

1) Anwendbar in der Revisionsinstanz § 95.

2) Beginn und Berechnung, § 52.

§ 86. Innerhalb der in § 85 gedachten Frist ist, I
bei Verlust des Rechtsmittels, die Berufung bei dem

Gerichte, gegen dessen Entscheidung dieselbe gerichtet ist[1], schriftlich[2] anzumelden und zu rechtfertigen.

II Das Gericht prüft, ob die Anmeldung rechtzeitig erfolgt ist. Ist dies der Fall, so wird die Berufungsschrift mit ihren Anlagen der Gegenpartei zur schriftlichen Gegenerklärung innerhalb einer bestimmten, von einer bis zu vier Wochen zu bemessenden Frist zugefertigt.

III Zur Rechtfertigung der Berufung, sowie zur Gegenerklärung kann in nicht schleunigen Sachen eine angemessene, der Regel nach nicht über zwei Wochen zu erstreckende Nachfrist[3] gewährt werden.

IV Ist die Frist versäumt, so ist die Berufung ohne weiteres durch einen mit Gründen versehenen Bescheid zurückzuweisen. Namens des Kreisausschusses steht auch dem Vorsitzenden, namens des Bezirksausschusses dem Vorsitzenden im Einverständnis mit den ernannten Mitgliedern[4] der Erlaß eines solchen Bescheides zu. In demselben ist dem Berufungskläger zu eröffnen, daß ihm innerhalb zwei Wochen vom Tage der Zustellung ab die Beschwerde an das Berufungsgericht zustehe, widrigenfalls es bei dem Bescheide verbleibe[5].

1) Die Revision ist bei dem Gericht erster Instanz anzumelden, übrigens in denselben Fristen und Formen §§ 95, 96.

2) Die richtige Bezeichnung ist erheblich in den Fällen §§ 64, 67.

3) in Heimatssachen gesetzliche Nachfrist von 4 Wochen UntWohnsG. § 46 II.

4) nicht berührt durch das G. v. 15. 5. 1918 (GS. 53).

5) Anwendbar nach § 111 II.

§ 87. Der Berufungsbeklagte kann sich der Berufung anschließen, selbst wenn die Berufungsfrist verstrichen ist.

1) Anwendbar in der Revisionsinstanz § 95, aber nicht in Heimatssachen.

§ 88[1]. Nach Ablauf der Frist sind die Verhandlungen dem Berufungsgerichte einzureichen. Die Parteien sind hiervon unter abschriftlicher Mitteilung der eingegangenen Gegenerklärungen zu benachrichtigen.

1) Die §§ 88—90 sind auch in der Revisionsinstanz anwendbar § 95.

§ 89[1]. Bezüglich der von einer Partei eingelegten Berufung findet die Bestimmung des § 67 für das Berufungsgericht entsprechende Anwendung mit der Maßgabe, daß gegen den Bescheid[2] nur der Antrag auf mündliche Verhandlung zulässig ist.

Die Abänderung der durch Berufung angefochtenen Entscheidung findet nur nach vorgängiger Anberaumung der mündlichen Verhandlung statt.

1) Anwendbar wie § 88 Anm. 1.

2) Kosten § 107, 2.

§ 90[1]. Die Ladung der Parteien zur mündlichen Verhandlung erfolgt unter der Verwarnung, daß beim Ausbleiben nach Lage der Verhandlungen werde entschieden werden. In gleicher Weise erfolgt in den Fällen der Berufung aus Gründen des öffentlichen Interesses die Ladung des zur Vertretung desselben bestellten Kommissars.

Das Gericht kann zur Aufklärung des Sachverhältnisses das persönliche Erscheinen einer Partei anordnen.

1) Anwendbar wie § 88 Anm. 1.

§ 91. Ist die Berufung von dem Vorsitzenden des Kreisausschusses oder des Bezirksausschusses aus Gründen des öffentlichen Interesses eingelegt, so entscheidet[1] das

Berufungsgericht zunächst über die Vorfrage, ob das öffentliche Interesse für beteiligt zu erachten ist. Wird die Vorfrage verneint, so weist das Berufungsgericht, ohne im übrigen in die Sache selbst einzutreten, die Berufung als unstatthaft zurück.

1) Durch rechtsmittelfähiges Zwischenurteil.

§ 92. Die §§ 66, 70, 71 — mit Ausschluß der Bestimmungen über die Abänderung der Klage — §§ 72 bis 81 sind auch für das Verfahren in der Berufungsinstanz maßgebend.

Die Zufertigung der Entscheidung erfolgt durch Vermittlung desjenigen Gerichts, gegen dessen Entscheidung die Berufung eingelegt worden war.

I **§ 93.** Gegen die von den Bezirksausschüssen in zweiter Instanz[1] erlassenen Endurteile[2] steht, soweit nicht gemäß besonderer gesetzlicher Vorschrift diese Urteile endgültig[3] oder die gegen dieselben stattfindenden Rechtsmittel in abweichender Weise geregelt[4] sind, den Parteien das Rechtsmittel der Revision an das Oberverwaltungsgericht zu.

II In Streitigkeiten über Geldleistungen, die für Zwecke der Gemeinden und anderer öffentlich-rechtlicher Körperschaften oder Verbände entweder in der Form von Zuschlägen zu staatlichen oder staatlich veranlagten Steuern oder auf Grund besonderer Steuerordnungen, Abgabentarife, Gebührentaxen, Statuten und sonstiger eine Heranziehung allgemeiner Art in sich schließender Gesetze, Observanzen oder Beschlüsse angefordert werden, ist die Zulässigkeit der Revision durch einen 100 Mark übersteigenden Beschwerdegegenstand bedingt.

Die Beschränkung des Abs. 2 findet auf die Revision des Vorsitzenden keine Anwendung[5]. III

Soweit das Rechtsmittel der Revision überhaupt zugelassen ist, steht dasselbe aus Gründen des öffentlichen Interesses auch dem Vorsitzenden des Bezirksausschusses zu. IV

1) sowie vielfach gegen die Urteile des BezA. in erster Instanz § 83 Anm. 2.

2) desgleichen gegen Bescheide § 89, Zwischenurteile §§ 91, 113 IV.

3) Beispiele: ZustG. § 114; Nr. 10 dieser Ausgabe, § 1 III; Nr. 16, § 1 III. Nr. 20, § 1 III. FischereiG. v. 11. 5. 1916 (GS. 55) § 15 (3).

4) was bisher nicht geschehen ist.

5) Abs. II. III. vorübergehend eingeführt durch G. v. 13. 5. 1918 (GS. 53) Art. 1 Nr. 7

§ 94. Die Revision kann nur[1] darauf gestützt werden:

1) daß die angefochtene Entscheidung auf der Nichtanwendung oder auf der unrichtigen Anwendung des bestehenden Rechts, insbesondere auch der von den Behörden innerhalb ihrer Zuständigkeit erlassenen Verordnungen beruhe;

2) daß das Verfahren an wesentlichen Mängeln leide.

1) auch in Gewerbesachen GewO. §§ 20, 21.

§ 95. Die Bestimmungen des §. 66, des §. 71 — mit Ausschluß der Bestimmungen über die Abänderung der Klage — sowie der §§. 72 bis 75, 80 und 81, 82 Absatz 2, 84 bis 90 sind auch für die Frist zur Einlegung und

Rechtfertigung der Revision, sowie für das Verfahren in der Revisionsinstanz maßgebend.

Die Anmeldung und Rechtfertigung der Revision hat bei demjenigen Gerichte[1] zu erfolgen, welches in erster Instanz entschieden hat.

1) Die Beschwerde geht vom Gericht erster Instanz unmittelbar an das Revisionsgericht.

§ 96. In der Revisionsschrift[1] ist anzugeben, worin die behauptete Nichtanwendung oder unrichtige Anwendung des bestehenden Rechts oder worin die behaupteten Mängel des Verfahrens gefunden werden.

1) gemeint ist nicht die Einlegungs- sondern die Rechtfertigungsschrift § 86 I, III. Ergänzung und Berichtigung nach § 71 II.

§ 97. Das Oberverwaltungsgericht ist bei seiner Entscheidung an diejenigen Gründe nicht gebunden, welche zur Rechtfertigung der gestellten Anträge geltend gemacht worden sind.

§ 98. Erachtet das Oberverwaltungsgericht die Revision für begründet, so hebt es die angefochtene Entscheidung auf und entscheidet in der Sache selbst, wenn diese spruchreif erscheint. Die Zufertigung der Entscheidung erfolgt durch Vermittlung desjenigen Gerichts, welches in erster Instanz entschieden hat.

§ 99. Ist die Sache nicht spruchreif, so weist das Oberverwaltungsgericht dieselbe zur anderweitigen Entscheidung an die dazu nach der Sachlage geeignete Instanz zurück und verordnet die Wiederholung oder Ergänzung des Verfahrens, soweit es nach seinem Ermessen mit einem wesentlichen Mangel behaftet ist.

§ 100. Gegen die im Verwaltungsstreitverfahren ergangenen, rechtskräftig gewordenen Endurteile findet die Klage auf Wiederaufnahme des Verfahrens[1] unter denselben Voraussetzungen, in demselben Umfange und innerhalb derselben Fristen statt, wie nach den bürgerlichen Prozeßgesetzen[2] die Nichtigkeitsklage beziehungsweise die Restitutionsklage. Zuständig ist ausschließlich das Oberverwaltungsgericht. Erachtet das Oberverwaltungsgericht die Klage für begründet, so hebt es die angefochtene Entscheidung auf, verweist die Sache zur anderweitigen Entscheidung an die dazu nach der Sachlage geeignete Instanz und verordnet die Wieder holung oder Ergänzung des Verfahrens, soweit dasselbe von dem Anfechtungsgrunde betroffen wird.

1) Nicht anwendbar in Heimats= und Disziplinarsachen.
2) ZPO. §§ 579—583, 586.

§ 101. Das Gericht, an welches die Sache in den Fällen der §§. 99, 100 gewiesen wird, hat bei dem weiteren Verfahren und bei der von ihm anderweitig zu treffenden Entscheidung die in dem Aufhebungsbeschlusse des Oberverwaltungsgerichts aufgestellten Grundsätze, sowie in den Fällen des §. 100 die dem Aufhebungsbeschlusse zu Grunde gelegten tatsächlichen Feststellungen als maßgebend zu betrachten[1].

1) Damit ist die Anwendung der §§ 71, 92 nicht ausgeschlossen.

4. Von den Kosten des Verwaltungsstreitverfahrens.

§ 102. Das Verwaltungsstreitverfahren ist stempelfrei.

§ 103[1]. Dem unterliegenden Teile sind die Kosten[2] und die baren Auslagen des Verfahrens, sowie die er=

forderlichen baren Auslagen des obsiegenden Teils zur Last zu legen. Die Gebühren[3] eines Rechtsanwalts des obsiegenden Teils hat der unterliegende Teil nur insoweit zu erstatten, als dieselben für Wahrnehmung der mündlichen Verhandlung vor dem Bezirksausschusse oder dem Oberverwaltungsgerichte zu zahlen sind. An baren Auslagen für die persönliche Wahrnehmung der mündlichen Verhandlung vor dem Bezirksausschusse und dem Oberverwaltungsgerichte kann die obsiegende Partei nicht mehr in Anspruch nehmen, als die gesetzlichen Gebühren eines sie vertretenden Rechtsanwalts betragen haben würden, es sei denn, daß ihr persönliches Erscheinen von dem Gerichte angeordnet war.

Im Endurteile ist der Wert des Streitobjektes festzusetzen[4].

Die Gebühren der Rechtsanwälte bestimmen sich nach den für dieselben bei den ordentlichen Gerichten geltenden Vorschriften[5].

1) Anwendbar in Gewerbesachen und Heimatssachen I. Instanz. Für das Verfahren vor dem BAH. gilt AusfG. v. 8. 3. 1881 z. UntWohnsG. (GS. 130) § 58.

2) gehören zu den öffentlichen Abgaben Kr.- u. ProvAbgG. v. 23. 4. 1906 (GS. 159) § 1.

3) GebO. f. RA. §§ 43, 13, 16, 17.

4) Auch in Heimatssachen. Beschwerde nach § 110 an das OVG., auch in Heimatssachen. Sachliche Vorschriften in Vdg. v. 27. 2. 1884 (MinBlInn. 30).

5) DGebO. v. 20. 5. 1898 (RGBl. 692). G. v. 18. 12. 1919 über Teuerungszuschläge (RGBl. 2115). Der Abs. III unseres § 103 hat nur noch Bedeutung für die (öffentlich rechtliche) Erstattungspflicht des Gegners und ist als (privatrechtliche) Vorschrift für das Verhältnis zwischen Anwalt und Auftraggeber ersetzt durch die sachlich übereinstimmende Be-

stimmung, G. v. 6. 10. 1909 (GS. 381) Art. 2 Nr. 3, 4, wobei übrigens betont werden mag, daß die zwingenden Vorschriften dieses Gesetzes im Widerspruch mit BGB. § 612 II, § 632 II und nichtig sind.

§ 104. Die Kosten und baren Auslagen bleiben dem obsiegenden Teile zur Last, soweit sie durch sein eigenes Verschulden entstanden sind.

§ 105. Die Entscheidung über den Kostenpunkt (§§. 103, 104) kann nur gleichzeitig[1] mit der Entscheidung in der Hauptsache[2] durch Berufung oder Revision[3] angefochten werden.

1) In Heimatssachen gilt die Beschränkung nicht.

2) ZPO. § 99 II, III sind nicht anzuwenden.

3) wohl aber durch Einspruch §§ 64, 67, 89.

§ 106. An Kosten kommt ein Pauschquantum[1] zur Hebung, welches im Höchstbetrage bei dem Kreisausschusse und bei dem Bezirksausschusse sechzig Mark, bei dem Oberverwaltungsgerichte einhundertfünfzig Mark nicht übersteigen darf. Für die Gebühren der Zeugen und Sachverständigen gelten die in Zivilprozessen zur Anwendung kommenden Vorschriften[2], für die Berechnung des Pauschquantums kann von den Ministern der Finanzen und des Innern ein Tarif[3] aufgestellt werden.

1) auch in Heimatssachen erster Instanz, in Wildschadensachen, Gewerbesachen, aber nicht in den Fällen §§ 113 V, 157 Nr. 2; WaldSchG. v. 6. 7. 1875 (GS. 416) § 18.

2) GebO. v. 20. 5. 1898 (RGBl. 689); geändert durch G. v. 10. 6. 1914 (RGBl. 214) und vorübergehend durch Vdg. v. 21. 8. 1919 (RGBl. 1473). Beschwerde GebO. § 17 III; LVG. § 111.

3) Vfg. v. 27. 2. 1884 (MinBlInn. 30). Kostentarif v. 8. 12. 1905 für das VerwStrV. vor den Bergausschüssen (MinBlHand. 383).

§ 107. Die Erhebung des Pauschquantums findet nicht statt:

1) wenn der unterliegende Teil eine öffentliche Behörde[1] ist, insoweit die angefochtene Verfügung oder Entscheidung derselben nicht lediglich die Wahrung der Haushaltsinteressen eines von der Behörde vertretenen Kommunalverbandes zum Gegenstande hatte; die baren Auslagen des Verfahrens und des obsiegenden Teils fallen demjenigen zur Last, der nach gesetzlicher Bestimmung die Amtsunkosten der Behörde zu tragen hat;

2) wenn die Entscheidung ohne vorgängige mündliche Verhandlung erfolgt ist[2];

[3) bei dem Kreisausschusse in den Fällen der §§ 60 bis 62 des Gesetzes vom 8. März 1871, betreffend die Ausführung des Bundesgesetzes über den Unterstützungswohnsitz (Gesetz-Samml S. 130)][3];

4) bei dem Bezirksausschusse und bei dem Oberverwaltungsgerichte, soweit die Berufung oder die Revision von dem Vorsitzenden des Kreisausschusses beziehungsweise des Bezirkausschusses eingelegt worden war[4];

5) von denjenigen Personen, mit Ausnahme jedoch der Gemeinden in den die Verwaltung der Armenpflege betreffenden Angelegenheiten, denen nach den Reichs- oder Landesgesetzen[5] Gebührenfreiheit in bürgerlichen Rechtsstreitigkeiten zusteht.

1) Erl. Min. Inn. Fin. v. 21. 9 1800 (MinBlInn. 205, PrBBl. 12, 203).

2) §§ 64, 67, 80, 86 IV, 89, 95.

3) nicht in Kraft getreten, weil der KrA. im BeschlVerf. tätig ist ZustG. § 43.

4) §§ 82 II, 83 II, 93 II.

5) DGerKG. v. [18. 6. 1878] 20. 5. 1898 (RGBl. 659) § 98; Vdg. v. 24. 12. 1883 betr. die Gebührenfreiheit vor dem Reichsgericht (RGBl. 1884, 1); PrGerKG. v. 25. 7. 1910 (GS. 184) §§ 8, 118.

§ 108. Die Kosten und baren Auslagen des Verfahrens werden für jede Instanz von dem Gerichte[1] festgesetzt[2], bei dem die Sache selbst anhängig gewesen ist.

Die von der obsiegenden Partei zur Erstattung seitens des unterliegenden Teils liquidierten Auslagen werden für alle Instanzen von demjenigen Gerichte[3] festgesetzt, bei dem die Sache in erster Instanz anhängig gewesen ist.

Gegen den Festsetzungsbeschluß des Kreisausschusses[4] findet innerhalb zwei Wochen die Beschwerde[5] an den Bezirksausschuß, gegen den in erster Instanz ergangenen Festsetzungsbeschluß des Bezirksausschusses[6] findet innerhalb gleicher Frist die Beschwerde an das Oberverwaltungsgericht[7] statt.

1) von dem Vorsitzenden des Gerichts, G. v. 18. 5. 1918 (GS. 101) Art. 1 Nr. 8.

2) Erl. MinFinInn. v. 17. 1. 1905 (MinBlInn. 23). Beschwerde G. v. 18. 6. 1840 (GS. 140) § 2, Nachforderung ebenda § 7, Verjährung AG. z. BGB. Art. 8 § 1 Nr. 2; § 2 Nr. 1, 2.

3) von den Vorsitzenden desjenigen Gerichts, vgl. Anm. 1.

4) des Vorsitzenden des Kreisausschusses, vgl. Anm. 1.

5) § 111.

6) des Vorsitzenden des Bezirksausschusses, vgl. Anm. 1.

7) auch in Heimatssachen.

§ 109. Dem unterliegenden Teile kann im Falle des bescheinigten Unvermögens nach Maßgabe der Bestimmungen des [§. 30 des Ausführungsgesetzes zum Deutschen Gerichtskostengesetze vom 10. März 1879 (Gesetz-Samml. S. 145)] § 18 des Preußischen Gerichtskostengesetzes[1], oder wenn sonst ein besonderer Anlaß[2] dazu vorliegt, gänzliche oder teilweise Kostenfreiheit beziehungsweise Stundung[3] bewilligt werden. Gegen den das Gesuch ablehnenden Beschluß des Kreisausschusses findet innerhalb zwei Wochen die Beschwerde an den Bezirksausschuß, gegen den in erster Instanz ergangenen ablehnenden Beschluß des Bezirksausschusses innerhalb zwei Wochen die Beschwerde an das Oberverwaltungsgericht statt.

1) PrGKG v. 25. 6. 1895 (GS. 203) § 124 II 1, § 133; PrGKG. v. 6. 10. 1899 (GS. 326) §§ 137, 144; PrGKG. v 25. 7. 1910 (GS. 184) §§ 136, 143.

2) z. B.: DGerKG. § 6.

3) In Heimatssachen gilt AG. v. 8. 3 1871 z. UntWohnsG. (GS. 130) § 59 II.

5. Schlußbestimmungen für das Verwaltungsstreitverfahren.

§ 110. Auf Beschwerden, welche die Leitung des Verfahrens bei den Kreis- und Bezirksausschüssen zum Gegenstande haben, entscheidet das im Instanzenzuge zunächst höhere Gericht[1] endgültig.

1) in Heimatssachen das OVG.

I **§ 111.** Alle Beschwerden[1] sind innerhalb der für dieselben vorgeschriebenen Frist bei dem Gerichte, gegen dessen Entscheidung sie gerichtet sind, einzulegen.

II Das Gericht verfährt bei Versäumung der vorgeschriebenen Frist nach Bestimmung des Schlußabsatzes des § 86.

Für das angerufene Gericht kommt § 64 zur An- III
wendung[2]; an die Stelle des Antrags auf Anberaumung der mündlichen Verhandlung beziehungsweise der Einlegung des Rechtsmittels tritt der Antrag auf Entscheidung durch das Gericht.

Wird die Beschwerde der Vorschrift des ersten Ab- IV
satzes zuwider innerhalb der gesetzlichen Frist bei demjenigen Gericht angebracht, welches zur Entscheidung darüber zuständig ist, so gilt die Frist als gewahrt. Die Beschwerde ist in solchen Fällen von dem angerufenen Gerichte zur weiteren Veranlassung an dasjenige Gericht abzugeben, gegen dessen Beschluß sie gerichtet ist.

1) innerhalb des VerwStrV.

2) also auch Abänderung zulässig, im Gegensatz zu §§ 89, 117 II.

§ 112. Die Wiedereinsetzung in den vorigen Stand[1] kann beantragen, wer durch Naturereignisse oder andere unabweisbare Zufälle verhindert worden ist, die in dem gegenwärtigen Gesetze oder die in den Gesetzen für Anstellung der Klage beziehungsweise für den Antrag auf mündliche Verhandlung im Verwaltungsstreitverfahren vorgeschriebenen Fristen einzuhalten. Als unabwendbarer Zufall ist es anzusehen, wenn der Antragsteller von einer Zustellung ohne sein Verschulden keine Kenntnis erlangt hat. Über den Antrag entscheidet das Gericht, dem die Entscheidung über die versäumte Streithandlung zusteht. Die versäumte Streithandlung ist, unter Anführung der Tatsachen mittels deren der Antrag auf Wiedereinsetzung begründet werden soll, sowie der Beweismittel, innerhalb zwei Wochen nachzuholen; der Lauf dieser Frist beginnt mit dem Ablauf des Tages, mit welchem das Hindernis gehoben ist. Nach Ablauf eines Jahres, von dem Ende der versäumten Frist an gerechnet, findet die Nachholung der versäumten Streithandlung beziehungsweise der Antrag auf Wiedereinsetzung nicht mehr statt. Die durch Erörterung des Antrags auf Wiedereinsetzung entstehenden baren Auslagen trägt in allen Fällen der Antragsteller.

1) auch in Gewerbesachen, dagegen nicht in Heimatssachen zweiter Instanz und im Disziplinarverfahren.

I **§ 113.** Die Zentral- und die Provinzialverwaltungsbehörden sind auch für die im Verwaltungsstreitverfahren zu verhandelnden Angelegenheiten zur Erhebung des Kompetenzkonflikts[1] befugt.

II Die Erhebung des Kompetenzkonflikts auf Grund der Behauptung, daß in einer im Verwaltungsstreitverfahren anhängig gemachten Sache eine andere Verwaltungsbehörde zuständig sei, findet nicht statt.

III Die zur Entscheidung im Verwaltungsstreitverfahren berufenen Behörden haben ihre Zuständigkeit von Amts wegen wahrzunehmen.

IV Wird von einer Partei in erster Instanz die Einrede der Unzuständigkeit erhoben, so kann über dieselbe vorab[2] entschieden werden.

V Haben sich in derselben Sache die zur Entscheidung im Verwaltungsstreitverfahren berufene Behörde und eine andere Verwaltungsbehörde für zuständig erklärt, so entscheidet auf Grund der schriftlichen Erklärungen der über ihre Kompetenz streitenden Behörden und nach Anhörung der Parteien in mündlicher Verhandlung das Oberverwaltungsgericht. Das gleiche gilt in dem Falle, wenn beide Teile sich in der Sache für unzuständig erklärt haben. In beiden Fällen werden weder ein Kostenpauschquantum noch bare Auslagen erhoben. Ebensowenig findet eine Erstattung der den Parteien erwachsenden Kosten statt.

1) GVG. § 17; EG. z. GVG. § 17 II; Vdg. v. 1. 8. 1879 (GS. 573); G. v. 22. 5. 1902 (GS. 145).

2) durch rechtsmittelfähiges Zwischenurteil.

§ 114 [1]. [Die gemäß §. 11 des Einführungsgesetzes zum Gerichtsverfassungsgesetze vom 27. Januar 1877 (Reichs-Gesetzbl. S. 77) dem Oberverwaltungsgerichte zustehenden Vorentscheidungen erfolgen in dem durch den letzten Absatz des §. 113 dieses Gesetzes vorgeschriebenen Verfahren, für welches im übrigen die Vorschriften über das Verwaltungsstreitverfahren entsprechende Anwendung finden.]

1) G. v. 13. 2. 1854 (GS. 86); Vdg. v. 16. 9. 1867 (GS. 1515); Vdg. v. 22. 3. 1891 (GS. 39). Aufgehoben durch G. v. 16. 11. 1920 (GS. 65).

III. Abschnitt.

Beschlußverfahren [1].

§ 115. Betrifft der Gegenstand der Verhandlung einzelne Mitglieder [2] der Behörde oder deren Verwandte und Verschwägerte [3] in auf- und absteigender Linie oder bis zum dritten Grade der Seitenlinie, so dürfen dieselben an der Beratung und Abstimmung nicht teilnehmen. Ebensowenig darf ein Mitglied bei der Beratung und Beschlußfassung über solche Angelegenheiten mitwirken, in welchen es in anderer als öffentlicher Eigenschaft ein Gutachten abgegeben hat, oder als Geschäftsführer, Beauftragter oder in anderer als öffentlicher Stellung tätig [4] gewesen ist.

1) Anwendbar auf das Verfahren des Oberstrombauausschusses in Breslau G. v. 12. 8. 1905 (GS. 335) § 3, des Landeswasseramts, soweit mit den Vorschriften des Wassergesetzes und der Kgl. Vdg. v. 18. 3. 1914 vereinbar, in Landeskultursachen, G. v. 3. 6. 1919 (GS. 101) §§ 17—29. GeschO. v. 30. 9. 1919 (Holzapfel, Landeskulturbehörden 125), nach dem PrAG. v. 15. 12. 1919 zum ReichssiedlungsG. (GS. 1920, 31) § 29, vor dem Fürsorgeamt für Beamte und vor dem besonderen Fürsorgeamt für Lehrpersonen und dem Oberfürsorgeamt, abgesehen von der Beschwerdefrist, UnterbringungsG. v. 30. 3. 1920 (GS. 63) § 11 Abs. (6) § 13 Abs. (2), §§ 12, 14. GeschO v. 16. 8. 1920 (MinBlInn. 334) § 2 und dem Verbandsrat des Siedlungsverbandes Ruhrkohlenbezirk, VerbandsO. v. 5. 5. 1920 (GS. 286) § 26 Abs. (4). Über die gemeinschaftliche Beschlußfassung des BezA. und des OBergA. vgl. BergG. §§ 142, 146.

2) nicht den Protokollführer §§ 119 III, 75.

3) BGB. §§ 1589, 1590.

4) Ergänzt durch § 30 Satz 2.

§ 116. Wird infolge des gleichzeitigen Ausscheidens mehrerer Mitglieder gemäß §. 115 die Behörde beschlußunfähig, und kann die Beschlußfähigkeit auch nicht durch Einberufung unbeteiligter Stellvertreter hergestellt werden, so wird von dem Regierungspräsidenten beziehungsweise Oberpräsidenten oder Minister des Innern, je nachdem es sich um einen Kreis-(Stadt-)Ausschuß, Bezirksausschuß oder Provinzialrat handelt, ein anderer Kreis- oder Stadtausschuß, Bezirksausschuß oder Provinzialrat mit der Beschlußfassung beauftragt.

Für den Stadtkreis Berlin steht die Beauftragung an Stelle des Regierungspräsidenten dem Oberpräsidenten zu.

§ 117. Der Vorsitzende des Kreis- (Stadt-) Ausschusses ist befugt, in Fällen, welche keinen Aufschub zulassen, oder in welchen das Sach- und Rechtsverhältnis klar liegt und die Zustimmung des Kollegiums nicht im Gesetz ausdrücklich[1] als erforderlich bezeichnet ist, namens der Behörde Verfügungen zu erlassen und Bescheide zu erteilen. I

Die gleiche Befugnis steht dem Vorsitzenden des Bezirksausschusses und des Provinzialrats mit der Maßgabe zu, daß eine Abänderung der durch Beschwerde angefochtenen Beschlüsse des Kreis-(Stadt-)Ausschusses beziehungsweise des Bezirksausschusses nur unter Zuziehung des Kollegiums erfolgen darf. II

In den auf Grund der vorstehenden Bestimmungen erlassenen Verfügungen und Bescheiden ist den Beteiligten, sofern deren Anträgen nicht stattgegeben wird, zu eröffnen, daß sie befugt seien, innerhalb zwei Wochen auf Beschlußfassung durch das Kollegium anzutragen oder dasjenige Rechtsmittel einzulegen, welches zulässig wäre, wenn die Verfügung beziehungsweise der Bescheid auf Beschluß des Kollegiums erfolgt wäre. III

Wird auf Beschlußfassung angetragen, so muß solche zunächst erfolgen. Hat einer der Beteiligten auf Beschlußfassung angetragen, ein anderer das Rechtsmittel eingelegt, so wird nur dem Antrag auf Beschlußfassung stattgegeben. Wird weder auf Beschlußfassung angetragen, noch das Rechtsmittel eingelegt, so gilt die Verfügung beziehungsweise der Bescheid als endgültiger Beschluß. Für den Antrag auf Beschlußfassung des Kollegiums finden die nach den §§. 52 und 53 für die Beschwerde geltenden Bestimmungen Anwendung. IV

Der Vorsitzende hat dem Kollegium von allen im Namen desselben erlassenen Verfügungen und erteilten Bescheiden nachträglich Mitteilung zu machen. V

1) Beispiele: §§ 139, 142, 145; ZustG. §§ 13, 52, 53, 144 Nr. 1, 2. Deutlicher sind Kr. und ProvAbgG v. 23. 4. 1906 (GS. 159) § 19 WasserG. § 292 (2). Hierher gehört auch GewO. §§ 16—25. Abweichende Bestimmungen hat WaldSchG. v. 6. 7. 1875 (GS. 146) § 44 II.

§ 118. An den Verhandlungen der Behörde können unter Zustimmung des Kollegiums technische Staats- oder Kommunalbeamte[1] mit beratender[2] Stimme teilnehmen.

1) z. B. WasserG. § 353. Vgl. wegen Oderstrombauangelegenheiten die weitergehende Bestimmung G v. 12. 8. 1905 (GS. 335) § 4 III.

2) GeschRegul., ProvR., BergA. § 8, BezA., KrA. § 9.

§ 119. Die Behörden fassen ihre Beschlüsse auf Grund der verhandelten Akten, sofern nicht das Gesetz ausdrücklich mündliche Verhandlung vorschreibt.

Die Behörden sind befugt, auch in anderen, als in den im Gesetze ausdrücklich bezeichneten Angelegenheiten die Beteiligten beziehungsweise deren mit Vollmacht versehene Vertreter behufs Aufklärung des Sachverhalts zur mündlichen Verhandlung vorzuladen.

In betreff der mündlichen Verhandlung[1] finden im übrigen die Vorschriften der §§. 68, 71, 72, 73 und 75 sinngemäße Anwendung[2].

1) sie ist notwendig nach GewO. §§ 20, 21; ZustG. §§ 109, 110, sie kann verlangt werden in Kultursachen G. v. 3. 6. 1910 § 24 (1).

2) Zustellung des Beschlusses in Oderstrombauangelegenheiten, G. v. 12. 8. 1905 (GS. 335) § 4 III, aufrecht erhalten in WasserG. § 395, 9.

§ 120. Für die Erhebung und Würdigung des Beweises[1] kommen die Vorschriften der §§. 76 bis 79 sinngemäß und mit der Maßgabe zur Anwendung, daß gegen den eine Strafe oder die Nichtverpflichtung eines Zeugen oder Sachverständigen aussprechenden Beschluß des Kreis- (Stadt-) Ausschusses den Beteiligten die Beschwerde an den Bezirksausschuß, gegen den in erster oder zweiter Instanz ergangenen Beschluß des letzteren oder des Provinzialrats innerhalb gleicher Frist die Beschwerde an das Oberverwaltungsgericht zusteht.

1) In den Fällen ZustG. §§ 109, 110 unterliegt die Beweisaufnahme den Vorschriften GewO. 20, 21, im Enteignungsverfahren den Vorschriften EnteignG. v. 11. 6. 1874 (GS. 221) § 27; BergG. v. 24 6. 1865 (GS. 705) § 143 III—V.

§ 121. Gegen die Beschlüsse[1] des Kreis-(Stadt-) Ausschusses findet innerhalb zwei Wochen[2] die Beschwerde an den Bezirksausschuß, gegen die in erster Instanz ergehenden Beschlüsse des Bezirksausschusses innerhalb gleicher Frist die Beschwerde an den Provinzialrat statt, sofern nicht nach ausdrücklicher Vorschrift des Gesetzes

1) die Beschlüsse endgültig[3] sind,
2) die Beschlußfassung über die Beschwerde anderen Behörden[4] übertragen ist.

Die auf Beschwerden gefaßten Beschlüsse des Bezirksausschusses[5] und die Beschlüsse des Provinzialrats[6] sind endgültig, sofern nicht das Gesetz im einzelnen anders bestimmt.

Die vorstehenden Bestimmungen finden auf die nach Maßgabe der Gesetze von dem Landrate unter Zustimmung[7] des Kreisausschusses, von dem Regierungspräsidenten unter Zustimmung des Bezirksausschusses, von dem Oberpräsidenten unter Zustimmung des Provinzialrats gefaßten Beschlüsse entsprechende Anwendung.

1) und Vorbescheide nach § 117

2) § 52.

3) Beispiele: Kreisausschuß KrO. §§ 55b Nr. 2, 3, §§ 57 V—VII, 61, 62 II; ZustG. §§ 26 II, 32 Nr. 5, §§ 43, 146 Nr. 2. Bezirksausschuß KrO. § 51 Nr. 1 Abs. III, § 128a; ZustG. §§ 9 II, 17 Nr 5, §§ 40, 131 Nr. 2, 150, 153; FürsErzG. v. 2. 7. 1900 (GS 264) § 5 III; JagdO. v. 15. 7. 1907 (GS. 207) §§ 40, 42, 48, 49; FischereiG. § 77 (2); beide Behörden ZustG. § 41; JagdO. § 26. Verbandsrat Ruhrkohlenbezirk, G. v. 5. 5 1920 § 26 (1).

4) oder in einem anderen Verfahren, z. B. dem Verw.-StrB. zu erfolgen hat. Beispiele: Kreisausschuß G. v. 26 5. 1887 (GS. 175) § 3; SchulUnterhG. v. 28. 7. 1906 (GS. 335) §§ 3 II, 5 IV, 17 II, 36 IV. Bezirksausschuß Kr.O § 3 II; ZustG. §§ 2, 8 II, 131 Nr. 1, 145 IV, 150 III; G. v 12. 8 1905 (GS. 335) § 7 II; an das Landeswasseramt, WasserG. §§ 76, 203 (2), 340 (3), 99. 186, 192 (3), 270 (2), 292 (3). FischereiG. § 116 (2), 122; an den Minister für Landwirtschaft, WasserG. § 307 (3) an den MinArb. WasserG. § 292 (2). Beide Behörden ZustG §§ 109—113.

5) Ausnahmen z. B.: LGemO. östl., Schleswig-Holstein, Hessen-Nassau § 2 Nr. 3, 4; KommAbgG. § 77 II.

6) Ausnahmen z. B.: ZustG. § 127; LGemO. östl., Schleswig-Holstein, Hessen-Nassau § 2 Nr. 3, 4; KleinbahnG. v. 28. 7. 1892 (GS. 225) § 7; KommAbgG. § 77 II; Kr. und ProvAbgG. v. 23. 4. 1906 (GS. 159) § 19.

7) § 117 Anm. 1.

I **§ 122**[1]. Die Beschwerde ist in den Fällen des § 121 bei derjenigen Behörde, gegen deren Beschluß sie gerichtet ist, anzubringen. Der Vorsitzende prüft, ob das Rechtsmittel rechtzeitig angebracht ist.

Ist die Frist versäumt, so weist der Vorsitzende das II
Rechtsmittel ohne weiteres durch einen mit Gründen versehenen Bescheid zurück. In demselben ist dem Beschwerdeführer zu eröffnen, daß ihm innerhalb zwei Wochen die Beschwerde an diejenige Behörde zustehe, welche zur Beschlußfassung in der Sache berufen ist, widrigenfalls es bei dem Bescheide verbleibe.

Ist die Frist gewahrt, und ist eine Gegenpartei vor- III
handen, so wird die Beschwerdeschrift mit ihren Anlagen zunächst dieser zur schriftlichen Gegenerklärung innerhalb zwei Wochen zugefertigt. Die Gegenpartei kann sich dem Rechtsmittel anschließen, selbst wenn die Frist verstrichen ist.

Abschrift der eingegangenen Gegenerklärung erhält IV
der Beschwerdeführer. Zur näheren Begründung der Beschwerde, sowie zur Gegenerklärung kann in nicht schleunigen Sachen eine angemessene, der Regel nach nicht über zwei Wochen zu erstreckende Nachfrist gewährt werden. Hierauf werden die Verhandlungen mittelst Berichts derjenigen Behörde eingereicht, welcher die Beschlußfassung über die Beschwerde[2] zusteht.

Wird die Beschwerde der Vorschrift des ersten Absatzes V
zuwider innerhalb der gesetzlichen Frist bei derjenigen Behörde angebracht, welche zur Beschlußfassung darüber zuständig ist, so gilt die Frist als gewahrt. Die Beschwerde ist in solchen Fällen von der angerufenen Behörde zur weiteren Veranlassung an diejenige Behörde abzugeben, gegen deren Beschluß sie gerichtet ist.

1) Anwendbar auch nach Anw. Min. Hand. v. 16. 12. 1909 betr. Dampfkessel (MinBlHand. 547) § 15. Wegen der Beschwerde gegen gemeinschaftliche Beschlüsse des BezA. und des OBergA vgl. ABergG. §§ 145, 192, 193.

2) § 117 II.

I **§ 123.** Die Einlegung der Beschwerde steht in den Fällen des § 121[1] aus Gründen des öffentlichen Interesses auch den Vorsitzenden der Behörden[2] zu.

II Will der Vorsitzende von dieser Befugnis Gebrauch machen, so hat er dies dem Kollegium sofort mitzuteilen.

III Die Zustellung des Beschlusses bleibt in diesem Falle einstweilen, jedoch längstens drei Tage, ausgesetzt. Sie erfolgt mit der Eröffnung, daß im öffentlichen Interesse die Beschwerde eingelegt worden sei. Ist die Zustellung ohne diese Eröffnung erfolgt, so gilt die Beschwerde als zurückgenommen.

IV Die Gründe der Beschwerde sind den Beteiligten zur schriftlichen Erklärung innerhalb zwei Wochen mitzuteilen.

V Nach Ablauf dieser Frist sind die Verhandlungen der Behörde einzureichen, welcher die Beschlußfassung über die Beschwerde zusteht.

VI Eine vorläufige Vollstreckung des mit der Beschwerde angefochtenen Beschlusses (§ 53) ist in diesen Fällen ausgeschlossen.

1) Anwendbar auch nach LGemO. für die östlichen Provinzen v. 3. 7. 1891; Schleswig-Holstein v. 4. 3. 1892; Hessen-Nassau v. 4. 8. 1897 § 2 Nr 3, 4; KommAbgG. § 77 II; Anw. Min. Hand v 16 12 1909 betr. Dampfkessel (MinBlHand. 547) § 15; AnsiedelungsG. v. 10 8 1904 (GS 227) Art. I, § 18 IV; Art. III, § 17 V, § 18 IV; Erl. Min. Kult. Landw. Inn. Hand. Fin. v. 28. 12. 1904 (MinBlInn. 1905, 23) Nr 10: Kr und ProvAbgG. v. 23 4. 1906 (GS. 159) § 19 WasserG. § 384 In vielen von diesen Fällen ist das Beschwerderecht des Vorsitzenden nicht davon abhängig, ob auch den Beteiligten die Beschwerde zusteht.

2) dem OPräs und dem RegPräs. als solchen in den Fällen G. v. 12. 8 1905 (GS. 335) § 4 III, § 7 II (b)

aufrechterhalten in WasserG. § 395, 9; ferner FischereiG. § 80 (4) mit falschem Zitat.

§ 124[1]. In dem Beschlußverfahren wird ein Kosten- I
pauschquantum[2] nicht erhoben, ebensowenig haben die Beteiligten ein Recht, den Ersatz ihrer baren Auslagen zu fordern.

Jedoch können die durch Anträge und unbegründete II
Einwendungen erwachsenden Gebühren für Zeugen und Sachverständige[3] demjenigen zur Last gelegt werden, welcher den Antrag gestellt beziehungsweise den Einwand erhoben hat.

Die sonstigen Kosten und baren Auslagen des Ver- III
fahrens fallen demjenigen zur Last, der nach gesetzlicher Bestimmung die Amtsunkosten der Behörde[4] zu tragen hat.

Bei den Vorschriften der Gewerbeordnung behält es IV
sein Bewenden[5] [6].

1) Aufrechterhalten in Kr.- und ProvAbgG. v. 23. 4. 1906 (GS. 159) § 1. Besondere Vorschriften enthält WaldSchG. v. 6. 7. 1875 (GS 416) § 19.

2) wohl aber Stempel auf Grund des G. v. 31. 7. 1895 (GS. 413), in der Fassung der G. v 30. 6 1909 (GS. 535), v 14 1. 1921 (GS 117).

3) Die Anwendbarkeit der DGebO ist nicht vorgeschrieben, aber selbstverständlich, vgl. § 106 Anm 2.

4) Für den KrA. die KrKommunalkasse, für den BezA. und den ProvA. der Staat; Erl. Min. Inn. v. 17. 1 1905 (MinBlInn. 23).

5) § 22. Dazu AusfAnw v. 1. 5. 1904 (MinBlHand. 123) Nr 33.

6) Die Gebühren der Rechtsanwälte richten sich nach PrGebO. v. 6. 10. 1899, Fassung v. 21 3. 1910 (GS. 15)

und v. 14. 5. 1920 (GS. 115), die aber nur als Taxe im Sinne BGB. § 632, nicht als zwingende Norm gültig ist. Der Wert ist nach PrGebO Art 16 I in Verb. mit DGebO. § 10, DGKG. §§ 9—13, ZPO. §§ 3—9 zu berechnen.

§ 125. Über Beschwerden, welche die Leitung des Verfahrens und die Kosten betreffen, beschließt[1] endgültig die in der Hauptsache zunächst höhere Instanz.

1) § 117 II.

§ 126. Der Oberpräsident[1] kann endgültige[2] Beschlüsse des Provinzialrats, der Regierungspräsident endgültige Beschlüsse des Bezirksausschusses und der Landrat beziehungsweise der Vorsitzende des Kreis- (Stadt-) Ausschusses endgültige Beschlüsse dieser Behörde[3] mit aufschiebender Wirkung anfechten, wenn die Beschlüsse die Befugnisse der Behörde überschreiten oder das bestehende Recht, insbesondere auch die von den Behörden innerhalb ihrer Zuständigkeit erlassenen Verordnungen verletzen. Die Anfechtung erfolgt mittels Klage beim Oberverwaltungsgericht.

Die Behörde, deren Beschluß angefochten wird, ist befugt, zur Wahrnehmung ihrer Rechte in dem Verfahren vor dem Oberverwaltungsgericht einen besonderen Vertreter zu wählen.

1) auch in Gewerbesachen ZustG. §§ 109, 110, 114, aber nicht im Falle RayonG. v. 21. 12. 1871 (RGBl. 459) § 39ff.; ZustG. § 153.

2) Endgültig sind Beschlüsse, deren sachliche Abänderung von den Beteiligten weder durch Einspruch oder Beschwerde, noch durch Klage im VerwStrV oder im Rechtswege betrieben werden kann.

3) Magistrat, OVG. 52, 374 Jebens in PrVBl. 22, 233, 438r. Landeskulturamt, G. v. 3. 6. 1919 (GS. 101)

§ 24 (4) in Verb. mit §§ 21—23. Zuständig ist das Oberlandeskulturamt. Verbandsrat für den Siedlungsverband Ruhrkohlenbezirk, G. v. 5. 5. 1920 (GS. 286) § 27. Fürsorgeämter, UnterbringungsG. v. 30. 3. 1920 (GS. 63) § 11.

Vierter Titel.

Rechtsmittel gegen polizeiliche Verfügungen[1].

§ 127. Gegen polizeiliche Verfügungen der Orts- und Kreispolizeibehörden[2] findet, soweit das Gesetz nicht ausdrücklich anderes bestimmt, die Beschwerde statt, und zwar: I

a) gegen die Verfügungen der Ortspolizeibehörden auf dem Lande[3] oder einer zu einem Landkreise gehörigen Stadt[4], deren Einwohnerzahl bis zu 10000 Einwohnern beträgt[5], an den Landrat und gegen dessen Bescheid an den Regierungspräsidenten;

b) gegen die Verfügungen der Ortspolizeibehörden eines Stadtkreises, mit Ausnahme von Berlin, einer zu einem Landkreise gehörigen Stadt mit mehr als 10 000 Einwohnern, oder des Landrats[6] an den Regierungspräsidenten, und gegen dessen Bescheid an den Oberpräsidenten;

c) gegen ortspolizeiliche Verfügungen in Berlin[7] an den Oberpräsidenten.

Gegen den in letzter Instanz ergangenen Bescheid des Regierungspräsidenten beziehungsweise des Oberpräsidenten findet die Klage bei dem Oberverwaltungsgerichte[8] statt. II

Die Klage kann nur darauf gestützt werden, III

1) daß der angefochtene Bescheid durch Nichtanwendung oder unrichtige Anwendung des bestehenden Rechts,

insbesondere auch der von den Behörden innerhalb ihrer Zuständigkeit erlassenen Verordnungen den Kläger in seinen Rechten verletze;

2) daß die tatsächlichen Voraussetzungen nicht vorhanden seien, welche die Polizeibehörde zum Erlasse der Verfügung berechtigt haben würden.

IV Die Prüfung der Gesetzmäßigkeit der angefochtenen polizeilichen Verfügung erstreckt sich auch auf diejenigen Fälle, in welchen bisher nach §. 2 des Gesetzes vom 11. Mai 1842 (Gesetz-Samml. S. 192) der ordentliche Rechtsweg zulässig war.

V Die Entscheidung ist endgültig, unbeschadet aller privatrechtlichen Verhältnisse[1].

1) Als anwendbar anerkannt in §§ 133 I, G. v. 12. 10 1889 (Nr. 9) KleinbahnG. v. 28. 7. 1892 (GS. 225) § 54, G. v. 28. 8. 1905 betr. die Bekämpfung übertragbarer Krankheiten (GS. 373) §§ 12 III, 30; Erl. Min. Hand v. 5. 2. 1907 betr. Bezirksschornsteinfegermeister (MinBlHand. 25) § V; JagdO v. 15. 7. 1907 (GS. 207) § 37; JagdscheinG. v. 31. 7. 1895 (GS. 304) § 9, G. v. 7. 3. 1908 für Potsdam (GS. 37) § 2, WasserG. v. 7. 4. 1913 (GS. 53) §§ 228, 308, 309, 347 (2) 358 (2), FischereiG. v. 11. 5. 1916 (GS. 55) § 119 (5), WohnungsG. v. 28. 3. 1918 (GS. 23) Art. 6 § 3, Verbandsdirektor des Siedlungsverbands Ruhrkohlenbezirk, G. v. 5. 5. 1920 (GS 286) § 27 (2), dagegen nicht anwendbar in den Fällen ZustG. §§ 56, 116, 117, 155; Vdg. v. 31. 12. 1883 (Nr. 10) §§ 2, 3. vgl. LVG § 134 II; SchlachtviehG. v. 3. 6 1900 (RGBl 547); AusfG. v. 28. 6. 1902 (GS. 229) § 18; JagdO. §§ 24 IV, 68, 69 II, 70; ForstVerwG. v. 14. 8. 1876 (GS. 373) § 11; AnsiedelungsG. v. 10. 8. 1904 (GS. 227) Art. I § 18; Vdg. v. 30. 6. 1901 (Nr 17) Abs. II; Vdg v. 4. 2. 1907 (Nr. 19) § 1; Erl Min Hand. v. 26. 2. 1907 (MinBlHand. 50). AG. v 25. 7. 1911

zum ReichsviehseuchenG. v. 26. 6. 1909 (GS 149) § 4, vgl. OVG. **69**, 90, 91. FischereiG. § 57 (1).

2) Rechtsmittel gegen Hilfsbehörden, WasserG. § 343 (2) OVG. **27**, 292; **30**, 290; **45**, 297; **56**, 324; **57**, 386; in PrVBl. **25**, 267; **39**, 115. 116; KGJ. **35** C. 37.

3) KrO., östliche Provinzen, v. 19. 3. 1881 (GS. 155) § 59 Nr. 1; f. Schleswig-Holstein v. 28. 5. 1888 (GS. 139) § 51 Nr. 1, § 145; G. v. 18. 2. 1891 für Helgoland (GS. 11) § 4; KabO. v. 10. 12. 1836 für Posen (v. Kamptz Annalen **20**, 943); Dienstanweisung v. 21. 10. 1837 (v. Kamptz Annalen **21**, 718); westfälische LGemO. v 19. 3. 1856 (GS. 265) §§ 41, 74; KrO. v. 31. 7. 1886 (GS 217) § 29 II; KrO für die Rheinprovinz v. 30. 5. 1887 (GS. 209) § 28; für Hessen-Nassau KrO. v. 7. 6. 1885 (GS. 193) §§ 27—32; LGemO. v 4. 8. 1897 (GS. 301) §§ 63, 64, 95; Hannover: KrO. v. 6. 5. 1884 (GS. 181) §§ 24—29; Vdg. v. 1. 9. 1852 (Hannov. GS. 339) § 22; Hohenzollernsche GemO. v. 2. 7. 1900 (GS. 189) § 71.

4) StO östl. v. 30. 5. 1853 (GS. 261) § 62 I 1; Westfalen v. 19. 3. 1856 (GS. 237) § 62 I 1; Rheinprovinz v. 15. 5. 1856 (GS. 406) § 57 I 1, § 74 III; Schleswig-Holstein v 14. 4. 1869 (GS. 589) § 89; Hessen-Nassau v. 4. 8. 1897 (GS. 254) § 67 I 1; Hannover v. 24. 6. 1858 (Hann. GS 141) §§ 71, 78; PolizeikostenG. v. 3. 6. 1908 (GS. 149) § 1

5) Ausnahme für Hannover § 155 III; KrO. §§ 27 28 Nr. 1.

6) örtliche Zuständigkeit des RegPr in Wasserpolizeisachen WasserG. § 345 Abs. (1, 2) § 347 Abs (3).

7) G. v. 27. 4. 1920 (GS. 123) § 33. In dem erweiterten OrtsPolBezirk Berlin nach dem G. v. 12. 6. 1889 (Nr. 9) § 3 III geht die Beschwerde an den OPräs. Berlin, die Klage aus § 128 an den BezA. Potsdam.

8) Einreichung § 63.

9) Wiederholung aus § 7 Vgl dazu ALR. Einl § 75. G. v. 11. 5. 1842 §§ 4—6.

§ 128[1]. An Stelle der Beschwerde in allen Fällen des §. 127 findet die Klage statt und zwar:

a) gegen die Verfügungen der Ortspolizeibehörden auf dem Lande oder einer zu einem Landkreise gehörigen Stadt, deren Einwohnerzahl bis zu 10 000 Einwohnern[2] beträgt, bei dem Kreisausschusse;

b) gegen die Verfügungen des Landrats[3] oder der Ortspolizeibehörden eines Stadtkreises[4] oder einer zu einem Landkreise gehörigen Stadt mit mehr als 10 000 Einwohnern bei dem Bezirksausschusse.

Die Klage kann nur auf die gleichen Behauptungen gestützt werden, wie die Klage bei dem Oberverwaltungsgerichte (§. 127 Absatz 3 und 4).

1) Anwendbar nach der VerbandsO. v. 5. 5. 1920 für den Siedlungsverband Ruhrkohlenbezirk (GS. 286) § 26 (1).

2) Ausnahme für Hannover: § 127 Anm. 4.

3) örtl. Zuständigkeit: WasserG. § 347 (3).

4) Sonderbestimmungen für die Berliner Vororte: § 127 Anm. 7.

I **§ 129.** Die Beschwerde im Falle des. §. 127 Absatz 1 und die Klage im Falle des §. 128 sind bei derjenigen Behörde anzubringen, gegen deren Verfügung sie gerichtet sind[1].

II Die Behörde, bei welcher die Beschwerde oder Klage angebracht ist, hat dieselbe an diejenige Behörde abzugeben, welche darüber zu beschließen oder zu entscheiden hat. Der Beschwerdeführer beziehungsweise Kläger ist hiervon in Kenntnis zu setzen.

III Die Frist zur Einlegung der Beschwerde und zur Anbringung der Klage gegen die polizeiliche Verfügung, sowie gegen den auf Beschwerde ergangenen Bescheid beträgt zwei Wochen[2].

Die Anbringung des einen Rechtsmittels schließt das IV
andere aus. Ist die Schrift, mittelst deren das Rechtsmittel angebracht wird, nicht als Klage bezeichnet oder enthält dieselbe nicht ausdrücklich den Antrag auf Entscheidung im Verwaltungsstreitverfahren, so gilt dieselbe als Beschwerde. Bei gleichzeitiger Anbringung beider Rechtsmittel ist nur der Beschwerde Fortgang zu geben. Das hiernach unzulässigerweise angebrachte Rechtsmittel ist durch Verfügung der im Absatz 1 bezeichneten Behörde zurückzuweisen. Gegen die zurückweisende Verfügung findet innerhalb zwei Wochen die Beschwerde an die zur Entscheidung auf die Klage berufene Behörde statt.

Wird die Beschwerde oder Klage der Vorschrift des V
ersten Absatzes zuwider innerhalb der gesetzlichen Frist bei derjenigen Behörde angebracht, welche zur Beschlußfassung oder Entscheidung darüber zuständig ist, so gilt die Frist als gewahrt. Die Beschwerde oder Klage ist in solchen Fällen von der angerufenen Behörde zur weiteren Veranlassung an diejenige Behörde abzugeben, gegen deren Beschluß sie gerichtet ist.

1) Ausnahme von § 63.

2) § 52.

§ 130. Gegen polizeiliche Verfügungen[1] des Regierungspräsidenten[2] findet innerhalb zwei Wochen die Beschwerde an den Oberpräsidenten und gegen den vom Oberpräsidenten auf die Beschwerde erlassenen Bescheid innerhalb gleicher Frist die Klage bei dem Oberverwaltungsgerichte nach Maßgabe der Bestimmungen des § 127 Absatz 3 und 4 statt.

Gegen polizeiliche Verfügungen des Regierungspräsidenten in Sigmaringen findet innerhalb zwei Wochen unmittelbar die Klage bei dem Oberverwaltungsgerichte statt[3].

Gegen die Landesverweisung steht Personen welche nicht Reichsangehörige[4] sind, die Klage nicht zu.

1) Viehseuchenangelegenheiten § 134 Anm. 2, aber nicht gegen gemeinsame Vfgen. nach KleinbahnG. v. 28. 7. 1892 (GS 225) § 52.

2) und des Polizeipräsidenten in Berlin und des Verbandsdirektors Ruhrkohlenbezirk in landespolizeilichen Angelegenheiten.

3) Rechtsmittel gegen p. Vfgen des OPräs.: WasserG. § 347.

4) Reichs- und StaatsangehörigkeitsG. v. 22. 7. 1913 (RGBl. 583). AusfErl. v. 13. 2. 1914 (MinBlInn. 112).

§ 131. Der §. 6 des Gesetzes vom 11. Mai 1842 (Gesetz-Samml. S. 192)[1] findet auch Anwendung, wenn eine polizeiliche Verfügung im Verwaltungsstreitverfahren durch rechtskräftiges Endurteil aufgehoben worden ist.

1) Aufgehoben durch EinfG. z. BGB. Art. 55 und ersetzt durch BGB. § 839; Delius in PrVBl. 41, 104, in JW. 1920, 136 f. Friedrichs, ZustG. S. 311, in VerwArch. 28, 65; O. Mayer D. VerwR. (2. Aufl.) 1, 201, 203, 204 (Anm. 27); Meyer-Anschütz, D. StaatsR. (7. Aufl.) 797 (Anm. i. k). Stein, Justiz und Verwaltung 115, 116. v. Tuhr, Allg. Teil 1, 624 Anm. 17. — Dagegen die gesamte Rechtsprechung RG. 20, 301; 51, 329; 57, 485; 59, 170; 97, 233; 99, 255; in PrVBl. 22, 398 f. Komp. Ger.-Hof in MinBlInn. 1920, 331. OVG. 30, 375 und Literatur v. Brauchitsch § 127 Anm. 12 S. 250; Cretschmar, Zivilprozeßnormen 23; Gravenhorst, Konflikt 165; Hatschek, Institutionen 41, 359; Köhne, Anm. 37; Loening in VArchiv 3, 529, 543; Oppenhoff, Ressortverhältnisse (2. Aufl.) 343; Stölzel, Rechtsweg 22, 38, 59, 226, 227; Weißler, Preuß. Landesprivatrecht I, 171. — neue Zweifel wegen Art. 131 der Rverf. RGZ. in PrVBl. 42, 380.

Fünfter Titel.

Zwangsbefugnisse[1].

§ 132. Der Regierungspräsident, der Landrat, die Ortspolizeibehörde und der Gemeinde-(Guts-) Vorsteher (-Vorstand)[2] sind berechtigt, die von ihnen in Ausübung der obrigkeitlichen Gewalt[3] getroffenen, durch ihre gesetzlichen Befugnisse gerechtfertigten Anordnungen durch Anwendung folgender Zwangsmittel[4] durchzusetzen:

1) Die Behörde hat, sofern es tunlich ist, die zu erzwingende Handlung durch einen Dritten ausführen zu lassen und den vorläufig zu bestimmenden Kostenbetrag im Zwangswege von den Verpflichteten einzuziehen.

2) Kann die zu erzwingende Handlung nicht durch einen Dritten geleistet werden, — oder steht es fest, daß der Verpflichtete nicht imstande ist, die aus der Ausführung durch einen Dritten entstehenden Kosten zu tragen, — oder soll eine Unterlassung erzwungen worden, so sind die Behörden berechtigt, Geldstrafen[5] anzudrohen und festzusetzen[6] und zwar:

a) die Gemeinde-(Guts-)Vorsteher bis zur Höhe von fünf Mark;

b) die Ortspolizeibehörden und die städtischen Gemeinde-Vorsteher(-Vorstände) in einem Landkreise bis zur Höhe von sechzig Mark;

c) die Landräte, sowie die Polizeibehörden und Gemeinde-Vorsteher(-Vorstände) in einem Stadtkreise bis zur Höhe von einhundertfünfzig Mark;

d) der Regierungspräsident bis zur Höhe von dreihundert Mark.

Gleichzeitig ist nach Maßgabe der §§. 28, 29 des Strafgesetzbuchs für das Deutsche Reich die Dauer der Haft festzusetzen, welche für den Fall des Unvermögens an die Stelle der Geldstrafe treten soll. Der Höchstbetrag dieser Haft ist

in den Fällen zu a = Ein Tag,
" " " " b = Eine Woche,
" " " " c = Zwei Wochen,
" " " " d = Vier Wochen.

Der Ausführung durch einen Dritten (Nr. 1), sowie der Festsetzung einer Strafe (Nr. 2) muß immer eine schriftliche Androhung vorhergehen; in dieser ist, sofern eine Handlung erzwungen werden soll, die Frist zu bestimmen, innerhalb welcher die Ausführung gefordert wird.

3) Unmittelbarer Zwang darf nur angewendet werden, wenn die Anordnung ohne einen solchen unausführbar ist[3].

1) Andere Behörden, denen Zwangsgewalt zusteht Vdg. v. 26. 12. 1908 (GS. 1817, 282) §§ 42, 48; RegInstr. v. 23. 10. 1817 (GS. 248) §11; Anschütz im VerwArch. 1, 464; 6, 597. Oberbergamt: BergG. § 190 VI. Landeskulturbehörden, G. v. 3. 6. 1919 § 28. Oberpräsident in Wassersachen: WasserG. § 346. Verwandte Vorschriften im WasserG. §§ 227, 308, 309, 358 (2). Kanalamtspräsident: WasserG. §§ 349, 351.

2) Anwendbar auch nach dem WohnungsG. v. 28. 3. 1918 (GS. 23) Art. 6 § 3.

3) Beispiele §§ 60, 127; ZustG. § 55; ImpfG. v 8. 4. 1874 (RGBl. 31) § 3 (streitig); WaldSchG. v. 6. 7 1875 (GS. 416) § 21; HypothekenbankG. v. 13. 7. 1899 (RGBl. 375) § 4 Nr. 2, § 5 II; GewO. v. 26. 7. 1900 (RGBl. 871) § 91b V, § 134 III, § 144a, § 147 III, IV; GewGerG.

v. 29. 9. 1901 (RGBl. 358) § 78; AusfAnw. v. 1. 5. 1904 zur GewO. (MinBlHand. 123) Nr. 9. 200; KaufmGerG. v. 6. 7. 1904 (RGBl 266) § 19; G. v. 4. 8. 1904 (GS. 191) §§ 13, 14; AnsiedelungsG. v. 10. 8. 1904 (GS. 227) Art. I §§ 14, 20; GewO. v. 7. 1. 1907 (RGBl. 3) § 53a; Ausf.-Anw. Min. Hand. v. 26. 2. 1907 (MinBlHand. 50) Nr. III; JagdO. v. 15. 7. 1907 (GS. 207) §§ 62, 70, aber nicht um einen Bau gegen § 11 des Fluchtliniengesetzes zu hindern, OVG. 53, 414.

4) Bestehen gebliebene Ausnahmen: HolzVerwG. v 14. 8. 1876 (GS. 373) § 10, WasserG. §§ 227, 308, 309.

5) Anschütz im VerwArch. 1, 457, 5, 394; Arndt im VerwArch. 10, 191; Bornhak im VerwArch. 5, 168; Haenel, DStaatsR. 1, 458; Hofacker im VerwArch. 14, 447; Köhne, Verwaltungspolizei 1, 113; Neukamp im VerwArch. 3, 1—93; Oppenhoff Nr. 35 vor § 360 StrGB.; Rosin, PolVdgR. (2) 103—114; Schultzenstein im VerwArch 11, 186; Vfg. Min Innern v. 25. 11. 1884 (PrVBl. 6, 113).

6) Daneben gelten öffentliche Strafen StrGB. §§ 110; 327; 360, 2, 10; 361, 6; 365; 366, 1; 367, 2, 13, 14; 368, 1, 2, 8; 369, 3; GewO. §§ 146, 2; 147, 4, 5; 148, 7c;

7) ferner Verkauf eines Hauses nach ALR. I 8 § 40.

§ 133 [1]. Gegen die Androhung eines Zwangsmittels finden dieselben Rechtsmittel[2] statt, wie gegen die Anordnungen, um deren Durchsetzung es sich handelt. Die Rechtsmittel erstrecken sich zugleich auf diese Anordnungen, sofern dieselben nicht bereits Gegenstand eines besonderen Beschwerde- oder Verwaltungsstreitverfahrens geworden sind.

Gegen die Festsetzung und Ausführung eines Zwangsmittels findet in allen Fällen[3] nur die Beschwerde im Aufsichtswege innerhalb zwei Wochen statt.

Haftstrafen, welche an Stelle einer Geldstrafe nach §. 132 Nr. 2 festgesetzt sind, dürfen vor ergangener endgültiger Beschlußfassung oder rechtskräftiger Entscheidung auf das eingelegte Rechtsmittel beziehungsweise vor Ablauf der zur Einlegung desselben bestimmten Frist nicht vollstreckt werden[4].

1) Anwendbar nach WohnungsG. v. 28. 3. 1918 (GS. 23) Art. 6 § 3, aber nicht WasserG. §§ 308 (2, 3), 309.

2) Beispiele: §§ 127, 128, 130; ZustG. § 56.

3) auch in den Fällen HolzVerwG. v. 14. 8. 1876 (GS. 373) § 11.

4) Anerkannt im § 53.

§ 134. [Die Bestimmungen des gegenwärtigen und des vierten Titels finden sinngemäß Anwendung auf die besonderen Beamten und Organe, welche zur Beaufsichtigung der Fischerei vom Staate bestellt sind (§. 46 des Fischereigesetzes vom 30. Mai 1874, Gesetz-Samml. S. 197)[1]]

[Die Vorschriften der §§. 127, 128 finden in den Fällen des § 2 Abs. 2 des Gesetzes, betreffend die Ausführung des Reichsgesetzes über die Abwehr und Unterdrückung von Viehseuchen, vom 12. März 1881 (Gesetz-Samml. S. 128) keine Anwendung[2].]

1) Aufgehoben durch FischereiG. § 133, 4.

2) Gegenstandslos geworden durch AusfG. v. 25. 7. 1911 zum Viehseuchengesetz (GS. 149) §§ 4, 29; vgl. OVG. 69, 90, 91.

§ 135[1].

1) Gegenstandslos geworden durch die im G. v. 29. 4. 1887 (GS. 127) Art. 6 geschehene Aufhebung der §§ 4—10 des G. v. 20. 5. 1874 über die Verwaltung erledigter katholischer Bistümer (GS. 135).

Sechster Titel.

Polizeiverordnungsrecht[1].

§ 136. Soweit die Gesetze ausdrücklich[2] auf den Erlaß besonderer polizeilicher Vorschriften (Verordnungen, Anordnungen, Reglements rc) durch die Zentralbehörden verweisen, sind die Minister befugt, innerhalb ihres Ressorts dergleichen Vorschriften für den ganzen Umfang der Monarchie oder für einzelne Teile derselben zu erlassen und gegen die Nichtbefolgung dieser Vorschriften Geldstrafen bis zum Betrage von einhundert Mark anzudrohen.

Die gleiche Befugnis steht zu:

1) [dem Minister der öffentlichen Arbeiten in betreff der Übertretungen der Vorschriften der Eisenbahnpolizei-Reglements[3]];

2) [dem Minister für Handel und Gewerbe in betreff der zur Regelung der Strom-, Schiffahrts- und Hafenpolizei zu erlassenden Vorschriften, sofern dieselben sich über das Gebiet einer einzelnen Provinz hinaus erstrecken sollen[4]].

Zum Erlasse der im § 367 Nr. 5 des Strafgesetzbuchs für das Deutsche Reich gedachten Verordnungen sind auch die zuständigen Minister befugt.

1) Rosin, PolVdgR. (2. Aufl.) Berlin 1895, derselbe im Handwörterb. des VerwR. 3, 119; Genzmer, Polizei, Berlin 1905 S. 69. Die wichtigste und reichhaltigste Fundgrube bildet das Jahrbuch für Entscheidungen des Kammergerichts, Abteilung C. Vgl. über das PolVdgR. der Minister §§ 136, 140, 141; der OPräs. §§ 137—141, 145 II; der RegPräs. §§ 137 II, 138—141, 145 II; G. v. 11. 3. 1850 (GS. 265) §§ 11—16; der LandR. §§ 142, 145 I, II; G. v 11 3. 1850 § 16; der Ortspol.-Behörde §§ 143 bis 145; G. v. 11. 3

1850 §§ 5, 7—10, 15, 16. Wohnungsordnungen: WohnungsG. v 28 3 1918 (GS. 23) Art 5.

2) Beispiel: HochwasserG. v. 4 8. 1904 für Brandenburg und Sachsen (GS. 197) § 25 II, aufrecht erhalten in WasserG. § 395, 7.

3) Zunächst ersetzt durch die BetriebsO v. 5. 7. 1892 für die Haupteisenbahnen Deutschlands (RGBl 691) und die BahnO. v. 5 7 1892 für die Nebeneisenbahnen Deutschlands (RGBl 764) und diese beide ersetzt durch Eisenbahn-Bau- und BetriebsO v. 4. 11. 1904 (RGBl. 387). Jetzt erledigt durch ReichsG. v. 3. 1. 1920 über die Eisenbahnaufsicht (RGBl 13) und Vdg. der Reichsregierung v. 29. 10. 1920 (RGBl 1859) vgl Staatsvertrag v. 29 4. 1920 (GS. 97), vorl. VerwaltungsO v. 26. 4. 1920 (RGBl 797) ÜbergangsG. v. 30. 4 1920 (RGBl. 773) PrG. v. 16. 11. 1920 (GS. 1921, 73).

4) Die Strom-, Schiffahrts- und Hafenpolizei gehört jetzt ganz unter das WasserG, vgl. § 350. Der Vorbehalt im FischereiG. § 124 (2) ist gegenstandslos.

§ 137. Der Oberpräsident[1] ist befugt, gemäß §§. 6, 12 und 15 des Gesetzes über die Polizeiverwaltung vom 11 März 1850 (Gesetz-Samml. S. 265) beziehungsweise der §§ 6, 12 und 13 der Verordnung vom 20. September 1867 (Gesetz-Samml. S. 1529) und des Lauenburgischen Gesetzes vom 7. Januar 1870 (Offizielles Wochenblatt S. 13) für mehrere Kreise, sofern dieselben verschiedenen Regierungsbezirken angehören, für mehr als einen Regierungsbezirk oder für den Umfang der ganzen Provinz gültige Polizeivorschriften zu erlassen und gegen die Nichtbefolgung derselben Geldstrafen bis zum Betrage von sechzig Mark anzudrohen.

Die gleiche Befugnis[2] steht dem Regierungspräsidenten[3] für mehrere Kreise oder für den Umfang des ganzen Regierungsbezirks[4] zu[5].

Die Befugnis der Regierung[6] zum Erlasse von Polizeivorschriften wird aufgehoben.

1) §§ 138—141, 145 II.

2) Erweitert durch § 138; G. v. 9. 5. 1892 betr. die äußere Heilighaltung der Sonn- und Festtage (GS. 107).

3) und dem PolPräs Berlin für den erweiterten Ortspolizeibezirk G v. 12. 6. 1889 (Nr. 9) § 3 I, II, dem Verbandsdirektor Ruhrkohlenbezirk, G. v 5. 5. 1920 (GS. 286) § 22 I.

4) §§ 138—141, 145 II; G. v. 11. 3. 1850 (GS. 265) §§ 11—16.

5) Geändert für Deichpolizei in WasserG. § 306, für allgemeine Wasserpolizei in WG § 348.

6) G. v 11. 3. 1850 § 9.

§ 138[1]. [Die Befugnis, Polizeivorschriften über Gegenstände der Strom-, Schiffahrts- und Hafenpolizei zu erlassen, steht, vorbehaltlich der Bestimmungen des §. 136 Absatz 2 Nr. 2, ausschließlich dem Regierungspräsidenten und, wenn die Vorschriften sich auf mehr als einen Regierungsbezirk oder auf die ganze Provinz erstrecken sollen, dem Oberpräsidenten, soweit aber mit der Verwaltung dieser Zweige der Polizei besondere, unmittelbar von dem Minister für Handel und Gewerbe ressortierende Behörden beauftragt sind, den letzteren zu. Die Befugnis des Regierungspräsidenten erstreckt sich auch auf den Erlaß solcher Polizeivorschriften für einzelne Kreise oder Teile derselben.

Für Zuwiderhandlungen gegen diese Verordnungen können Geldstrafen bis zu sechzig Mark angedroht werden].

Bei den Vorschriften des Gesetzes vom 9. Mai 1853, betreffend die Erleichterung des Lotsenzwanges in den Häfen und Binnengewässern der Provinzen Preußen und Pommern (Gesetz-Samml. S. 216), behält es mit der Maßgabe sein Bewenden, daß an die Stelle der Bezirksregierung der Regierungspräsident tritt.

1) Abs. I, II, beseitigt durch WasserG. §§ 348, 349.

§ 139. Die gemäß [§]§ 137, [138] von dem Oberpräsidenten zu erlassenden Polizeivorschriften bedürfen der Zustimmung des Provinzialrats[1], die von dem Regierungspräsidenten zu erlassenden Polizeivorschriften der Zustimmung des Bezirksausschusses[2,3]. In Fällen, welche keinen Aufschub zulassen, ist der Oberpräsident sowie der Regierungspräsident befugt, die Polizeivorschrift vor Einholung der Zustimmung des Provinzialrats, beziehungsweise des Bezirksausschusses zu erlassen. Wird diese Zustimmung nicht innerhalb drei Monaten nach dem Tage der Publikation der Polizeivorschrift erteilt, so hat der Oberpräsident beziehungsweise der Regierungspräsident die Vorschrift außer Kraft zu setzen.

1) in Berlin weggefallen, § 43 I.

2) In Berlin bedürfen landespolizeiliche Vorschriften der Zustimmung des OPräs., § 43 III, ortspolizeiliche der des Magistrats § 143; vgl. ferner G. v. 12. 6. 1889 (Nr. 7) § 3 I, II.

3) Weitere Erfordernisse GewO. § 120 e II.

§ 140[1]. Polizeivorschriften der in den §§. 136, 137 und 138 bezeichneten Art[2] sind unter der Bezeichnung „Polizeiverordnung" und unter Bezugnahme auf die Bestimmungen des § 136 beziehungsweise der §§. 137 oder 138, sowie in den Fällen des §. 137 auf die in demselben angezogenen gesetzlichen Bestimmungen durch die Amtsblätter[3] derjenigen Bezirke bekannt zu machen, in welchen dieselben Geltung erlangen sollen.

1) Ergänzt durch § 141.

2) auch wenn die Zuständigkeit nicht auf §§ 136 bis 138, sondern auf besonderen Vorschriften beruht, aber nicht in den Fällen RG. v. 30. 6. 1900, gemeingef. Krankheiten (RGBl. 306) §§ 11, 15; PrG. v. 28. 8. 1905 (GS. 373) §§ 8, 12.

3) Vdg. v. 28. 3. 1811 (GS. 165); Vdg. v. 14 1. 1813 (GS. 2); Vdg. v. 9. 6. 1819 (GS. 148) §§ 3—11; Kgl. Erl. v. 19. 9. 1852 (GS. 588).

§ 141. Ist in einer gemäß §. 140 verkündeten Polizeiverordnung der Zeitpunkt bestimmt, mit welchem dieselbe in Kraft treten soll, so ist der Anfang ihrer Wirksamkeit nach dieser Bestimmung zu beurteilen, enthält aber die verkündete Polizeiverordnung eine solche Zeitbestimmung nicht, so beginnt die Wirksamkeit derselben mit dem achten Tage nach dem Ablaufe desjenigen Tages, an welchem das betreffende Stück des Amtsblatts, welches die Polizeiverordnung verkündet, ausgegeben worden ist.

§ 142[1]. Der Landrat ist befugt, unter Zustimmung des Kreisausschusses nach Maßgabe der Vorschriften des Gesetzes über die Polizeiverwaltung vom 11. März 1850 beziehungsweise der Verordnung vom 20. September 1867 und des Lauenburgischen Gesetzes vom 7. Januar 1870[2] für mehrere Ortspolizeibezirke[3] oder für den ganzen Umfang des Kreises[4] gültige Polizeivorschriften zu erlassen und gegen die Nichtbefolgung derselben Geldstrafen bis zum Betrage von dreißig Mark anzudrohen.

1) Ergänzt durch § 144 III; erweitert durch G. v 4 8. 1904 betreffend Maßnahmen zur Verhütung von Hochwassergefahren in der Provinz Brandenburg und im Havelgebiete der Provinz Sachsen (GS. 197) § 27 aufrechterhalten in WasserG. § 395, 7.

2) aber nicht in Angelegenheiten, die nach GewO. §§ 37, 69 der Ortspolizeibehörde vorbehalten sind.

3) In Hannover bilden die gesamten Landgemeinden jedes Kreises einen Ortspolizeibezirk.

4) oder Wasserpolizeibezirks, WasserG. § 348.

§ 143. Ortspolizeiliche Vorschriften (§§. 5 ff. des Gesetzes vom 11. März 1850 beziehungsweise der Verordnung vom 20. September 1867 und des Lauenburgischen Gesetzes vom 7. Januar 1870), soweit sie nicht zum Gebiete der Sicherheitspolizei[1] gehören, bedürfen in Städten[2] der Zustimmung des Gemeindevorstandes[3] Versagt der Gemeindevorstand die Zustimmung, so kann dieselbe auf Antrag der Behörde durch Beschluß des Bezirksausschusses[4] ergänzt werden

In Fällen, welche keinen Aufschub zulassen, ist die Ortspolizeibehörde befugt, die Polizeivorschrift vor Einholung der Zustimmung des Gemeindevorstandes zu erlassen. Wird diese Zustimmung nicht innerhalb vier Wochen nach dem Tage der Publikation der Polizeivorschrift erteilt, so hat die Behörde die Vorschrift außer Kraft zu setzen.

1) Authentische Interpretation: G. v. 21. 12 1904, Hilfeleistung bei Bränden (GS 291) Abs. II, WasserG § 355 (1) Wasserwehr Frühere Abgrenzungen: PolRegl. Berlin v 18. 9. 1822 (v Kamptz Annalen 8, 491) § 3 in Verb. mit Bek. OPräs v 7 7. 1830 (v Kamptz Annalen 14, 362) Abs V, VIa—b, VII; vgl. auch KrO. östl. § 59 Nr 1

2) Anhörung des Gemeindevorstehers in dem erweiterten ortspolizeilichen Wirkungskreis des PolPräs. Berlin, G v. 12 6. 1889 (Nr. 7) § 3 II.

3) Ähnlich wegen der Taxen aus GewO. § 76 und der MarktO., GewO. § 69

4) in Berlin des OPräs., § 43 III.

§ 144. In Stadtkreisen ist die Ortspolizeibehörde befugt, gegen die Nichtbefolgung der von ihr erlassenen polizeilichen Vorschriften Geldstrafen bis zum Betrage von dreißig Mark anzudrohen. Im übrigen steht die Erteilung der Genehmigung zum Erlasse ortspolizeilicher Vorschriften mit einer Strafandrohung bis zum Betrage von dreißig Mark gemäß §. 5 der im § 137 angezogenen Gesetze dem Regierungspräsidenten zu.

Ingleichen hat der Regierungspräsident[1] über die Art der Verkündigung orts- und kreispolizeilicher Vorschriften[2], sowie über die Form, von deren Beobachtung die Gültigkeit derselben abhängt, zu bestimmen[3].

1) in Berlin der PolPräs. Einschlägige Bestimmungen sind nicht getroffen worden.

2) auch wenn sie nicht auf den im § 137 angezogenen Gesetzen beruhen; aber abgesehen von den auf Reichsrecht beruhenden, z. B. GewO. § 69.

3) Beispiele: Danzig 31. 12. 1850; Pommern 11. 2. 1876 (Amtsbl. Stettin 39); Potsdam 18. 4. 1874 (Amtsbl. 136); Sachsen 11. 6. 1877 (Amtsbl. Merseburg 173); Magdeburg 6. 8. 1850 (Amtsbl. 297), 13. 6. 1853, 1. 7. 1881; Erfurt 3. 2. 1874; Oppeln 11. 7. 1884; Köln 25. 5. 1850; Wiesbaden 5. 2. 1895.

§ 145. Die Befugnis, orts- oder kreispolizeiliche Vorschriften außer Kraft zu setzen, steht dem Regierungspräsidenten zu. Mit Ausnahme von Fällen, welche keinen Aufschub zulassen, darf diese Befugnis nur unter Zustimmung des Bezirksausschusses ausgeübt werden.

Bei der Befugnis des Ministers des Innern, jede (orts-, kreis-, bezirks- oder provinzial-) polizeiliche Vorschrift, soweit Gesetze nicht entgegenstehen, außer Kraft zu setzen (§. 16 des Gesetzes vom 11. März 1850, §. 14 der Verordnung vom 20. September 1867 beziehungsweise des Lauenburgischen Gesetzes vom 7. Januar 1870), behält es mit der Maßgabe sein Bewenden, daß diese Befugnis hinsichtlich der Strom-, Schiffahrts- und Hafenpolizeivorschriften (§ 138) auf den Minister für Handel und Gewerbe übergeht[1].

1) bei Wasserläufen erster Ordnung MinHandArb WasserG. § 348 (3).

Siebenter Titel.

Übergangs- und Schlußbestimmungen.

§ 146[1].

1) Vollständig erledigte Übergangsvorschrift.

§ 147[1]. [Beamte, welche bei der auf Grund des gegenwärtigen Gesetzes eintretenden Umbildung der Verwaltungsbehörden nicht verwendet werden, bleiben während eines Zeitraumes von fünf Jahren zur Verfügung der zuständigen Minister und werden auf einem besonderen Etat geführt.

Diejenigen, welche während des fünfjährigen Zeitraumes eine etatsmäßige Anstellung nicht erhalten, treten nach Ablauf desselben in den Ruhestand][2].

1) Die §§ 147—151 sind zwar auch vollständig erledigt, könnten aber als Muster für spätere Gesetze dienen.

2) Die §§ 147—150 sind auch auf die Beamten anwendbar, welche bei der Bildung der Konsistorien in Hannover nicht verwendet werden, G. v 6. 5. 1885 (GS. 135) § 9.

§ 148. [Die zur Verfügung der Minister verbleibenden Beamten haben sich nach der Anordnung derselben der zeitweiligen Wahrnehmung solcher Ämter zu unterziehen, zu deren dauernder Übernahme sie verpflichtet sein würden.

Erfolgt die Beschäftigung außerhalb des Ortes ihrer letzten Anstellung, so erhalten dieselben die gesetzmäßigen Reisekosten und Tagegelder]

§ 149. [Die zur Verfügung der Minister verbleibenden Beamten erhalten während des im §. 147 bezeichneten fünfjährigen Zeitraumes, auch wenn sie während desselben dienstunfähig werden, unverkürzt ihr bisheriges Diensteinkommen und den Wohnungsgeldzuschuß in dem bisherigen Betrage

Als Verkürzung im Einkommen ist es nicht anzusehen, wenn die Gelegenheit zur Verwaltung von Nebenämtern entzogen wird oder die Beziehung der für die Dienstunkosten besonders ausgesetzten Einnahmen mit diesen Unkosten selbst wegfällt.

Anstelle einer etatsmäßig gewährten freien Dienstwohnung tritt eine Mietsentschädigung nach der Servisklasse des Orts der letzten Anstellung.]

§ 150. [Die nach Ablauf des fünfjährigen Zeitraumes gemäß §. 147 Abs. 2 in den Ruhestand tretenden Beamten erhalten eine Pension in der gesetzmäßigen Höhe mit der Maßgabe, daß die Pension ohne Rücksicht auf die Dauer der Dienstzeit auf $^{45}/_{60}$ des Diensteinkommens zu bemessen ist.]

§ 151. [Den Verwaltungsbeamten, welche zu den im §. 2 des Gesetzes vom 27. März 1872 (Gesetz-Samml. S. 268) bezeichneten Beamten gehören, kann ein Wartegeld bis auf Höhe des gesetzmäßigen Pensionsbetrages gewährt werden.]

§ 152. § 153 [1].

1) §§ 152, 153 sind vollständig erledigte Übergangsvorschriften.

§ 154. Das gegenwärtige Gesetz tritt mit dem 1. April 1884, jedoch nur gleichzeitig mit dem Gesetze über die Zuständigkeit der Verwaltungs- und Verwaltungsgerichtsbehörden, in Kraft, vorbehaltlich der Bestimmungen des § 155.

Gleichzeitig treten das Gesetz über die Organisation der allgemeinen Landesverwaltung vom 26. Juli 1880 (Gesetz-Samml. S. 291) und die §§. 1 bis 16a, 31 bis 87a und 89 des Gesetzes, betreffend die Verfassung der Verwaltungsgerichte und das Verwaltungsstreitverfahren vom $\frac{\text{3. Juli 1875}}{\text{2. August 1880}}$ (Gesetz-Samml. 1880 S. 328) [1], außer Kraft.

Auf die vor dem Inkrafttreten des Gesetzes bereits anhängig[3] gemachten Sachen finden in Beziehung auf die Zuständigkeit der Behörden, das Verfahren und die Zulässigkeit der Rechtsmittel die Bestimmungen der früheren Gesetze, jedoch mit der Maßgabe Anwendung, daß anstelle des Bezirksrats und des Bezirksverwaltungsgerichts der Bezirksausschuß[3] tritt.

1) Der Rest ist als Nr. 6 dieser Ausgabe abgedruckt.

2) Anwendbar auch nach ZustG. § 163 II.

3) § 7 IV.

§ 155. In den Provinzen Posen[1], Schleswig-Holstein[2], Hannover[3], Hessen-Nassau[4], Westfalen[5] und in der Rheinprovinz[6] tritt das gegenwärtige Gesetz erst in Kraft, je nachdem für dieselben auf Grund besonderer Gesetze neue Kreis- und Provinzialordnungen erlassen sein werden. Der betreffende Zeitpunkt wird für jede Provinz durch Königliche Verordnung bekannt gemacht[7]

[Die Geltung der Bestimmungen des § 16 und des § 23 Abs. 1 wird jedoch hierdurch nicht berührt]

Inwieweit die Bestimmungen der §§ 127 und 128 auf die selbständigen Städte in der Provinz Hannover[8] Anwendung finden, bleibt der Kreisordnung für diese Provinz vorbehalten.

1) Mit besonderen Maßgaben wegen der Bildung des ProvRats und des KrA. am 1. April 1890 in Kraft getreten, G v. 19. 5. 1889 (GS. 108) Art. I, Art. IV Abs. I. Ohne Kreis- und ProvinzialO.

2) 1. Juli 1889: KrO v. 26. 5. 1888 (GS. 139) § 155; Helgoland am 1. Februar 1891: G. v 18. 2. 1891 (GS. 11) § 2.

3) 1. Juli 1885: KrO v. 6. 5. 1884 (GS. 181) § 120.

4) 1. Juli 1886: KrO. v. 7. 6. 1885 (GS. 193) § 119.

5) 1. Juli 1887: KrO. v. 31. 7. 1886 (GS. 217) § 102.
6) 1. Juli 1888: KrO v. 30. 5. 1887 (GS. 209) § 104.
7) Statt dieser Vdgen. sind die KrO. ergangen.
8) KrO § 28, 1.

§ 156[1].

1) Erledigte Übergangsvorschrift.

§ 157. Durch das gegenwärtige Gesetz werden nicht berührt:

1. die Bestimmungen der §§. 20, 21 der Gewerbeordnung [vom 21. Juni 1869 (Bundes-Gesetzbl. S. 245)][1];
2. die Bestimmungen des Gesetzes vom 21. Juli 1852, betreffend die Dienstvergehen der nicht richterlichen Beamten usw. (Gesetz-Samml. S. 463); dieselben finden jedoch für das Verwaltungsstreitverfahren[2] mit folgenden Maßgaben Anwendung: die Entscheidung erfolgt auf Grund mündlicher Verhandlung; das Gutachten des Disziplinarhofs ist nicht einzuholen; das Disziplinarverfahren kann mit Rücksicht auf den Ausfall der Voruntersuchung durch Beschluß der in erster Instanz zuständigen Behörde eingestellt werden[3]; die Erhebung eines Kostenpauschquantums findet nicht statt;
3. die Bestimmungen des Reichsgesetzes über den Unterstützungswohnsitz [vom 6. Juni 1870 (Bundes-Gesetzbl. S. 360)][4].

1) Letzte Fassung v. 26 7. 1900 (RGBl. 1871). Die §§ 20, 21 finden nur soweit Anwendung, als die Reichsgesetzgebung sie zwingend vorschreibt, z. B. GewO §§ 20, 24, 40 II, 63 I, aber nicht, soweit die Reichsgesetzgebung der Landesgesetzgebung das Rekursverfahren aus §§ 20, 21 neben einem anderen Verfahren zur Auswahl stellt, und die Landesgesetzgebung das letztere wählt, GewO. §§ 84 IV, 97

III, noch weniger, wo die Reichsgesetzgebung die Anwendung der §§ 20, 21 nur für solche Staaten vorschreibt, in denen kein VerwStrVerf. besteht, z B. GenossG v. 20. 5. 1898 (RGBl. 810) § 81 II; BGB. §§ 44 I, 62 II

2) Anwendbar in den Fällen §§ 14, 39, ZustG. §§ 20, 36; KrO. v. 19. 3. 1881 (GS. 179) §§ 68, 134 Nr. 3; ProvO. v. 22. 3. 1881 (GS. 233) §§ 51, 98; LGemO. v. 3. 7. 1891 (GS. 233) § 143; Schleswig-Holstein v. 4. 7. 1892 (GS. 154) § 148; Hessen-Nassauische StO. v. 4. 8. 1897 (GS. 254) § 91; LGemO. v. 4. 8. 1897 (GS. 301) § 115; Hohenzollernsche GemO. v. 2. 7. 1900 (GS. 189) § 107; A. und LO vom 9. 10. 1900 (GS. 324) §§ 42, 47, 77; G v. 17. 6. 1900 betr. das Disziplinarverfahren gegen Beamte der LVersAnstalten (GS. 251). Berlin, G. v. 27. 4. 1920 (GS. 123) § 24 (6); Ruhrkohlenbezirk: G. v. 5. 5. 1920 (GS. 286) § 13 (5).

3) Beschwerde nach § 110.

4) Neue Fassung v. 30. 5. 1908 (RGBl. 381).

§ 158. Aufgehoben sind:

1. die §§. 40 bis 48, 50 bis 56 des Gesetzes vom 8. März 1871, betreffend die Ausführung des Bundesgesetzes über den Unterstützungswohnsitz (GS. S. 130);
2. die §§. 141 bis 163, 165 der Kreisordnung vom 13. Dezember 1872 (GS. S 661), soweit sie das Verfahren in streitigen Verwaltungssachen zum Gegenstande haben, sowie die §§. 187 bis 198 derselben Kreisordnung;
3. der fünfte Abschnitt des zweiten Titels, sowie die §§. 2 Absatz 2 und 126 der Provinzialordnung vom 29. Juni 1875 (GS. S. 335) und die Titel I bis IV, sowie die §§. 168, 169, 170 Nr. 2, 4 und 5 und der §. 174 des Gesetzes vom 26. Juli 1876, betreffend die

Zuständigkeit der Verwaltungsbehörden und der Verwaltungsgerichtsbehörden usw. (GS. S. 297).

§ 159. Mit dem Tage des Inkrafttretens des gegenwärtigen Gesetzes treten alle mit demselben im Widerspruche stehenden Bestimmungen außer Kraft.

Urkundlich unter Unserer Höchsteigenhändigen Unterschrift und beigedrucktem Königlichen Insiegel.

Gegeben Bad Gastein, den 30. Juli 1883.

(L. S.) **Wilhelm.**

Fürst v. Bismarck. v. Puttkamer. Maybach. Lucius. Friedberg. v. Goßler. v. Scholz. Gr. v. Hatzfeldt.

Nr. 2. Gesetz vom 1. August 1883 über die Zuständigkeit der Verwaltungs- u. Verwaltungsgerichtsbehörden.

(GS. 237)[1].

Wir Wilhelm, von Gottes Gnaden König von Preußen usw. verordnen, mit Zustimmung beider Häuser des Landtags, über die Zuständigkeit der Verwaltungs- und Verwaltungsgerichtsbehörden für den gesamten Umfang der Monarchie[2], was folgt:

1) Erläutert von Friedrichs, Berlin 1904, von Brauchitsch-Genzmer, Die neuen Preußischen Verwaltungsgesetze (22 Aufl.) I, 295 ff.; Hue de Grais, Staatsverfassung und Staatsbehörden, Berlin 1903, S. 467 ff.

2) Über die Zeit des Inkrafttretens in den einzelnen Landesteilen s. LVG. §§ 154, 155.

I. Titel.

Angelegenheiten der Provinzen.

§ 1[1].

1) Ersetzt durch Kr.- und ProvAbgG v. 23. 4. 1906 (GS. 159) §§ 28, 31

II. Titel.

Angelegenheiten der Kreise.

§ 2. In den Fällen der Veränderung der Kreisgrenzen und der Bildung neuer Kreise, sowie des Ausscheidens großer Städte aus dem Kreisverbande beschließt der Bezirksausschuß über die Auseinandersetzung der beteiligten Kreise, vorbehaltlich der den letzteren gegen einander innerhalb zwei Wochen zustehenden Klage bei dem Bezirksausschusse[1].

1) Novelle zur KrO. v. 19 3. 1881, als anwendbar bezeichnet in den KrO. für Hannover §§ 3 II, 4 II, 112, Hessen-Nassau §§ 3 II, 4 V, 112; Westfalen § 4; Rheinprovinz §§ 3 II, 4 V; Schleswig-Holstein §§ 3 II, 4 V; vgl. für Posen EinfG. (GS. 108) Art. V B 1; für Lauenburg Vdg v. 24. 8. 1882 (GS. 343); Bek. v. 19 3. 1883 (GS. 35).

§ 3[1].

1) Ersetzt durch Kr- und ProvAbgG. v. 23. 4. 1906 (GS. 159) §§ 11 IV, 14 II, 16 I.

§ 4. Der zweite Absatz des §. 180 der Kreisordnung für die Provinzen Ost- und Westpreußen, Brandenburg, Pommern, Schlesien und Sachsen vom 13. Dezember 1872 (Gesetz-Samml. 1881 S. 179) wird dahin geändert:

Gegen die Verfügung des Regierungspräsidenten steht dem Kreise innerhalb zwei Wochen die Klage bei dem Oberverwaltungsgerichte zu,

Zur Ausführung der Rechte des Kreises kann der Kreistag einen besonderen Vertreter bestellen.

1) Gleichlautend wiederholt in KrO. Hannover § 108, Hessen-Nassau § 109, Westfalen, Rheinland § 96, Schleswig-Holstein § 144 II, Posen EinfG (GS. 108) Art. V B 7 Abs. II

III. Titel.

Angelegenheiten der Amtsverbände.

§ 5. Der erste Absatz des §. 55c der Kreisordnung für die Provinzen Ost- und Westpreußen, Brandenburg,

Pommern, Schlesien und Sachsen vom 13. Dezember 1872 (Gesetz-Samml. 1881 S. 179) wird dahin abgeändert[1]:

Die Aufsicht des Staates über die Verwaltung der Angelegenheiten der Amtsverbände wird unbeschadet der vorstehenden Bestimmungen in erster Instanz von dem Landrat als Vorsitzenden des Kreisausschusses[2], in höherer und letzter Instanz von dem Regierungspräsidenten geübt[3].

1) Gilt nur im Bezirk der östl. KrO., und wird in Schleswig-Holstein KrO. § 47 wiederholt: die anderen Provinzen haben keine Amtsverbände.

2) KrO. östl §§ 136, 137.

3) Ergänzt durch KommBG. v. 30. 7. 1899 (GS 141) § 18.

§ 6. Im Geltungsbereiche der Kreisordnung für die Provinzen Ost- und Westpreußen, Brandenburg, Pommern, Schlesien und Sachsen vom 13. Dezember 1872 (Gesetz-Samml. 1881 S. 179) erfolgt fortan die Revision, endgültige Feststellung und Abänderung der Amtsbezirke (§. 49 Absatz 2 der Kreisordnung), die Vereinigung ländlicher Gemeinde- und Gutsbezirke bezüglich der Verwaltung der Polizei mit dem Bezirke einer Stadt (§. 49a Absatz 1 a. a. O.), sowie die Ausscheidung der ersteren aus dem Amtsbezirk (§. 49a Absatz 3 a. a. O.), durch den Minister des Innern im Einvernehmen mit dem Bezirksausschusse nach vorheriger Anhörung der Beteiligten und des Kreistages[1].

1) Wiederholt in Schleswig-Holstein KrO. §§ 35, 36

IV. Titel.

Angelegenheiten der Stadtgemeinden[1].

§ 7. Die Aufsicht des Staates über die Verwaltung der städtischen Gemeindeangelegenheiten wird in erster

Instanz von dem Regierungspräsidenten, in höherer und letzter Instanz von dem Oberpräsidenten geübt, unbeschadet der in den Gesetzen[3] geordneten Mitwirkung des Bezirksausschusses und des Provinzialrats.

Für die Stadt Berlin tritt an die Stelle des Regierungspräsidenten der Oberpräsident, an die Stelle des Oberpräsidenten der Minister des Innern, [für die Hohenzollernschen Lande tritt an die Stelle des Oberpräsidenten der Minister des Innern[3]].

Beschwerden bei den Aufsichtsbehörden in städtischen Gemeindeangelegenheiten sind in allen Instanzen innerhalb zwei Wochen[4] anzubringen.

1) Novelle zu den Städte-Ordnungen, ältere Provinzen, v 30. 5. 1853 (GS. 261; Instruktion v. 20. 6. 1853 (MinBlInn. 138); G. v. 25. 2. 1856 (GS. 129); Kommentare von M. v. Brauchitsch (Verwaltungsgesetze Bd. 3); Gerstmeyer, Hue de Grais (im Handbuch der Gesetzgebung IV 3); Kappelmann, Kotze, Krüger, Ledermann. Marcinowski-Hoffmann, Oertel (6. Aufl. 1914), Plagge-Schulze, Zelle; Schleswig-Holstein v. 14. 4. 1869 (GS. 509) Komm. v. Gerstmeyer; Lauenburg v. 16. 12. 1870 (Off. Wochenbl 521); Hannover v. 24. 6. 1858 (Hann. GS. I, 141); Komm. v. Gostkowski; Westfalen v. 19. 3. 1856 (GS. 237); Komm. v. Braunbehrens, v. Detten, Krüger, Lindemann; G. v 20. 5. 1896 (GS 99); Rheinprovinz v. 15. 3 1856 (GS. 406); G. v. 30. 6. 1884 (GS. 307); G. v. 20. 5. 1896 (GS. 99); Komm. v. Bigelius (2. Aufl. 1910); Frankfurt a. M. v. 25. 3. 1867 (GS. 401) und zu den für die Städte von Neu-Vorpommern und Rügen auf Grund des G v. 31. 5. 1853 (GS. 291) vereinbarten Rezessen. In StO. Hessen-Nassau v. 4. 8. 1897 (GS. 254) § 93 und GemO Hohenzollern v. 2. 7. 1900 (GS. 189) § 109 ist der 4. Titel ausdrücklich außer Kraft gesetzt worden. Vgl. Steffenhagen, Die Städteordnungen für Westfalen,

Rheinland, Hannover, Schleswig-Holstein: Jebens, Die Stadtverordneten. — Die Instruktion für die Stadtmagistrate. Antoni, StO f. Hessen-Nassau (2. Aufl. 1908).

2) LVG. § 41. Zuständigkeit des Ministers KommAbgG. § 77 II.

3) Ersetzt durch GemO. v. 2. 7. 1900 (GS. 189) § 109.

4) LVG. § 52.

§ 8. Der Bezirksausschuß[1] beschließt, soweit die Beschlußfassung nach den Gemeindeverfassungsgesetzen der Aufsichtsbehörde[2] zusteht, über die Veränderung der Grenzen der Stadtbezirke[3].

Der Bezirksausschuß beschließt über die infolge einer Veränderung der Grenzen der Stadtbezirke notwendig werdende Auseinandersetzung zwischen den beteiligten Gemeinden, vorbehaltlich der den letzteren gegen einander zustehenden Klage im Verwaltungsstreitverfahren[4].

1) Für Berlin vgl. § 21 I; LVG. § 43 III.

2) Ausnahme Rheinl. StO § 2 II.

3) materielles Recht geändert durch WohnungsG. v. 28. 3. 1918 (GS. 23) Art. 3.

4) steuerliche Vorrechte in eingemeindeten Ortsteilen. G. v. 25. 2. 1920 (GS. 61).

§ 9. Streitigkeiten über die bestehenden Grenzen der Stadtbezirke unterliegen der Entscheidung im Verwaltungsstreitverfahren.

Über die Festsetzung streitiger Grenzen beschließt vorläufig, sofern es das öffentliche Interesse erheischt, der Bezirksausschuß[1]. Bei dem Beschlusse behält es bis zur rechtskräftigen Entscheidung im Verwaltungsstreitverfahren sein Bewenden.

1) für Berlin der OPräs., LVG. § 43 III.

§ 10[1]. Die Gemeindevertretung beschließt:

1) auf Beschwerden und Einsprüche, betreffend den Besitz oder den Verlust des Bürgerrechts[2], insbesondere des Rechts zur Teilnahme an den Wahlen zur Gemeindevertretung, sowie des Rechts zur Bekleidung einer den Besitz des Bürgerrechts voraussetzenden Stelle in der Gemeindeverwaltung oder Gemeindevertretung, die Verpflichtung zum Erwerbe oder zur Verleihung des Bürgerrechts, beziehungsweise zur Zahlung von Bürgergewinngeldern (Ausfertigungsgebühren)[3] und zur Leistung des Bürgereides, die Zugehörigkeit zu einer bestimmten Bürgerklasse, die Richtigkeit der Gemeindewählerliste[4];

2) über die Gültigkeit der Wahlen zur Gemeindevertretung;

3) über die Berechtigung zur Ablehnung oder Niederlegung von Ämtern und Stellen in der Gemeindeverwaltung oder Vertretung, über die Nachteile, welche gegen Mitglieder der Stadtgemeinde wegen Nichterfüllung der ihnen nach den Gemeindeverfassungsgesetzen obliegenden Pflichten, sowie über die Strafen, welche gegen Mitglieder der Gemeindevertretung wegen Zuwiderhandlungen gegen die Geschäftsordnung nach Maßgabe der Gemeindeverfassungsgesetze zu verhängen sind.

Einsprüche gegen die Richtigkeit der Wählerliste sind während der Dauer der Auslegung der letzteren, Einsprüche gegen die Gültigkeit der Wahlen zur Gemeindevertretung innerhalb zwei Wochen nach Bekanntmachung des Wahlergebnisses und in allen Fällen bei dem Gemeindevorstande zu erheben[5].

1) Das materielle Recht ist gerade auf diesem Gebiete stark geändert worden, es hat aber gar keinen Nutzen, hier einzelne Worte zu streichen. Abgesehen von erledigten Übergangsvorschriften sind erlassen und in Kraft: Anordnung der PrReg. v. 23. 11. 1918 betr. die Bestellung weiblicher Personen zu Mitgliedern gemischter städtischer Verwaltungsdeputationen (GS. 183). Vdg. der PrReg. v. 24. 1. 1919 über die anderweite Regelung des Gemeindewahlrechts (GS. 13), Nachtragsvdg. v 31. 1. 1919 (GS. 15), G. v. 15. 7. 1919 über das Bürger- und Gemeinderecht der Frauen und die weitere Durchführung der Gemeindewahlen (GS. 113). G. v. 18. 7. 1919 betr. vorläufige Regelung verschiedener Punkte des Gemeindeverfassungsrechts (GS. 118—124). Für Berlin gilt das G. v. 27. 4. 1920 (GS. 123) namentlich § 53, 4.

2) StO. östl, Westfalen, Rheinland § 5; Schleswig-Holstein § 6; Hannover § 19; Frankfurt § 13.

3) G v. 14. 5. 1860 (GS 237); G. v. 2. 3. 1867 (GS. 361); GewO. v. 26. 7. 1900 (RGBl. 1871) § 13; KommAbgG. v 14. 7. 1893 (GS. 152) § 96 VII. Jebens, Bürgerrecht und Bürgerrechtsgeld im PrVBl. 22, 87.

4) G. v. 1. 3. 1891 (GS. 20); G. v 30. 6. 1900 (GS. 185).

5) Abs. III ist aufgehoben durch Hess.-Nass. StO. § 93.

§ 11. Der Beschluß der Gemeindevertretung (§ 10) bedarf keiner Genehmigung oder Bestätigung von seiten des Gemeindevorstandes oder der Aufsichtsbehörde. Gegen den Beschluß der Gemeindevertretung findet die Klage im Verwaltungsstreitverfahren statt. Die Klage steht in den Fällen des § 10 auch dem Gemeindevorstande zu.

Die Klage hat in den Fällen des § 10 unter 1 und 2 keine aufschiebende Wirkung; jedoch dürfen Ersatzwahlen vor ergangener rechtskräftiger Entscheidung nicht vorgenommen werden.

§ 12. Der Bezirksausschuß[1] beschließt[2], soweit die Beschlußfassung nach den Gemeindeverfassungsgesetzen der Aufsichtsbehörde zusteht,

1) über die Zahl der aus jeder einzelnen Ortschaft einer Stadtgemeinde zu wählenden Mitglieder der Gemeindevertretung,

2) über die Vornahme außergewöhnlicher Ersatzwahlen[3] zur Gemeindevertretung oder in den Gemeindevorstand.

1) in Berlin OPräs. LVG 43 III.

2) Beschwerde an ProvR. LVG. § 121; in Berlin an den Min. Inn. LVG. § 43 III.

3) G. v. 1. 3. 1891 (GS. 20) Art. I Nr 3 unter der Herrschaft der Listenwahl regelmäßig nicht möglich

§ 13. Soweit die Bestätigung der Wahlen von Gemeindebeamten[1] nach Maßgabe der Gemeindeverfassungsgesetze den Aufsichtsbehörden zusteht, erfolgt dieselbe durch den Regierungspräsidenten[2].

Die Bestätigung kann nur unter Zustimmung des Bezirksausschusses versagt werden. Lehnt der Bezirksausschuß die Zustimmung ab, so kann dieselbe auf den Antrag des Regierungspräsidenten durch den Minister des Innern ergänzt werden[3].

Wird die Bestätigung vom Regierungspräsidenten unter Zustimmung des Bezirksausschusses versagt, so kann dieselbe auf Antrag des Gemeindevorstandes oder der Gemeindevertretung von dem Minister des Innern erteilt werden.

1) Wegen der Polizeibeamten vgl. PolG v 11. 3 1850 (GS. 265) § 4; Vdg. v. 20. 9. 1867 (GS. 1529) § 4. Erl. MinInn. v. 19. 4. 1921 (II D 1093): die Bestätigung ist bei jeder Beförderuung notwendig

2) im Stadtkreis Berlin den OPräs §§ 41 I, 43 III.

3) Abs. II fällt für den Stadtkreis Berlin weg.

§ 14. Über die Gültigkeit von Wahlen solcher Gemeindebeamten, welche der Bestätigung nicht bedürfen, beschließt, soweit die Beschlußfassung der Aufsichtsbehörde zusteht, der Bezirksausschuß [1].

1) auch in Berlin § 161. Beschwerde LVG. § 121 § 43 III.

§ 15. Beschlüsse der Gemeindevertretung oder des kollegialischen Gemeindevorstandes, welche deren Befugnisse überschreiten oder die Gesetze verletzen [1], hat der Gemeindevorstand, beziehungsweise der Bürgermeister, entstehenden Falles auf Anweisung der Aufsichtsbehörde, mit aufschiebender Wirkung, unter Angabe der Gründe, zu beanstanden. Gegen die Verfügung des Gemeindevorstandes (Bürgermeisters) steht der Gemeindevertretung, beziehungsweise dem kollegialischen Gemeindevorstande, die Klage im Verwaltungsstreitverfahren zu.

Die in den Gemeindeverfassungsgesetzen begründete Befugnis der Aufsichtsbehörden, aus anderen als den vorstehend angegebenen Gründen eine Beanstandung der Beschlüsse der Gemeindevertretung oder des kollegialischen Gemeindevorstandes herbeizuführen, wird aufgehoben.

1) Wegen der Bezirks-Versammlungen, -Ämter und Deputationen in Berlin vgl G v. 27. 4 1920 (GS. 123) §§ 27, 28.

I **§ 16.** Gemeindebeschlüsse über die Veräußerung oder wesentliche Veränderung von Sachen, welche einen besonderen wissenschaftlichen, historischen oder Kunstwert haben [1], insbesondere von Archiven oder Teilen derselben, unterliegen der Genehmigung [2] des Regierungspräsidenten.

II Hinsichtlich der Verwaltung der Gemeindewaldungen bewendet es bei den bestehenden Bestimmungen [3].

Im übrigen[4] beschließt der Bezirksausschuß[5] über die III in den Gemeindeverfassungsgesetzen der Aufsichtsbehörde vorbehaltene Bestätigung (Genehmigung[6]) von Ortsstatuten und sonstigen die städtischen Gemeindeangelegenheiten betreffenden Gemeindebeschlüssen[7].

1) ALR. I 8 § 33; KabO. v. 4. 10. 1815 (GS. 206); KabO. v. 20. 6. 1830 (GS 113); StO. altl. § 50, 2; Westfalen § 49, 2; Rheinland § 46, 2; Hannover § 119; Frankfurt § 60, 2; Schleswig-Holstein § 71, 2 Reichsvdg. v. 8. 5 1920 über den Schutz von Denkmälern und Kunstwerken (RGBl. 913). Pr. Vdg. v. 7. 2. 1921 (GS 336)

2) BGB. §§ 134, 184.

3) Aufrecht erhalten im G. v 13 5. 1918 (GS. 53) Art 2 Nr. 4. G. v 14 8. 1876 betr. die Verwaltung der den Gemeinden und öffentlichen Anstalten gehörigen Holzungen in den Provinzen Preußen, Brandenburg, Pommern, Schlesien und Sachsen (GS. 373); AusfAnw. v 21. 6. 1877 (Min.-BlInn. 259); Hannoversches G v. 10 7. 1859 (Hann GS. 59 X 725); Hann. Vdg. v 21 10. 1815 (Hagemanns Samml 15, 886); Vdg. für Westfalen und Rheinprovinz v 24 12. 1816 (GS. 1817, 57); StO. Westfalen § 54; Rheinland § 51; Instr. v 31 8 1839 für Koblenz und Trier (Kamptz Ann. 23, 14; 1840); Anw. d. OPräs. von Westf. v. 19. 5. 1857 (MinBlInn. 163); Vdg. v. 1 3. 1858 (GS. 103); G. v 11 9. 1865 (GS 989); G. v. 21 7. 1891 (GS. 330). Wegen der für Hessen-Nassau gültigen Gesetzgebung vgl Schultz, Die Forstwirtschaft, Berlin 1903, S 331; dazu G. v. 12. 10. 1897 (GS 411). Gemeinsame Gültigkeit haben KommBG. v. 30. 7. 1899 (GS. 141) § 23; Kgl. Erl v. 11. 10 1899 (MinBlInn. 203); AusfAnw. v. 12. 10. 1899 (MinBlInn 192) Art. VII; G v. 14 3. 1881 über gemeinschaftliche Holzungen (GS. 261); AusfAnw. v. 26. 4 1881 (MinBlInn 340). WaldSchG. v. 6 7 1875 (GS. 416).

4) Vgl. aber § 122 und KommAbgG. §§ 77, 78.

5) in Berlin der OPräs., in II. Instanz MinInn. LVG. § 43 I.

6) Vgl. G. v. 13. 5. 1918 (GS. 53) Art. 2 Nr. 1, 4.

7) Abs. IV, V aufgehoben durch KommAbgG. §§ 77, 96 V.

§ 17. Der Bezirksausschuß[1] beschließt[2], soweit die Beschlußfassung nach den Gemeindeverfassungsgesetzen der Aufsichtsbehörde zusteht,

1) abgesehen von den Fällen des § 15 über die zwischen dem Gemeindevorstande und der Gemeindevertretung, beziehungsweise dem Bürgermeister und dem kollegialischen Gemeindevorstande entstehenden Meinungsverschiedenheiten, wenn von einem Teile auf Entscheidung angetragen wird und zugleich die Angelegenheit nicht auf sich beruhen bleiben kann[3],

2) anstelle der Gemeindebehörden, im Falle ihrer durch widersprechende Interessen herbeigeführten Beschlußunfähigkeit,

3) anstelle der nach Maßgabe der Gemeindeverfassungsgesetze aufgelösten Gemeindevertretung.

Der Bezirksausschuß beschließt ferner anstelle der Aufsichtsbehörde:

4) über die Art der gerichtlichen Zwangsvollstreckung wegen Geldforderungen gegen Stadtgemeinden [(§ 15 zu 4 des Einführungsgesetzes zur Deutschen Zivilprozeßordnung vom 30 Januar 1877, Reichs-Gesetzbl S. 244)][4],

5) über die Feststellung und den Ersatz der Defekte der Gemeindebeamten nach Maßgabe der Verordnung vom 24. Januar 1844 (Gesetz-Samml. S. 52[5]); der Beschluß ist vorbehaltlich des ordentlichen Rechtsweges endgültig.

1) in Berlin in den Fällen Nr. 1, 3, 5 der OPräs., in II. Instanz der Min. Inn., in den Fällen Nr. 2, 5 der BezA., § 161; LVG. § 43 III.

2) Beschwerde, abgesehen von Nr 5, an den ProvR. LVG. § 121.

3) gilt in Schleswig-Holstein nicht, Bornhak PrStR. 2, 162.

4) Ersetzt durch EG. z. ZPO. § 15, 3 in der Fassung des G v 17 5. 1898 betr. Änderungen der ZPO (RGBl. 332). vgl. LVG. (Nr. 1) § 60 Anm. 4. Friedrichs, Verwaltungsrechtspflege § 645.

5) Eingeführt in den neuen Landesteilen durch Vdg., v. 23. 9. 1867 (GS. 1619) § 1 Nr. 8, in Lauenburg durch G. v. 25. 2. 1878 (GS. 97) § 1 Nr. 7

§ 18. Auf Beschwerden und Einsprüche, betreffend: I

1) das Recht zur Mitbenutzung der öffentlichen Gemeindeanstalten, sowie zur Teilnahme an den Nutzungen und Erträgen des Gemeindevermögens [1],

[2) die Heranziehung oder die Veranlagung zu den Gemeindelasten [2]],

beschließt der Gemeindevorstand.

Gegen den Beschluß findet die Klage im Verwaltungsstreitverfahren statt [3]. III

Der Entscheidung im Verwaltungsstreitverfahren unterliegen desgleichen Streitigkeiten zwischen Beteiligten über ihre in dem öffentlichen Rechte begründete Berechtigung oder Verpflichtung zu den im Absatz 1 bezeichneten [4] Nutzungen beziehungsweise Lasten [5]. IV

Die Beschwerden und die Einsprüche, sowie die Klage haben keine aufschiebende Wirkung [6].

1) StO. östl. § 52 III; Westfalen § 51 III; Rheinland § 48 V; Hannover § 37; Frankfurt § 61; Schleswig-Holstein §§ 21, 84. Stier-Somlo, Der verwaltungsrechtliche Schutz 149, 169

2) Ersetzt durch KommAbgG. §§ 69–76.

3) In Berlin ist der BezA. zuständig, Rechtsmittel § 21.

4) Nicht anwendbar nach dem G v 2. 4. 1887 betr. die durch ein Auseinandersetzungsverfahren begründeten gemeinschaftlichen Angelegenheiten (GS. 105) § 6, OVG. **44**, 65.

5) Abs. IV ist ersetzt durch KommAbgG. § 69 III.

6) Ausnahme v. LVG. § 53.

§ 19. Unterläßt oder verweigert eine Stadtgemeinde, die ihr gesetzlich obliegenden, von der Behörde innerhalb der Grenzen ihrer Zuständigkeit festgestellten Leistungen auf den Haushaltsetat zu bringen oder außerordentlich zu genehmigen, so verfügt der Regierungspräsident[1] unter Anführung der Gründe die Eintragung in den Etat, beziehungsweise die Feststellung der außerordentlichen Ausgabe.

Gegen die Verfügung des Regierungspräsidenten steht der Gemeinde die Klage bei dem Oberverwaltungsgerichte zu.

Eine Feststellung des Stadtetats durch die Aufsichtsbehörde findet fortan nicht statt; auch in den Städten von Neuvorpommern und Rügen ist jedoch eine Abschrift des Etats gleich nach seiner Feststellung durch die städtischen Behörden der Aufsichtsbehörde einzureichen.

1) in Berlin der OPräs., LVG. § 42 I.

I **§ 20.** Bezüglich der Dienstvergehen der Bürgermeister, Beigeordneten, Magistratsmitglieder und sonstigen Gemeindebeamten kommen die Bestimmungen des Gesetzes vom 21. Juli 1852[1] mit folgenden Maßgaben[2] zur Anwendung:

1) Gegen die Bürgermeister, Beigeordneten und Magistratsmitglieder, sowie gegen die sonstigen Gemeindebeamten kann anstelle der Bezirksregierung und innerhalb des

derselben bisher zustehenden Ordnungsstrafrechts[3] der Regierungspräsident Ordnungsstrafen festsetzen. Gegen die Strafverfügungen des Regierungspräsidenten findet innerhalb zwei Wochen die Beschwerde an den Oberpräsidenten, gegen den auf die Beschwerde ergehenden Beschluß des Oberpräsidenten findet innerhalb zwei Wochen die Klage bei dem Oberverwaltungsgerichte statt. In Berlin findet gegen die Strafverfügungen des Oberpräsidenten, [in den Hohenzollernschen Landen findet gegen die Strafverfügungen des Regierungspräsidenten[4]] innerhalb zwei Wochen unmittelbar die Klage bei dem Oberverwaltungsgerichte statt.

2) Gegen die Strafverfügungen des Bürgermeisters[5] findet innerhalb zwei Wochen die Beschwerde an den Regierungspräsidenten[6], und gegen den auf die Beschwerde ergehenden Beschluß des Regierungspräsidenten innerhalb zwei Wochen die Klage bei dem Oberverwaltungsgerichte statt.

3) In dem Verfahren auf Entfernung aus dem Amte wird die Einleitung des Verfahrens von dem Regierungspräsidenten beziehungsweise dem Minister des Innern verfügt und von demselben der Untersuchungskommissar ernannt; an die Stelle der Bezirksregierung beziehungsweise des Disziplinarhofes tritt als entscheidende Disziplinarbehörde erster Instanz der Bezirksausschuß[7]; an die Stelle des Staatsministeriums tritt das Oberverwaltungsgericht[8]; den Vertreter der Staatsanwaltschaft ernennt bei dem Bezirksausschusse der Regierungspräsident[9], bei dem Oberverwaltungsgerichte der Minister des Innern.

In dem vorstehend bezüglich der Entfernung aus II dem Amte vorgesehenen Verfahren ist entstehenden Falles auch über die Tatsache der Dienstunfähigkeit der Bürgermeister, Beigeordneten, Magistratsmitglieder und sonstigen Gemeindebeamten Entscheidung zu treffen.

III Gegen Mitglieder der Gemeindevertretung findet ein Disziplinarverfahren nicht statt[10].

1) Eingeführt in den neuen Provinzen durch Vdg. v 23. 9. 1867 (GS. 1613) Art I Nr. 2, in Lauenburg durch G. v. 25. 2. 1878 (GS 97) § 1 Nr. 2, beide Male mit Änderungen, welche größtenteils erledigt sind, jedenfalls hier nicht berühren; in Helgoland durch G. v 22. 3. 1891 (GS. 39).

2) LVG. § 157 Nr. 2.

3) G. v. 21. 7 1852 § 19; StO. altl. § 80; Westfalen § 82; Rheinland § 87; Hannover § 61; Frankfurt § 83; Schleswig-Holstein § 93.

4) Ersetzt durch Hohenzollernsche GemO. v. 2. 7. 1900 (GS. 189) § 107.

5) G. v. 21. 7. 1852 §§ 15, 19, 20; StO. altl § 58 III; Westfalen § 58 III; Frankfurt § 65 III; Schleswig-Holstein § 61 IV.

6) in Berlin an den OPräs. LVG. § 42 I.

7) auch in Berlin, LVG. § 43 III.

8) Disziplinarsenat, G. v. 8. 5. 1889 (Nr. 7).

9) in Berlin der OPräs, LVG. § 42.

10) Abs. IV ersetzt durch KommBG. §§ 7 I, 25.

§ 21. Zuständig in erster Instanz ist im Verwaltungsstreitverfahren für die in diesem Titel vorgesehenen Fälle, sofern nicht im einzelnen anders-bestimmt ist, der Bezirksausschuß, für den Stadtkreis Berlin[1] in den Fällen des § 8 Absatz 2, § 9 und § 15 das Oberverwaltungsgericht. Die Frist[2] zur Anstellung der Klage beträgt in allen Fällen zwei Wochen.

Die Gemeindevertretung, beziehungsweise der kollegialische Gemeindevorstand können zur Wahrnehmung ihrer Rechte im Verwaltungsstreitverfahren einen besonderen Vertreter[3] bestellen.

[Gegen die Entscheidung des Bezirksausschusses in den Fällen des § 18 unter 2 ist nur das Rechtsmittel der Revision zulässig[4]].

1) Vgl. § 161. 2) LVG. § 52.
3) Vgl. LVG. § 73 III.
4) Gegenstandslos s. § 18 Anm. 2.

§ 22. Die Bestimmungen dieses Abschnitts kommen zur Anwendung im Geltungsbereiche der Städteordnung für die sechs östlichen Provinzen vom 30. Mai 1853 (Gesetz-Samml. S. 261) auch auf die § 1 Absatz 2 daselbst erwähnten Ortschaften (Flecken),

in der Provinz Schleswig-Holstein auch auf die §§ 94 ff. des Gesetzes vom 14. April 1869 (Gesetz-Samml. S. 589) erwähnten Flecken[1].

1) Drei weitere Absätze des § 22 und § 23 sind aufgehoben durch Hess.-Nass. StO. § 93, Hohenz. GemO. § 109.

V. Titel.

Angelegenheiten der Landgemeinden und der selbständigen Gutsbezirke[1].

§ 24. Die Aufsicht des Staates über die Verwaltung der Angelegenheiten der Landgemeinden, der Ämter in der Provinz Westfalen[2] und der Bürgermeistereien in der Rheinprovinz[3], sowie der Gutsbezirke wird, unbeschadet der Vorschriften der Kreisordnungen und der in den Gesetzen geordneten Mitwirkung des Kreisausschusses und des Bezirksausschusses, in erster

Instanz von dem Landrate als Vorsitzenden des Kreisausschusses[4], in höherer und letzter Instanz von dem Regierungspräsidenten geübt[5].

Beschwerden bei den Aufsichtsbehörden in den vorbezeichneten Angelegenheiten sind in allen Instanzen innerhalb zwei Wochen anzubringen[6].

1) Der 5. Titel ist eine Novelle zu den Landgemeindeordnungen für Westfalen v. 19. 3. 1856 (GS. 265); Rheinprovinz v. 23. 7. 1845 (GS. 523) in der Fassung des G. v. 15. 5. 1856 (GS. 435); G. v. 30. 6. 1884 (GS. 307), Komm. von Rudolf Harnisch und Richard Schmidt; Hannover v. 28. 4. 1859 (Hann. GS. 393); AusfAnw. v. 28. 4. 1859 (Hann. GS. 409); Komm. v. Gostkowski; Schleswig-Holstein v. 22. 9. 1867 (GS. 1603), aber nur noch für Helgoland und für die Bauerschaften beider Dithmarschen gültig; wegen Helgolands vgl. RG. v. 6. 8. 1920 (RGBl. 1566); G. v. 11. 12. 1920 (GS 541), der Titel wird ergänzt durch KrO. für Westfalen, Rheinprovinz §§ 23—29, Hannover §§ 31—39. Ausdrücklich aufgehoben ist er durch Landgemeindeordnungen für die östlichen Provinzen v. 3. 7. 1891 (GS. 233) § 146 II; Schleswig-Holstein v. 10. 7. 1892 (GS. 154) § 146 II; Hessen-Nassau v. 4. 8. 1897 (GS. 301) § 118 II; GemO für Hohenzollern v. 2. 7. 1900 (GS. 189) § 109. Das Gemeinderecht ist fortgebildet in ZweckverbG. v. 19. 7. 1911 (GS. 115). Die Aufhebung der Gutsbezirke ist noch nicht in die Wege geleitet.

2) LGemO. §§ 4, 5, 69—77; KrO. §§ 27—29.

3) GemO §§ 7—9, 103—113, KrO. §§ 24—28.

4) KrO. östl. §§ 136, 137.

5) Zuständigkeit des Oberpräsidenten § 36, 1, des Provinzialrats, BullenhaltungsG. v. 27. 6. 1890 (GS. 217) § 5 II, des Ministers, KommAbgG. § 77 II

6) LVG. § 52.

§ 25. Der Kreisausschuß beschließt[1], soweit die Beschlußfassung nach den Gemeindeverfassungsgesetzen[2] der Aufsichtsbehörde zusteht, über die Veränderung der Grenzen der ländlichen Gemeindebezirke und der Gutsbezirke[3]. I

In den im Absatz 1 bezeichneten Fällen findet neben der Beschlußfassung des Kreisausschusses die in den Gemeindeverfassungsgesetzen vorgeschriebene Anhörung des Kreistages nicht mehr statt. An die Stelle der sonst für kommunale Bezirksveränderungen, [einschließlich der Fälle des zweiten Absatzes][3], in den Gemeindeverfassungsgesetzen vorgeschriebenen Anhörung des Kreistages tritt die Anhörung des Kreisausschusses. III

Über die infolge einer Veränderung der Grenzen der Landgemeinden und Gutsbezirke, sowie der [in Absatz 2 erwähnten][4] Ämter und Bürgermeistereien notwendig werdende Auseinandersetzung[5] zwischen den Beteiligten[6] beschließt der Kreisausschuß, vorbehaltlich der den letzteren gegen einander zustehenden Klage im Verwaltungsstreitverfahren. IV

1) Beschwerde LVG. § 121

2) Beeinflußt durch WohnungsG. v. 28. 3. 1918 (GS. 23) Art. 3.

3) Abs. II ist ersetzt durch KrO. für Westfalen und Rheinprovinz § 22.

4) Gegenstandslos nach Wegfall des Abs. III.

5) In einem besonderen Falle ausdrücklich als anwendbar bezeichnet KrO. für Rheinprovinz § 1.

6) Steuerliche Vorrechte in den eingemeindeten Ortsteilen: G. v. 25 2. 1920 (GS. 61).

§ 26. Streitigkeiten über die bestehenden Grenzen der ländlichen Gemeinde- und Gutsbezirke, sowie über die Eigenschaft einer Ortschaft als Gemeinde oder eines Guts als Gutsbezirks unterliegen der Entscheidung im Verwaltungsstreitverfahren.

Über die im ersten Absatze bezeichneten Angelegenheiten beschließt vorläufig, sofern es das öffentliche Interesse erheischt, der Kreisausschuß. Bei dem Beschluß behält es bis zur rechtskräftigen Entscheidung im Verwaltungsstreitverfahren sein Bewenden.

§ 27[1]. Die Gemeindevertretung, wo eine solche nicht besteht, der Gemeindevorstand, beschließt:

1) Auf Beschwerden und Einsprüche, betreffend den Besitz oder den Verlust der Gemeindemitgliedschaft, sowie des Gemeindebürgerrechts, des Stimmrechts in der Gemeindeversammlung, des Rechts zur Teilnahme an den Gemeindewahlen, die Zugehörigkeit zu einer bestimmten Klasse von Stimmberechtigten, die Wählbarkeit zu einer Stelle in der Gemeindeverwaltung oder Gemeindevertretung, die Ausübung des Stimmrechts durch einen Dritten, sowie über die Richtigkeit der Gemeindewählerliste[2];
2) über die Gültigkeit der Wahlen zur Gemeindevertretung;
3) über die Berechtigung zur Ablehnung oder Niederlegung einer Stelle in der Gemeindeverwaltung oder Gemeindevertretung, über die Nachteile, welche gegen Angehörige (Mitglieder) der Gemeinde wegen Nichterfüllung der ihnen nach den Gemeindeverfassungsgesetzen obliegenden Pflichten, sowie über die Strafen, welche gegen Mitglieder der Gemeindevertretung wegen Zuwiderhandlungen gegen die Geschäftsordnung oder wegen unentschuldigten Ausbleibens nach Maßgabe der Gemeindeverfassungsgesetze zu verhängen sind[4].

Einsprüche gegen die Richtigkeit der Wählerliste sind während der Dauer der Auslegung der letzteren, Einsprüche gegen die Gültigkeit der Wahlen zur Gemeindevertretung innerhalb zwei Wochen nach Bekanntmachung des Wahlergebnisses, und in allen Fällen bei dem Gemeindevorstande anzubringen[5].

1) Beeinflußt durch die zu § 10 angeführte Gesetzgebung.

2) LGemO Westfalen §§ 14—22, 78; Rheinprovinz §§ 33—43; Hannover §§ 3—17.

3) LGemO. Westfalen §§ 24—30, 76; Rheinprovinz §§ 45—58, 111; Hannover §§ 51—59.

4) LGemO. Westfalen § 78; Rheinprovinz §§ 70, 79.

5) Abs. III ist aufgehoben durch Hessen-Nassauische LGemO. § 118 II.

§ 28. Die Beschlüsse der Gemeindevertretung, beziehungsweise des Gemeindevorstandes, in den Fällen des § 27 bedürfen keiner Genehmigung oder Bestätigung von seiten des Gemeindevorstandes oder der Aufsichtsbehörde.

Gegen die Beschlüsse findet die Klage im Verwaltungsstreitverfahren statt. Die Klage steht in den Fällen des § 27, wenn der Beschluß von der Gemeindevertretung gefaßt ist, auch dem Gemeindevorstande[1], sowie in der Provinz Westfalen dem Amtmanne zu.

Die Klage hat in den Fällen des § 27 unter 1 und 2 keine aufschiebende Wirkung[2]; jedoch dürfen Neuwahlen vor ergangener rechtskräftiger Entscheidung nicht vorgenommen werden.

1) GemO. für Rheinprovinz § 76.

2) LVG. § 53

§ 29. Beschlüsse der Gemeindeversammlung, der Gemeindevertretung oder des kollegialischen Gemeindevorstandes, welche deren Befugnisse überschreiten, oder die Gesetze verletzen, hat der Gemeindevorsteher[1], in der Provinz Westfalen auch der Amtmann, entstehenden Falles auf Anweisung der Aufsichtsbehörde, mit aufschiebender Wirkung, unter Angabe der Gründe, zu beanstanden. Gegen die Verfügung des Gemeindevorstehers beziehungsweise Amtmanns steht der Gemeindeversammlung, Gemeindevertretung, beziehungsweise dem kollegialischen Gemeindevorstande die Klage im Verwaltungsstreitverfahren zu.

Die in den Gemeindeverfassungsgesetzen begründete Befugnis der Aufsichtsbehörde, aus anderen als den vorstehend angegebenen Gründen[2] eine Beanstandung von Beschlüssen der Gemeindevertretung oder des kollegialischen Gemeindevorstandes herbeizuführen, wird aufgehoben.

1) in der Rheinprovinz der Bürgermeister, GemO. § 76.

2) Westfälische LGemO. §§ 37, 76; Rheinländische GemO. §§ 88 II, 111.

§ 30. Gemeindebeschlüsse über die Veräußerung oder wesentliche Veränderung von Sachen, welche einen besonderen wissenschaftlichen, historischen oder Kunstwert haben[1], insbesondere von Archiven oder von Teilen derselben, unterliegen der Genehmigung[2] des Regierungspräsidenten.

Hinsichtlich der Verwaltung der Gemeindewaldungen bewendet es bei den bestehenden Bestimmungen[3].

1) ALR I 8 § 33; KabO v. 4. 10 1815 (GS. 206); LGemO. Westfalen § 53 Nr. 2, § 76. Reichsvdg. v. 8. 5. 1920 über den Schutz von Denkmälern und Kunstwerken (RGBl. 913). Pr. AusfVdg. v. 7. 2. 1921 (GS. 338)

2) BGB. §§ 134, 184.

3) Vgl. § 16 Anm. 3.

§ 31. Im übrigen beschließt der Kreisausschuß, so- I
weit die Beschlußfassung in den Gemeindeverfassungs-
gesetzen der Aufsichtsbörde[1] [oder — in der Provinz Hessen-
Nassau — dem Amtsbezirksrate][2] zusteht über die Be-
stätigung (Genehmigung) von Ortsstatuten[3] und sonstigen,
die ländlichen Gemeindeangelegenheiten betreffenden
Gemeindebeschlüssen, sowie über die Herbeiführung und
erforderlichen Falles Anordnung einer Ergänzung oder
Abänderung der in Ansehung [der Gemeindelasten oder][4]
des Gemeindestimmrechts bestehenden Ortsverfassung.

In den vorstehend bezeichneten Fällen findet neben II
der Beschlußfassung des Kreisausschusses die in den Ge-
meindeverfassungsgesetzen vorgeschriebene Anhörung des
Kreistages nicht mehr statt[5].

Die §§ 33 und 34 Titel 7 Teil II des Allgemeinen V
Landrechts, die Kabinettsorder vom 25. Januar 1831,
betreffend die Erwerbung von Rittergütern durch Dorf-
gemeinden oder deren Mitglieder (Gesetz-Samml. S. 5),
und der § 4 des Anhangs zur Allgemeinen Gerichts-
ordnung sind aufgehoben.

1) LGemO Westfalen §§ 12, 13; Rheinprovinz § 11

2) Aufgehoben durch LGemO. Hessen-Nassau § 118 II.

3) Vgl. aber § 122

4) KommAbgG. §§ 77, 78. Gilt aber noch wegen der Bürgermeistereilasten, RheinGemO. § 113.

5) Abs III, IV sind aufgehoben durch KommAbgG. § 77.

§ 32. Der Kreisausschuß beschließt[1], soweit die Be-
schlußfassung nach den Gemeindeverfassungsgesetzen der
Aufsichtsbehörde zusteht:

1) über die Zahl der aus jeder einzelnen Ortschaft einer Gemeinde zu wählenden Mitglieder der Gemeindevertretung[2],

2) über die Vornahme außergewöhnlicher Ersatzwahlen zur Gemeindevertretung oder in den Gemeindevorstand[3],

3) über die Vermehrung der Zahl der Mitglieder des Gemeindevorstandes, der Schöffen und der Ortsvorsteher, sowie über die Bestellung besonderer Ortsvorsteher für verschiedene Ortschaften eines Gemeindebezirks[4],

4) über die Festsetzung der Besoldungen, der Dienstunkostenentschädigungen und der baren Auslagen der [Mitglieder des Gemeindevorstandes, der Schöffen, der sonstigen Gemeindebeamten, sowie der kommissarischen Gemeindevorsteher[5]], Gutsvorsteher und sonstiger kommissarisch bestellten Beamten.

Der Kreisausschuß beschließt ferner:

5) an Stelle der Aufsichtsbehörde über die Feststellung und den Ersatz der bei Kassen und anderen Verwaltungen der Landgemeinden vorkommenden Defekte nach Maßgabe der Verordnung vom 24. Januar 1844 (Gesetz-Samml. S. 52)[6]. Der Beschluß ist vorbehaltlich des ordentlichen Rechtsweges endgültig.

1) Beschwerde LVG. § 121.

2) Rheinprovinz, G. v. 15. 5 1856 Art 14 III; GemO § 110 III.

3) LGemO. Westfalen § 28 III. Unter der Herrschaft der Listenwahl regelmäßig nicht möglich

4) LGemO. Westfalen § 42. GemO. Rhein §§ 77 108 II.

5) Die Bestimmung ist nach KommBG. § 19 Nr. 1 noch anwendbar auf die Amtleute KrO. Westfalen § 27 II, die Bürgermeister KrO. Rheinprovinz § 24 VI und die Gemeindeerheber LGemO. Westfalen § 44; GemO. Rheinprovinz § 79 Im übrigen gelten für die stellvertretenden Guts-

vorsteher KrO. Westfalen § 26 III, Hannover § 38 IV, für die Unterbeamten der Ämter und Bürgermeistereien und für alle Beamten der Gemeinden KommBG. § 18 III, alles wesentlich beeinflußt durch G. v. 8. 7. 1920 (GS. 383).

6) Eingeführt in den neuen Landesteilen durch Vdg. v 23. 9. 1867 (GS. 1619) § 1 Nr. 8, in Lauenburg durch G. v. 25. 2. 1878 (GS. 97) § 1 Nr. 7.

§ 33. Der Kreisausschuß beschließt[1], soweit die Beschlußfassung nach den Gemeindeverfassungsgesetzen der Aufsichtsbehörde zusteht:

1) abgesehen von den Fällen des § 29 über die zwischen dem Gemeindevorstande und der Gemeindevertretung oder zwischen dem Gemeindevorsteher und dem kollegialischen Gemeindevorstande entstandenen Meinungsverschiedenheiten[2],
2) an Stelle der Gemeindebehörden im Falle ihrer durch widersprechende Interessen herbeigeführten Beschlußunfähigkeit oder im Falle wiederholter Beschlußunfähigkeit[3],
3) an Stelle der, nach Maßgabe der Gemeindeverfassungsgesetze aufgelösten Gemeindevertretung[4].

Der Kreisausschuß beschließt ferner an Stelle der Bezirksregierung:

1) über die Art der gerichtlichen Zwangsvollstreckungen wegen Geldforderungen gegen Landgemeinden [(§ 15 zu 4 des Einführungsgesetzes zur Deutschen Zivilprozeßordnung vom 30. Januar 1877, Reichs-Gesetzbl. S 244)[5].]

1) Beschwerde an den BezA., LVG 121.
2) RheinGemO. §§ 88, 111.
3) RheinGemO §§ 64, 65.
4) Rheinl. G. v. 15 5 1856 Art 28.
5) Ersetzt durch EG. z. ZPO § 15, 3 in der Fassung des

G. v. 17. 5. 1898 betr. Änderungen der ZPO. (RGBl. 332). Vgl. LVG. (Nr 1) § 60 Anm. 4.

I **§ 34.** Auf Beschwerden und Einsprüche, betreffend

1) das Recht zur Mitbenutzung der öffentlichen Gemeindeanstalten, sowie zur Teilnahme an den Nutzungen und Erträgen des Gemeindevermögens[1],

2) die Heranziehung oder die Veranlagung zu den Gemeindelasten[2],

3) die besonderen Rechte oder Verpflichtungen einzelner örtlicher Teile des Gemeindebezirks oder einzelner Klassen der Gemeindeangehörigen in Ansehung der zu Nr. 1 und 2 erwähnten Ansprüche und Verbindlichkeiten[3],

beschließt der Gemeindevorstand.

II Gegen den Beschluß findet die Klage im Verwaltungsstreitverfahren statt.

III Der Entscheidung im Verwaltungsstreitverfahren unterliegen desgleichen Streitigkeiten zwischen Beteiligten über ihre in dem öffentlichen Rechte begründete Berechtigung oder Verpflichtung zu den im Absatz 1 bezeichneten Nutzungen beziehungsweise Lasten[4].

V Die Beschwerden und die Einsprüche, sowie die Klage haben keine aufschiebende Wirkung[5], [6].

1) LGemO. Westfalen § 2 III; Rheinprovinz §§ 17, 18; Hannover §§ 60—63.

2) Gilt noch in bezug auf Bürgerrechtsgelder in den nach LGemO. Hannover verwalteten Städten und auf die Heranziehung zu einer Wegeunterhaltung durch den Gemeindevorsteher nach dem in einem Teil von Hannover geltenden Anschußprinzip OVG in PrVBl. **23**, 401, 119 r. und wohl in bezug auf Naturalleistungen (im Gegensatz zu Naturaldiensten) überhaupt und auf die Bürgermeistereilasten in der Rheinprovinz, GemO. § 113.

3) RheinGemO. §§ 30, 59
4) Abs. IV ist ersetzt durch KommAbgG. § 69 III
5) Ausnahme von LVG. § 53.
6) Abs. VI ist ersetzt durch KommAbgG. § 69 IV.

§ 35. Unterläßt oder verweigert eine Landgemeinde[1] (Amt, Bürgermeisterei) oder ein Gutsbezirk die ihnen gesetzlich obliegenden, von der Behörde innerhalb der Grenzen ihrer Zuständigkeit festgestellten Leistungen auf den Haushaltsetat zu bringen oder außerordentlich zu genehmigen, beziehungsweise zu erfüllen, so verfügt der Landrat, unter Anführung der Gründe, die Eintragung in den Etat, beziehungsweise die Feststellung der außerordentlichen Ausgabe.

Gegen die Verfügung des Landrats steht der Gemeinde beziehungsweise dem Besitzer[2] des Guts die Klage bei dem Bezirksausschusse zu.

1) RheinGemO. § 87 II.

2) In Schulangelegenheiten ist der Gutsvorsteher als Kläger legitimiert SchulUntG. v. 28. 7 1906 (GS. 335) § 8 II, § 46 III

§ 36. Bezüglich der Dienstvergehen der Gemeindevorsteher, Schöffen, Mitglieder des Gemeindevorstandes und sonstigen Gemeindebeamten, sowie der Gutsvorsteher[1] kommen die Bestimmungen des Gesetzes vom 21. Juli 1852 mit folgenden Maßgaben zur Anwendung:

1) Die Befugnis, gegen die Gemeindevorsteher (Amtmänner in Westfalen, Bürgermeister in der Rheinprovinz)[2], Schöffen, Mitglieder des kollegialischen Gemeindevorstandes und sonstige Gemeindebeamten, sowie gegen Gutsvorsteher Ordnungsstrafen zu verhängen, steht dem Landrate, und im Umfange des

den Provinzialbehörden[3] beigelegten Ordnungsstrafrechts dem Regierungspräsidenten zu.

Gegen die Strafverfügungen des Landrats findet innerhalb zwei Wochen die Beschwerde an den Regierungspräsidenten, gegen die Strafverfügungen des Regierungspräsidenten innerhalb gleicher Frist die Beschwerde an den Oberpräsidenten statt.

2) Gegen die von dem Amtmann in Westfalen oder von dem Bürgermeister in der Rheinprovinz auf Grund des § 83 der Westfälischen Landgemeindeordnung vom 19. März 1856, beziehungsweise der §§ 83 und 104 der Rheinischen Gemeindeordnung vom 23. Juli 1845 gegen Unterbeamte der Gemeinden, Ämter oder Bürgermeistereien erlassenen Strafverfügungen findet innerhalb zwei Wochen die Beschwerde an den Landrat und gegen den auf die Beschwerde ergehenden Beschluß des Landrats innerhalb zwei Wochen die Beschwerde an den Regierungspräsidenten statt.

3) Gegen den auf die Beschwerde in den Fällen zu 1 und 2 in letzter Instanz ergehenden Beschluß des Regierungspräsidenten, beziehungsweise des Oberpräsidenten findet innerhalb zwei Wochen die Klage bei dem Oberverwaltungsgerichte statt[4].

4) In dem Verfahren auf Entfernung aus dem Amte wird die Einleitung des Verfahrens von dem Landrate oder von dem Regierungspräsidenten verfügt und von denselben der Untersuchungskommissar und der Vertreter der Staatsanwaltschaft ernannt. Als entscheidende Disziplinarbehörde erster Instanz tritt an die Stelle der Bezirksregierung der Kreisausschuß; an die Stelle des Staatsministeriums tritt das Ober-

verwaltungsgericht. Der Vertreter der Staatsanwaltschaft bei dem Oberverwaltungsgerichte wird von dem Minister des Innern ernannt.

In dem vorstehend zu 4 vorgesehenen Verfahren ist entstehenden Falles auch über die Tatsache der Dienstunfähigkeit der ländlichen Gemeindebeamten Entscheidung zu treffen[6].

1) Anwendbar auf Schulverbandsvorsteher SchulUntG. v. 28. 7. 1906 (GS. 335) § 52 V; die Mitglieder des Vorstandes und die Beamten der Haubergsgenossenschaften in dem Kreise Siegen G. v. 17. 3. 1879 (GS. 228) § 33; dem Dillkreis und dem Oberwesterwaldkreis G. v. 4. 6. 1887 (GS. 289) § 33; und im Kreise Altenkirchen G. v. 9. 4. 1890 (GS. 55) § 35; die Kreisbeamten in Westfalen KrO. § 79 Nr. 3; Rheinprovinz KrO. § 79 Nr. 3; und Hannover KrO. § 91 Nr. 3, aber nicht auf die Beamten der Gutsvorsteher.

2) Gegen Ehrenamtmänner und Ehrenbürgermeister ist in I. Instanz der KrA., in II. Instanz der BezA. zuständig KrO. Westfalen § 27 III; Rheinprovinz § 24 VII.

3) G. v. 21. 7. 1852 § 3.

4) Der zweite Absatz dieser Nummer ist aufgehoben durch GemO. v. 2. 7. 1900 § 109 II, ersetzt durch § 107 I.

5) G. v 21. 7. 1852 § 95.

6) Der Schlußabsatz ist ersetzt durch KommBG. § 7.

§ 37. Zuständig in erster Instanz ist im Verwaltungsstreitverfahren für die in diesem Titel vorgesehenen Fälle, sofern nicht im einzelnen anders bestimm ist, der Kreisausschuß. Die Frist zur Anstellung der Klage beträgt in allen Fällen zwei Wochen.

Die Gemeindeversammlung[1], die Gemeindevertretung, beziehungsweise der kollegialische Gemeindevorstand können zur Wahrnehmung ihrer Rechte im Verwaltungsstreitverfahren einen besonderen Vertreter bestellen.

1) Amtsversammlung LGemO Westfalen §§ 75, 76; Bürgermeistereiversammlung GemO. Rheinprovinz §§ 110, 111

§ 38[1].

1) Nr. 1—6 aufgehoben durch GemO. Hessen-Nassau § 118. Nr. 7—8 aufgehoben durch LGemO. Hohenzollern § 109 II.

VI. Titel.

Armenangelegenheiten[1].

§ 39. Streitigkeiten zwischen Armenverbänden wegen öffentlicher Unterstützung Hilfsbedürftiger werden im Verwaltungsstreitverfahren entschieden.

Zuständig in erster Instanz ist der Bezirksausschuß.

Im übrigen behält es bei den Bestimmungen des Reichsgesetzes über den Unterstützungswohnsitz [vom 6. Juni 1870][1] sein Bewenden[2].

1) Der VI. Titel bildet Ausführungsvorschriften zum BG v 6. 6. 1870 über den Unterstützungswohnsitz, jetzt gültig in der Fassung der Bekanntmachung v. 30. 5. 1908 (RGBl. 381), und eine Novelle zu dem Preuß. AusfG. v 8. 3. 1871 (GS. 130) und dem Lauenb. AusfG v 24. 6 1871 (Off. Wochenbl. 183), er ist durch das G v 11 7. 1891 (GS. 300) v. 23. 7. 1912 (GS. 195) und v. 6. 5 1920 (GS. 280) nicht berührt worden. Kommentare von Eger, Wohlers-Krech-Baath (14. Aufl. 1917) und in Oppenhoff, Ressortverhältnisse (2) S 438.

2) Regulativ v. 6 1 1873 zur Ordnung des Geschäftsganges bei dem Bundesamt für das Heimatwesen (RZentr.-Bl. 4).

§ 40. Der Bezirksausschuß beschließt endgültig[1] über die Bestätigung der in den §§. 8, 9, 10 und 12 des Gesetzes betreffend die Ausführung des Bundesgesetzes über den Unterstützungswohnsitz, vom 8. März 1871 (Gesetz-Samml. S. 130) und des betreffenden Lauenburgischen Gesetzes vom 24 Juni 1871 (Offizielles Wochenbl. S. 183) gedachten Statuten zur Regelung der Armenpflege in den nicht ausschließlich im Eigentum des Gutsbesitzers stehenden Gutsbezirken und in den Gesamtarmenverbänden[2], sowie über die Genehmigung zur Wiederauflösung von Gesamtarmenverbänden (§ 14 a. a. O.).

Soweit die Feststellung der Statuten bisher dem Kreistage oblag, erfolgt dieselbe fortan durch den Kreisausschuß.

Ist den Statuten die Bestätigung wiederholt versagt worden, so stellt der Bezirksausschuß dieselben endgültig fest.

1) Vgl. LVG § 126.

2) Die Gesamtarmenverbände sind Zweckverbände G. v. 19. 7. 1911 (GS. 115) § 8 I, II

§ 41. Beschwerden von Armen gegen Verfügungen von Ortsarmenverbänden darüber, ob, in welcher Höhe und in welcher Weise Armenunterstützungen zu gewähren sind (§. 63 des Gesetzes vom 8. März und §. 51 des Gesetzes vom 24. Juni 1871), unterliegen:

1) sofern eine Stadt von mehr als 10000 Einwohnern[1] an dem Armenverbande beteiligt ist, der endgültigen[2] Beschlußfassung des Bezirksausschusses;
2) andernfalls der endgültigen Beschlußfassung des Kreisausschusses.

Desgleichen unterliegen Beschwerden von Armen gegen Verfügungen von Landarmenverbänden[3] über die Art

und Höhe der Unterstützung der endgültigen Beschlußfassung des Bezirksausschusses, sofern die Landarmenverbände nur aus einem Kreise bestehen.

1) Einwohner § 162.

2) LVG. § 126.

3) Landarmenverbände: Provinz Ostpreußen (nur wegen der Landarmen- und Besserungsanstalt Tapiau und den Verpflichtungen aus Ausf. UntWohnsG. §§ 31, 34 II, 38 und dem G. v. 11. 7 1891) sowie sämtliche Stadt- und Landkreise wegen der übrigen Verpflichtungen Rgl. v. 26. 7. 1864 (GS. 621); Provinz Westpreußen Vdg. v. 11. 9. 1867 (GS. 1709); Provinz Brandenburg Vdg. v. 25. 2. 1878 (GS. 94) und Vdg v. 20. 4 1878 (GS. 143); Stadtkreis Berlin; G. v. 27. 4. 1920 (GS. 123) § 34 Provinz Pommern Vdg. v. 27 12 1876 (GS. 1877, 2), Vdg. v. 15. 3. 1877 (GS. 95); Provinz Posen Vdg. v. 29. 7. 1871 (GS. 329); Schlesien, umfassend die Provinzen Ober- und Nieder-Schlesien ohne Breslau, und Stadtkreis Breslau Vdg. v. 16. 12 1878 (GS. 91); G v. 14. 10. 1919 (GS 169) OVG. **45**, 112; Provinz Sachsen Vdg. v. 2 10. 1871 (GS. 473), Erl. v. 10. 6 1870 (GS. 243), Vdg v. 16. 3 1878 (GS. 127); Provinz Schleswig-Holstein ohne Lauenburg, und Kreis Herzogtum Lauenburg Preuß AusfG. UntWohnsG. § 26, Lauenb AusfG. § 19, Vdg v. 1. 9. 1871 (GS. 377); Helgoland G. v. 31. 3 1909 (GS. 27); Provinz Hannover Ausf. UntWohnsG. § 26, Vdg. v. 1. 8. 1871 (GS. 325); Provinz Westfalen Vdg. v. 15. 9. 1871 (GS. 461); Bezirksverbände Cassel Vdg v. 29. 7. 1871 (GS. 324) und Wiesbaden mit Frankfurt Vdg. v. 4. 9. 1871 (GS. 378); EinfG. v. 8. 6. 1885 zur ProvO. (GS. 242) Art. VIII; Ausf. UntWohnsG. § 26; Rheinprovinz Vdg. v. 2. 10. 1871 (GS. 477); Hohenzollern Ausf UntWohnsG. § 26, Vdg. v. 16. 9. 1874 (GS. 311).

§ 42. Beschwerden von Ortsarmenverbänden gegen Verfügungen der Landarmenverbände darüber, ob, in welcher Höhe und in welcher Weise Beihilfen zu gewähren sind (§. 36 des Gesetzes vom 8. März 1871), unterliegen der endgültigen Beschlußfassung des Provinzialrats.

§ 43. Der Kreis-(Stadt-)Ausschuß beschließt:

1) an Stelle der in den §§. 60 bis 62 des Gesetzes vom 8. März 1871 und in den §§. 48 bis 50 des Lauenburgischen Gesetzes vom 24. Juni 1871 bezeichneten Kreiskommission über Streitigkeiten zwischen Armenverbänden im schiedsrichterlichen oder sühneamtlichen Vermittlungsverfahren[1];
2) an Stelle des Landrats, beziehungsweise des städtischen Gemeindvorstandes, auf den Antrag eines Armenverbandes gegen die zur Unterstützung eines Hilfsbedürftigen verpflichteten Angehörigen gemäß § 65[2] beziehungsweise § 53 a. a. O.

Die Beschlüsse des Kreis-(Stadt-)Ausschusses sind, vorbehaltlich des ordentlichen Rechtsweges im Falle zu 2, endgültig.

1) Für Hohenzollern ersetzt durch Amts- und LandesO. v. 2. 7 1900 (GS. 228) § 43 I Nr. 5.

2) in der Fassung des G v. 11. 7. 1891 Art. II.

§ 44. Auf Beschwerden und Einsprüche, betreffend I

1) die Verpflichtung zur Teilnahme an den Lasten der Armenpflege in Gutsbezirken und in Gesamtarmenverbänden[1] (§§. 8ff. des Gesetzes vom 8. März 1871),
2) die Heranziehung oder Veranlagung zu den Lasten der Landarmenverbände[2] (§. 29 a. a. O.),

beschließt in den Fällen zu 1 der Gutsvorsteher, beziehungsweise der Vorsitzende der Vertretung des Gesamtarmenverbandes, in den Fällen zu 2 der Vorstand des Landarmenverbandes.

II Gegen den Beschluß findet innerhalb zwei Wochen die Klage im Verwaltungsstreitverfahren statt. Zuständig ist in den Fällen zu 1 der Kreisausschuß, in den Fällen zu 2 der Bezirksausschuß. Gegen die Entscheidung des Bezirksausschusses ist in allen Fällen nur das Rechtsmittel der Revision zulässig.

III Einsprüche gegen Zuschläge zu den direkten Staatssteuern, welche sich gegen den Prinzipalsatz der letzteren richten, sind unzulässig.

IV Die Beschwerden und die Einsprüche, sowie die Klage haben keine aufschiebende Wirkung. Dieselben stehen in den Fällen zu 2 nur den unmittelbar zur Aufbringung der Kosten der Landarmenpflege herangezogenen einzelnen Verbänden, Kreisen und Gemeinden zu.

1) Nicht anwendbar auf die Gesamtarmenverbände, welche als Ämter, Bürgermeistereien und Samtgemeinden einen Kommunalverband bilden, noch auf diejenigen, welche als Zweckverbände verwaltet werden KommAbgG. §§ 67, 69. Vgl. § 40 Anm. 2.

2) Vgl. aber AusfG. § 28; Kreis- und ProvAbgG. v. 23. 4. 1906 (GS. 159). Die Bestimmung ist jedenfalls für den Landarmenverband Schlesien gültig geblieben, da dieser keinen Kommunalverband bildet. Das OVG. **45**, 3 nimmt aber an; daß gesonderte Rechtsmittel eingelegt werden müssen, wenn Landarmen- und Provinzial-Abgaben gleichzeitig ausgeschrieben werden.

VII. Titel.

Schulangelegenheiten [1].

§ 45 [2].

1) Der VII. Titel bildet eine Novelle zu den Volksschulgesetzen, welche ihrerseits durch eine Reihe neuer Gesetze ergänzt werden, darunter G. v. 26. 5. 1887, betr. die Fest-

stellung von Anforderungen für Volksschulen (Nr. 11), in Posen nicht gültig; G. v. 28. 7. 1906, betr. die Unterhaltung der öffentlichen Volksschulen (GS. 335). Volksschullehrer-DiensteinkommenG. v. 17. 12. 1920 (GS. 623); Volksschullehrer-AltruhegehaltsG. v. 17. 12. 1920 (GS. 655).

2) Der § 45 ist ersetzt zunächst durch G. v. 3. 3. 1897 (GS. 25) § 18 VI. § 20 Nr. 2, jetzt durch Volksschullehrer-DiensteinkommenG. v. 17. 12. 1920 (GS. 623) § 17 Abs. (4).

§ 46[1]. Auf Beschwerden und Einsprüche, betreffend die Heranziehung zu Abgaben und sonstigen nach öffentlichem Rechte zu fordernden Leistungen für Schulen, welche der allgemeinen Schulpflicht dienen, beschließt, vorbehaltlich der Bestimmungen des § 47, die örtliche Behörde, welche die Abgaben und Leistungen für die Schule ausgeschrieben hat (Vorstand des Schulverbandes, der Schulgemeinde, Schulsozietät, Schulkommune zc). I

Gegen den Beschluß findet innerhalb zwei Wochen die Klage im Verwaltungsstreitverfahren statt. II

Der Entscheidung im Verwaltungsstreitverfahren unterliegen desgleichen Streitigkeiten zwischen Beteiligten über ihre in dem öffentlichen Rechte begründete Verpflichtung zu Abgaben und Leistungen für Schulen, welche der allgemeinen Schulpflicht dienen. III

Zuständig in erster Instanz ist im Verwaltungsstreitverfahren der Kreisausschuß und, sofern es sich um Stadtschulen handelt, der Bezirksausschuß. IV

Die Entscheidung über streitige Abgaben und sonstige nach öffentlichem Rechte zu fordernde Leistungen für Schulen der bezeichneten Art oder für deren Beamte, sowie über streitiges Schulgeld für solche Schulen nach §. 15 des Gesetzes über die Erweiterung des Rechtsweges V vom 24. Mai 1861 (Gesetz-Samml. S. 241) erfolgt fortan im Verwaltungsstreitverfahren.

VI Einsprüche gegen die Höhe von Zuschlägen für Schulzwecke zu den direkten Staatssteuern, welche sich gegen den Prinzipalsatz der letzteren richten, sind unzulässig.

VII Die Beschwerden und die Einsprüche, sowie die Klage haben keine aufschiebende Wirkung.

VIII Die Vorschriften dieses Paragraphen finden auf solche Abgaben und Leistungen für Schulen, welche zu den Gemeindelasten [(§§ 18, 34)][2] gehören, keine Anwendung.

1) Gilt nur noch in Westpreußen und Posen, für alle anderen Provinzen aufgehoben G. v. 28. 7 1906 (GS. 335) §§ 7 I, 63. 70, gilt aber noch wegen der Ansprüche an Dritte, die nach öffentlichem Recht zu Leistungen an den Eigenschulverband verpflichtet sind und wird überhaupt zur Ergänzung von Sachen des neuen Rechts verwertet, OVG. **61**, 60. 64. 69; gilt ferner wegen der Gesamtschulverbände, G. v. 28. 7. 1906 § 54 VIII, OVG. **63**, 211, da diese unberührt bleiben vom ZweckverbandsG. v. 19. 7. 1911 (GS. 115) § 8 III. Wegen der Beiträge der Schulverbände zur Landesschulkasse vgl. Volksschullehrer-DiensteinkommenG. § 37 (3).

2) Jetzt KommAbgG. § 69.

I **§ 47**[1]. Über die Anordnung von Neu- und Reparaturbauten bei Schulen, welche der allgemeinen Schulpflicht dienen, über die öffentlich-rechtliche Verpflichtung zur Aufbringung der Baukosten[2], sowie über die Verteilung derselben auf Gemeinden (Gutsbezirke), Schulverbände und Dritte, statt derselben oder neben denselben Verpflichtete beschließt, sofern Streit entsteht, die Schulaufsichtsbehörde[3].

II Gegen den Beschluß findet die Klage im Verwaltungsstreitverfahren statt. Dieselbe ist, soweit der in Anspruch Genommene zu der ihm angesonnenen Leistung aus Gründen des öffentlichen Rechts statt seiner einen Anderen für verpflichtet erachtet, zugleich gegen diesen zu richten.

Auch im übrigen unterliegen Streitigkeiten der Be- III
teiligten (Absatz 1) darüber, wem von ihnen die öffentlich-rechtliche Verbindlichkeit zum Bau oder zur Unterhaltung einer der Erfüllung der allgemeinen Schulpflicht dienenden Schule obliegt, der Entscheidung im Verwaltungsstreitverfahren.

Die Klage ist in den Fällen des zweiten Absatzes IV
innerhalb zwei Wochen anzubringen. Die zuständige Behörde kann zur Vervollständigung der Klage eine angemessene Nachfrist gewähren. Durch den Ablauf dieser Fristen wird jedoch die Klage im Verwaltungsstreitverfahren auf Erstattung des Geleisteten gegen einen aus Gründen des öffentlichen Rechts verpflichteten Dritten nicht ausgeschlossen.

Zuständig im Verwaltungsstreitverfahren ist in erster V
Instanz der Kreisausschuß und, sofern es sich um Stadtschulen handelt, der Bezirksausschuß.

1) Der § 47 gilt in Westpreußen und Posen in vollem Umfange. Für das übrige Preußen ist er durch G. v. 28. 7. 1906 (GS. 335) in seiner praktischen Bedeutung eingeschränkt, aber nicht aufgehoben, OVG. **57**, 229 und wird wie § 46 zur Ergänzung von Lücken des neuen Rechts benutzt, OVG. **61**, 69.

2) Aufrecht erhalten im EG. z. BGB. Art. 132.

3) Regierung, Abt. des Innern jetzt für Kirchen und Schulen RegInstr. v. 23. 10. 1817 (GS. 248) § 2 Nr. 6, § 18; KabO. v. 31. 12. 1825 (GS. 1826, 6) unter D II 1. OVG. **45**, 212.

§ 48 [1]. Unterläßt oder verweigert ein Schulverband (Schulgemeinde, Schulsozietät, Schulkommune ꝛc.) bei Schulen, welche der allgemeinen Schulpflicht dienen, in anderen als den im § 47 Absatz 1 bezeichneten Fällen die ihm nach öffentlichem Rechte obliegenden, von der Behörde innerhalb der Grenzen ihrer Zuständigkeit festgestellten Leistungen auf den Haushaltsetat zu bringen oder außerordentlich zu genehmigen beziehungsweise zu erfüllen, so verfügt der Landrat und, sofern es sich um Stadtschulen handelt, der Regierungspräsident die Eintragung in den Etat beziehungsweise die Feststellung der außerordentlichen Ausgabe.

Gegen die Verfügung des Landrats steht dem Schulverbande die Klage bei dem Bezirksausschusse, gegen die Verfügung des Regierungspräsidenten die Klage bei dem Oberverwaltungsgerichte zu. Dabei finden die Bestimmungen des § 47 Absatz 2 Satz 2 und Absatz 4 sinngemäße Anwendung.

1) Die Anwendbarkeit des § 48 ist im G. v. 28. 7 1906 (GS. 335) § 54 VIII auf die Schulverbände ausgedehnt, OVG 69, 256 im übrigen aber beseitigt, da § 48 sich auf Schulen der politischen Gemeinden nicht bezog; in Westpreußen und Posen gilt § 48 unverändert fort G v 28. 7 1906 § 70.

§ 49. Die Vorschriften des § 47 finden auch Anwendung, wenn die Schule mit der Küsterei verbunden ist[1].

Für die im Verwaltungsstreitverfahren nach § 47 zu treffenden Entscheidungen sind die von den Schulaufsichtsbehörden innerhalb ihrer gesetzlichen Zuständigkeit getroffenen allgemeinen Anordnungen über die Ausführung von Schulbauten maßgebend[2]

Die der Schulaufsichtsbehörde nach Maßgabe des Gesetzes zustehende Befugnis zur Einrichtung neuer oder Teilung vorhandener Schulsozietäten bleibt unberührt[3].

1) Vgl. G. v. 28. 7. 1906 (GS. 335) §§ 29, 30. III. VolksschullehrerdiensteinkommenG. v. 17. 12 1920 (GS. 623) § 16. Martinius in PrVBl. 34, 441.

2) Erlaß UntMin v. 20. 12. 1902 betr. den Bau und die Errichtung ländlicher Volksschulhäuser (MinBlMed. 1903, 14); wegen der Lehrerwohnungen vgl. G. v. 3. 3. 1897 (GS. 25) § 14; Erl. UntMin. v. 6. 1. 1903, betr. die bauliche Unterhaltung der Lehrerdienstwohnungen (ZBlUnt. 227).

3) RegInstr. v. 23. 10. 1817 § 18k. G. v. 28. 7. 1906 (GS, 335) § 3.

VIII. Titel.

Einquartierungsangelegenheiten.

§ 50. Über die Bestätigung von Gemeindebeschlüssen oder Ortsstatuten wegen Verteilung der [Quartierleistungen[1] und sonstigen] Naturalleistungen (Vorspann, Naturalverpflegung, Fourage), ([§. 7 Absatz 3 bis 5 des Gesetzes vom 25. Juni 1868, betreffend die Quartierleistungen für die bewaffnete Macht während des Friedenszustandes, Bundes-Gesetzbl. S. 523, und[1]] § 7 Absatz 2 des Gesetzes über die Naturalleistungen für die bewaffnete Macht im Frieden [vom 13. Februar 1875, Reichs-Gesetzbl. S. 52[2]]) beschließt der Kreisausschuß, in Städten der Bezirksausschuß[3].

Der Kreisausschuß beschließt über die Festsetzung des Umfangs der Quartierleistung für solche Gutsbezirke, welche eine Vereinigung mit einer Gemeinde nicht abgeschlossen haben (§. 7 letzter Absatz des Gesetzes vom 25. Juni 1868).

1) Jetzt gilt KommAbgG. v. 14. 7. 1893 auf Grund OLG. §§ 7 IV, 18; vgl. RG. v. 21. 6. 1887 (RGBl. 245). Im WehrG. v. 23. 3. 1921 (RGBl. 329) § 48 wird dies Gesetz wie die übrigen hier erwähnten nicht berührt.

2) Jetzt in der Fassung des RG. v. 24. 5. 1898 (RGBl. 360); vgl. AusfVdg. v. 13. 7. 1898 (RGBl. 921).

3) in Berlin der OPräs. LVG. § 43 III.

§ 51. Werden gegen die für die Verteilung der Quartierleistungen aufgestellten Kataster (§. 6 Absatz 4 des Gesetzes vom 25. Juni 1868) innerhalb der gesetzlich bestimmten Frist von 21 Tagen Einwendungen erhoben, so hat hierüber in betreff der Städte der Gemeindevorstand, in betreff der übrigen Ortschaften der Kreisausschuß zu beschließen.

Gegen den Beschluß findet innerhalb zwei Wochen die Beschwerde an den Bezirksausschuß [1] statt.

Der Beschluß des Bezirksausschusses ist endgültig [2].

1) in Berlin OPräs. LVG. § 43 III.

2) LVG. § 126.

IX. Titel.

Sparkassenangelegenheiten [1].

§ 52. Die Errichtung von Sparkassen durch Kreise, Stadt- und Landgemeinden, und andere über den Umfang eines Kreises nicht hinausgehende kommunale Verbände bedarf der staatlichen Genehmigung auch in denjenigen Landesteilen, in welchen eine solche bisher nicht vorgeschrieben war.

Diese Genehmigung, sowie die Bestätigung der bezüglichen Statuten steht dem Oberpräsidenten zu. Die Genehmigung (Bestätigung) darf nur unter Zustimmung des Provinzialrats versagt werden[3]. Ingleichen bedarf es der Zustimmung des Provinzialrats zu Statutenänderungen und zur Auflösung von Sparkassen, soweit solche der Oberpräsident nach bestehendem Rechte gegen den Willen der Kreise, Gemeinden oder sonstigen Verbände vorzunehmen ermächtigt ist.

1) Regl. v. 12. 12. 1838 (GS. 1839, 5); KommBG. v. 30. 7. 1899 (GS. 141) § 8 II. v. Knebel-Döberitz, Sparkassenwesen in Preußen; Friedrichs, heutige Recht der Gemeindesparkassen (1921).

2) Größere Verbände bedürfen der Genehmigung des Staatsministeriums (an Stelle des Königs) Regulativ § 21, OVG. **75**, 228. Bornhak, Pr. Staatsrecht **2**, 390—397 und in VerwArch. **23**, 426; Rietsch in VerwArch. **24**, 86.

3) Für Berlin vgl. LVG. § 43 I.

§ 53. Die Aufsicht über die Verwaltung der im § 52 bezeichneten Sparkassen wird durch die geordneten Kommunalaufsichtsbehörden geübt[1].

Wo bezüglich dieser Verwaltung in bestehenden Gesetzen oder in den Statuten eine ausdrückliche staatliche Genehmigung vorgeschrieben ist, erteilt dieselbe der Regierungspräsident, in Berlin der Oberpräsident. Die Versagung der Genehmigung darf nur unter Zustimmung des Bezirksausschusses erfolgen.

1) §§ 7, 24. KrO. östl. § 177; Hannover § 104; Hessen-Nassau § 105; Westfalen, Rheinland § 92; Schleswig-Holstein § 140.

X. Titel.

Synagogengemeindeangelegenheiten.

§ 54. Der Bezirksausschuß[1] entscheidet auf Klagen Einzelner wegen der ihnen, als Mitgliedern einer Synagogengemeinde, [oder auf Grund des Gesetzes vom 28. Juli 1876, betreffend den Austritt aus den jüdischen Synagogengemeinden (Gesetz-Samml. S. 353)[2]], zustehenden Rechte und obliegenden Verpflichtungen zu Abgaben und Leistungen.

1) im Stadtkreis Berlin LVG. § 43.

2) aufgehoben durch G. v 30. 11. 1920 (GS. 1921, 119) § 5, vgl. Verf. v. 30. 11. 1920 (GS. 543) Art. 76.

XI. Titel.

Wegepolizei[1].

§ 55. Die Aufsicht über die öffentlichen Wege und deren Zubehörungen, sowie die Sorge dafür, daß den Bedürfnissen des öffentlichen Verkehrs in bezug auf das Wegewesen Genüge geschieht, verbleibt in dem bisherigen Umfange[2] den für die Wahrnehmung der Wegepolizei zuständigen Behörden[3]. Sind dazu Leistungen erforderlich, so hat die Wegepolizeibehörde den Pflichtigen zur Erfüllung seiner Verbindlichkeit binnen einer angemessenen Frist aufzufordern und, wenn die Verbindlichkeit nicht bestritten wird, erforderlichen Falles mit den gesetzlichen Zwangsmitteln anzuhalten. Auch ist die zuständige Wegepolizeibehörde befugt, das zur Erhaltung des gefährdeten oder zur Wiederherstellung des unterbrochenen Verkehrs Notwendige, auch ohne vorgängige Aufforderung des Verpflichteten, für Rechnung desselben in Ausführung bringen zu lassen, wenn dergestalt Gefahr im Verzuge ist, daß die Ausführung der vorzunehmenden Arbeit durch den Verpflichteten nicht abgewartet werden kann.

1) Die fortdauernde Geltung der §§ 55 – 57 ist anerkannt in der WegeO. für Sachsen v. 11. 7. 1891 (GS 316) § 42 II; Westpreußen v. 27. 9. 1905 (GS. 357) § 40 II

Posen v. 15. 7. 1907 (GS. 243) § 39 II. Ostpreußen v. 10. 7. 1911 (GS. 99) § 39 II. RBez. Kassel G. 25. 8. 1909 (GS. 741) § 10. Vgl. Germershausen, Das Wegerecht und die Wegeverwaltung in Preußen, 2 Bde; (3. Aufl. 1907). Kluckhuhn, Das Recht der Wirtschaftswege und sonstigen Zweckgrundstücke; Ecker, Rheinisches Wegerecht. v. Brauchitsch, Verwaltungsgesetze, 4. Bd. v. Holtz, (1917). Friedrichs in Stier-Somlos Handbuch Bd. 2; Zorn in Stengel-Fleischmanns Wörterbuch 3, 896—909 Bering (1894) Friedenthal (1906) Guba (1917) Lassar (1919) Loomann (1917). Die Vorschriften des XI. Titels werden ergänzt durch § 158.

2) Ortspolizeibehörde, Amtsvorsteher KrO. östl. § 59 Nr. 1, Schleswig-Holstein § 51 Nr. 1, § 145; Landrat und sein Hilfsbeamter auf Helgoland G. v. 18. 2. 1891 (GS. 11) § 4; Distriktskommissar in Posen, Amtmann in Westfalen LGemO. § 74; Bürgermeister in der Rheinprovinz KrO. § 28; in Hohenzollern GemO. § 71; in Hessen-Nassau; im RegBez. Kassel auch der Gutsvorsteher KrO. § 27; LGemO. §§ 63, 64, 95. Zuständig für Chausseen, KabO. v. 17. 3. 1839 in der Fassung des G. v. 20. 6. 1887 (GS. 301), ist in bezug auf die (höhere) Baupolizei der RegPräs. RegInstr. v. 23. 10. 1817 § 3 Nr. 2e; KabO. v. 31. 11. 1825, D II 1; LVG. § 18; auf die (niedere) Verkehrspolizei der Landrat, in den Städten die Ortspolizeibehörde Regl. v. 7. 6. 1844 (GS. 167) § 10 II, auf die Sicherheit die Ortspolizeibehörde.

3) Geltung eingeschränkt in bezug auf Anlegung von Wegen in Schleswig-Holstein durch § 58; für Kurhessen durch KrO. Hessen-Nassau v. 7. 6. 1885 (GS. 193); für Hannover durch § 60; aber nicht in den Kreisen Teltow und Niederbarnim, Zauch-Belzig und Osthavelland, trotz G. v. 12. 6. 1889 (Nr. 9).

§ 56[1]. Gegen die Anordnungen der Wegepolizeibehörde[2], welche den Bau und die Unterhaltung der I öffentlichen Wege oder die Aufbringung und Verteilung der dazu erforderlichen Kosten oder die Inanspruchnahme von Wegen für den öffentlichen Verkehr betreffen, findet als Rechtsmittel innerhalb zwei Wochen[3] der Einspruch an die Wegepolizeibehörde statt.

II Wird der Einspruch der Vorschrift des ersten Absatzes zuwider innerhalb der gesetzlichen Frist bei denjenigen Behörden erhoben, welche zur Beschlußfassung oder Entscheidung auf Beschwerden gegen Beschlüsse oder Verfügungen der Wegepolizeibehörde zuständig sind, so gilt die Frist als gewahrt.

III Der Einspruch ist in solchen Fällen von den angerufenen Behörden an die Wegepolizeibehörde zur Beschlußfassung abzugeben.

IV Über den Einspruch hat die Wegepolizeibehörde zu beschließen. Gegen den Beschluß findet die Klage im Verwaltungsstreitverfahren statt. Dieselbe ist, soweit der in Anspruch Genommene zu der ihm angesonnenen Leistung aus Gründen des öffentlichen Rechts statt seiner einen Anderen für verpflichtet erachtet, zugleich gegen diesen zu richten. In dem Verwaltungsstreitverfahren ist entstehenden Falles auch darüber zu entscheiden, ob der Weg für einen öffentlichen zu erachten ist.

V Auch im übrigen unterliegen Streitigkeiten der Beteiligten darüber, wem von ihnen die öffentlich-rechtliche Verpflichtung zur Anlegung oder Unterhaltung eines öffentlichen Weges obliegt, der Entscheidung im Verwaltungsstreitverfahren.

VI Die Klage ist in den Fällen des vierten Absatzes innerhalb zwei Wochen[4] anzubringen. Die zuständige Behörde kann zur Vervollständigung der Klage eine angemessene Nachfrist gewähren. Durch den Ablauf dieser Fristen wird jedoch die Klage im Verwaltungsstreitverfahren auf Erstattung des Geleisteten gegen einen aus Gründen des öffentlichen Rechts verpflichteten Dritten nicht ausgeschlossen.

Zuständig im Verwaltungsstreitverfahren ist in erster Instanz der Kreisausschuß, in Stadtkreisen, in Städten mit mehr als 10 000 Einwohnern[4], und, sofern es sich um Chausseen handelt, oder ein Provinzialverband, Landeskommunal- oder Kreiskommunalverband als solcher, oder — in der Provinz Hannover — ein Wegeverband[5] beteiligt ist, oder wenn die Klage gegen Beschlüsse des Landrats gerichtet ist, der Bezirksausschuß[6]. VII

Wird ein Weg im Verwaltungsstreitverfahren für einen öffentlichen erklärt, so bleibt demjenigen, welcher privatrechtliche Ansprüche auf den Weg geltend macht, der Antrag auf Entschädigung gegen den Wegebauverpflichteten im ordentlichen Rechtswege nach Maßgabe des § 4 des Gesetzes vom 11. Mai 1842 (Gesetz-Samml. S. 192) vorbehalten[7]. VIII

1) Der Paragraph ist aufrecht erhalten in den zu § 55 Anm. 1 aufgeführten Gesetzen und in Hann. G. v. 28. 7. 1851 über die Gemeindewege und Landstraßen in der Fassung des Preuß. G. v. 24. 5. 1894 (GS. 82) § 7. Er bildet eine Ausnahme von LVG. §§ 127, 130, untersteht aber den Regeln LVG. §§ 132, 133. Nicht anwendbar auf die Reinigung, G. v. 1. 7. 1912 (GS. 187) § 11. Erl. v. Hecht.

2) s. § 55 Anm. 2. 3) LVG. §§ 52, 53.

4) § 162.

5) KrO. Hannover v. 6. 5. 1884 (GS. 181) § 111.

6) Mit der Zulässigkeit des VerwStrV. wird der Rechtsweg, und damit auch die Anwendung des G. v. 11. 5. 1842 (GS. 192) § 5 ausgeschlossen GVG. § 13.

7) Der Abs. VIII ist gegenstandslos, weil das VerwStrV. nur deklaratorischen und nicht konstitutiven Charakter hat und deshalb keinen Eingriff im Sinne des § 4 a. a. O. bedeutet.

§ 57. Über Einziehung oder Verlegung öffentlicher Wege beschließt — vorbehaltlich der in den §§ 58 und 60 für die Provinzen Schleswig-Holstein und Hannover im Anschluß an die dortige Wegegesetzgebung getroffenen besonderen Bestimmungen[1] — die Wegepolizeibehörde, nachdem das Vorhaben mit der Aufforderung, Einsprüche binnen vier Wochen zur Vermeidung des Ausschlusses geltend zu machen, in ortsüblicher Weise, sowie durch das Kreisblatt und das Amtsblatt veröffentlicht worden ist. Gegen den Beschluß der Wegepolizeibehörde steht den mit dem Einspruche Zurückgewiesenen innerhalb zwei Wochen die Klage bei dem Kreisausschusse, beziehungsweise dem Bezirksausschusse nach Maßgabe der Vorschrift in § 56 Absatz 7 zu.

Wird die beantragte Verlegung oder Einziehung eines öffentlichen Weges von der Wegepolizeibehörde von vornherein oder nach dem Einspruchs- (Ausschließungs-) Verfahren abgelehnt, so ist dem Antragsteller nur das Anrufen der Aufsichtsbehörde gestattet[2].

Der Artikel IV des Gesetzes, betreffend die Abänderung von Bestimmungen der Kreisordnung für die Provinzen Preußen, Brandenburg, Pommern, Posen, Schlesien und Sachsen vom 13. Dezember 1872 und die Ergänzung derselben vom 19. März 1881 (Gesetz-Samml. S. 155) wird aufgehoben.

1) Die Anwendung in Schleswig-Holstein und Hannover ist vollständig ausgeschlossen.

2) Der Abs. II ist die Anwendung einer allgemeinen gültigen Regel.

§ 58. In der Provinz Schleswig-Holstein unterliegt der Beschlußfassung des Kreisausschusses, in Stadtkreisen des Bezirksausschusses:

1) die Bestätigung von Bestimmungen der Gemeinden in betreff der Anlegung, Verlegung oder Einziehung von Nebenwegen, öffentlichen Fußsteigen oder Landwegen nach §§. 226, 234 Absatz 1, 235 der Wegeverordnung für die Herzogtümer Schleswig und Holstein vom 1. März 1842 (Sammlung der Verordnungen S. 191[1]) und §. 7 Absatz 1 der Wegeordnung für das Herzogtum Lauenburg vom 7. Februar 1876 (Offizielles Wochenblatt S. 27);

2) die Anordnung der Verlegung von Nebenwegen nach §. 226 Satz 1 der Wegeordnung vom 1. März 1842, sowie die Anordnung der Anlegung neuer Landwege oder der Verlegung oder besseren Einrichtung bestehender Landwege im Kreise Herzogtum Lauenburg nach §. 7 Absatz 2 der Wegeordnung vom 7. Februar 1876;

3) die Genehmigung des Zusammentretens von Gemeinden und Gutsbezirken zu einem Verbande behufs gemeinsamer Herstellung und Unterhaltung von Nebenwegen nach § 13 des Gesetzes vom 26. Februar 1879, betreffend die Abänderung der Wegegesetzgebung für die Provinz Schleswig-Holstein usw. (Gesetz-Samml. S. 94[2]);

4) die Anordnung der im Interesse der Sicherheit der Wegebenutzung nach §. 14 der Wegeverordnung vom 1. März 1842 zulässigen Beschränkungen der Benutzung von Grundstücken in der Nähe öffentlicher Wege[3].

1) Gemeint ist die chronologische Sammlung. Die Wege-Vdg. ist abgeändert durch Patent v. 27. 12. 1865 (VdgBl.

für Holstein 1866, 1); G. v. 26. 2. 1879 (GS. 94); G. v. 15. 6. 1885 (GS. 289); KrO. v. 26. 5. 1888 (GS. 139, § 13 II, § 150 III; G. v. 27. 6. 1890 (GS. 219); G. v. 4. 5. 1892 (GS. 102). Alle diese Bestimmungen gelten in Lauenburg nicht. Kommentar v. Kühl, Die Wegegesetzgebung der Provinz Schleswig-Holstein.

2) Abgeändert durch KrO. § 151 II. Für neu zu bildende Zweckverbände ersetzt durch LGemO. v. 4. 7. 1892 (GS. 154) §§ 128—138, jetzt durch ZweckverbandsG. v. 19. 7. 1911 (GS. 115) § 8 I II.

3) Gilt noch inbezug auf die weniger wichtigen Nebenwege und die öffentlichen Fußwege, im übrigen abgeändert durch G. v. 15. 6. 1885 §§ 1, 29, 40, und ersetzt durch §§ 20—27, 30 ebenda.

§ 59. In der Provinz Schleswig-Holstein beschließt der Bezirksausschuß:

1) über die Zulassung einzelner Ausnahmen von den Regeln hinsichtlich der Breite und der Herstellungsart der Nebenwege nach §. 221 der Wegeverordnung vom 1. März 1842;

2) über die Herstellungsart derjenigen neu auszubauenden Nebenlandstraßen, hinsichtlich welcher die Kreise aus Provinzialmitteln eine Unterstützung nicht erhalten, nach §. 146 der Wegeverordnung vom 1. März 1842 und §. 7 Absatz 3 des Gesetzes vom 26. Februar 1879.

§ 60. In der Provinz Hannover[1] beschließt:

1) in Landkreisen der Kreisausschuß, in Stadtkreisen sowie in den bezüglich der Verwaltung der allgemeinen Landesangelegenheiten selbständigen Städten[2] der Bezirksausschuß:

a) über Beschwerden Beteiligter gegen Bestimmungen der Gemeinden darüber, welche Wege als Gemeindewege anzulegen, aufzugeben oder für solche zu erklären sind (§. 11 des Hannoverschen Gesetzes vom 8. Juli 1851[3] über Gemeindewege und Landstraßen — Hannoversche Gesetz-Samml. S. 141);

b) über Beschränkungen des Gebrauchs von Gemeindewegen auf bestimmte Zwecke des Verkehrs oder hinsichtlich einzelner Arten der Beförderungsmittel (§ 17 a. a. O.);

c) über Beschwerden Beteiligter gegen die Anordnung der gesetzlichen Gemeindevertretung in betreff der Teilung eines Gemeindebezirks in Unterbezirke zur abgesonderten Anlegung oder Unterhaltung von Gemeindewegen (§. 24 Absatz 2 Nr. 2 und Absatz 4 a. a. O.);

2) der Bezirksausschuß über zeitweilige Beschränkungen des Gebrauchs von Landstraßen hinsichtlich der Zwecke des Verkehrs oder der Beförderungsmittel (§ 18 a. a. O.).

3) [Über die Verbindung mehrerer benachbarter Ortsgemeinden zur gemeinschaftlichen Anlegung und Unterhaltung der für sie alle wichtigen Gemeindewege innerhalb des einen oder anderen Bezirks (§. 24 Absatz 2 Nr. 1 und Absatz 3 a. a. O.) beschließt

a) der Kreisausschuß, wenn die beteiligten Gemeinden demselben Kreise angehören;

b) der Bezirksausschuß, wenn ein Stadtkreis oder eine bezüglich der Verwaltung der allgemeinen Landesangelegenheiten selbständige Stadt[2] beteiligt ist, oder die Gemeinden verschiedenen Kreisen, aber demselben Regierungsbezirke angehören:

c) der Provinzialrat, wenn die Gemeinden verschiedenen Regierungsbezirken angehören[4]].

1) Die Hannoversche Gesetzgebung ist durch Preuß. G. v. 12. 3. 1868 (GS. 225) und G. v. 24. 5. 1894 (GS. 82)

geändert worden, § 60 aber unberührt geblieben. Vgl. Ebert, Hannoversche Wegegesetzgebung; Simon, Die Hannoverschen Wegegesetze.

2) § 162

3) Das Gesetz datiert vom 28. 7. 1851.

4) Jetzt gilt das ZweckverbandsG v. 19. 7. 1911 (GS. 115) § 8 I, II.

§ 61[1]. [Für den Umfang des Regierungsbezirkes Cassel[2] beschließt der Bezirksausschuß anstelle der Bezirksregierung:

über die Heranziehung der Gemeinden und Gutsbezirke zum Wegebau außerhalb ihrer Gemarkungen, sowie über die Verteilung der Wegebaulast (§§. 2, 3 und 4 des Gesetzes, betreffend die Abänderung der Wegegesetze im Regierungsbezirke Cassel, vom 16. März 1879 — Gesetz-Samml. S. 225 [1])].

1) Ausdrücklich aufgehoben in G. v 25. 8. 1909 betr der Landwege im Regierungsbezirke Cassel (GS 741) § 10.

2) Vdg. v. 22. 2. 1867 (GS. 273); KrO. v 7 6. 1885 (GS. 193) § 1

§ 62. Für den Umfang des vormaligen Herzogtums Nassau[1] beschließt der Bezirksausschuß über die Feststellung des Beitrages der Gemeinden zu den Kosten der Herstellung chaussierter Verbindungsstraßen nach Maßgabe der §§. 5 und 6 des Nassauischen Gesetzes, betreffend die Erbauung chaussierter Verbindungsstraßen, vom 2. Oktober 1862 (Verordnungsblatt S. 176)[2].

Die im § 7 a. a. O. dem Amtsbezirksrate vorbehaltene Beschlußfassung steht dem Kreisausschusse zu. Gegen diesen Beschluß steht der Chausseebauverwaltung und den beteiligten Gemeinden binnen zwei Wochen die Beschwerde an den Bezirksausschuß offen.

1) G. v. 22. 2. 1867 § 2 Nr. 1. Die Abgrenzung ist schon zweifelhaft geworden, OVG. in PrVBl. 38, 27 r.

2) Vom G. v 27. 6. 1890, betr die Abänderung einiger Bestimmungen der Wegegesetze im Regierungsbezirk Wiesbaden (GS. 225) gilt noch Abschnitt 1.

[**§ 63.** Für den Umfang der vormals Großherzoglich Hessischen Landesteile[1] beschließt der Kreisausschuß über die Erteilung der Genehmigung:

1) zur Ausführung neuer Ortsstraßen und Vizinalwege seitens der Gemeinden in Gemäßheit des Gesetzes vom 4. Juli 1812, das Rechnungswesen der Gemeinden usw. betreffend[2];

2) zur Bildung von Vizinalwegeverbänden in Gemäßheit des Großherzoglich Hessischen Gesetzes vom 6. November 1860, die Anlegung und Unterhaltung der Vizinalwege betreffend (Großherzoglich Hessisches Regierungsbl. S. 333)[3]].

1) G. v. 24 12. 1866 (GS. 876 § 2 Nr. 4—9; G. v. 22. 2. 1867 § 1 Nr. 3, § 2 Nr. 4—7. Der § 63 ist soweit er sich auf Landwege im RegBz. Cassel bezieht, ausdrücklich außer Kraft gesetzt durch G. v. 25. 8 1909 (Anm. 1 zu § 61) § 10.

2) Die Vdg. v. 4. 7 1812 (Sammlung der in der Großherzoglich Hessischen Zeitung vom Jahre 1812 publizierten Verordnungen und höheren Verfügungen S. 77 Nr 99) ist durch Wiesbadener StädteO v. 8 6 1891 (GS. 107) § 84 II, Hessen-Nassauische StädteO. v. 4 8 1897 (GS. 254) § 93 II, Hessen-Nassauische LGemO. v 4. 8. 1897 (GS. 301) § 118 aufgehoben, so jetzt auch v. Brauchitsch-Genzmer, 1, 470.

3) Nr. 2 ist durch Hessen-Nassauische LGemO. § 100 I, welcher die Verbindung mit Zustimmung der Beteiligten durch Beschluß der KrO. ordnet, praktisch bedeutungslos geworden, und als aufgehoben anzusehen. (Streitig) Vgl. § 60 Anm. 4.

§ 64[1].

1) Außer Kraft gesetzt und ersetzt durch G. v 18. 8. 1902 betr. die Vorausleistungen zum Wegebau (GS. 315).

XII. Titel.

Wasserpolizei[1].

1) Die §§ 65—95 sind ausdrücklich aufgehoben durch WasserG. v. 7. 4. 1913 (GS. 53) § 399, 14. Aufrecht erhalten sind aber:

im Kreise Siegen §§ 73, 75 in Verbindung mit dem PrivatflußG. v. 28. 2. 1843 (GS 352) soweit auf sie in den §§ 12, 27 der WiesenO v. 28 10. 1846 für den Kreis Siegen verwiesen wird (WasserG. § 387)

im vormaligen Herzogtum Nassau (§ 62 Anm. 1) § 87, 2, § 89, 4 in Verbindung mit der Vdg. v. 27. 7. 1858 betr. Entwässerungs- und Bewässerungsanlagen (VdgBlatt 100), nach WasserG. § 388.

§ 73. Der Bezirksausschuß beschließt über die Beschränkung der Ableitung des Wassers, wenn durch eine Bewässerungsanlage das öffentliche Interesse gefährdet oder der notwendige Wasserbedarf den unterhalb liegenden Einwohnern entzogen wird ([§ 15 des Gesetzes vom 28. Februar 1843]; § 3 der Wiesenordnung für den Kreis Siegen vom 28. Oktober 1846[1]).

1) Verfahren und Rechtsmittel LVG §§ 115—126. Die sachlichen Voraussetzungen sind in den angeführten Gesetzen bestimmt angegeben, hier nur allgemein angedeutet

§ 75. Über Widersprüche[1] gegen eine Bewässerungsanlage des Uferbesitzers [§§ 16a und b, 17, 23 Absatz 1 und 2 des Gesetzes vom 28. Februar 1843]; § 12[2] der Wiesenordnung vom 28. Oktober 1846) entscheidet der Kreis- (Stadt-) Ausschuß im Verwaltungsstreitverfahren[3].

1) nicht auch Entschädigungsansprüche, vgl. § 23 des G. v. 28. 2. 1843.

2) nicht auch § 17.

3) Rechtsmittel: Berufung und Revision LVG. §§ 82, 93.

§ 87. Der Bezirksausschuß beschließt an Stelle der Bezirksregierung:

2) über die Genehmigung zu einer Bachregulierung, zu Ent- und Bewässerungsanlagen oder zur Anlage von Wassertriebwerken nach §§. 2, 19, 25 und 26 der Nassauischen Verordnung[1] vom 27 Juli 1858 (zu vergleichen jedoch § 89 Ziffer 1 und 4[2]);

1) genauer Instruktion.

2) wegen der Stauanlagen für Wassertriebwerke vgl. § 109 GewO. §§ 16. 25.

§ 89. Der Kreisausschuß beschließt über Anträge:

4) auf Genehmigung zur Errichtung, sowie zur Veränderung von Triebwerken an Bächen und deren Seitengräben gegen den Widerspruch Beteiligter nach §§. 19, 25, 26 und 27 der Nassauischen Verordnung vom 27. Juli 1858 [beziehungsweise Art. 8 und 10 Großherzoglich Hessischen Gesetzes vom 20 Februar 1853 und des Landgräflich Hessischen Gesetzes vom 15. Juli 1862].

XIII Titel[1].

Deichangelegenheiten.

§ 96. [Der Bezirksausschuß beschließt, soweit es sich um Deiche handelt, welche zu keinem Deichverbande oder Deichbande gehören:

1) über die Genehmigung für neue und für die Verlegung, Erhöhung oder Beseitigung bestehender Deichanlagen nach §§. 1 bis 3 des Gesetzes über das Deichwesen vom 28. Januar 1848 — Gesetz-Samml. S. 54[1]; §§ 16 und 17

der Kurhessischen Verordnung vom 31. Dezember 1824, betreffend den Wasserbau, — Kurhessische Gesetz-Samml. S. 99[3]; Artikel 10, 36 und 40 des Bayerischen Gesetzes 28. Mai 1852, betreffend die Benutzung des Wassers, — Gesetz-Samml. für Bayern S. 489[4];

2) über die Herstellung ganz oder teilweise verfallener oder zerstörter Deiche und die Heranziehung der Pflichtigen zur Erhaltung oder Wiederherstellung nach §§ 4 und 5 des Gesetzes vom 28 Januar 1848[2];
3) über die interimistische Tragung der Deichbaulast und die Verteilung der Beiträge nach §§ 6 bis 8 a. a. O.;
4) über die Beschränkung oder Untersagung der Nutzung eines Deichs nach § 24 a. a. O.

Die Beschwerde[5] findet an den Minister für Landwirtschaft 2c. statt]

1) Durch das WasserG. v. 7. 4. 1913 (GS. 53) sind nicht die §§ 96 97 aufgehoben, wohl aber die zugrunde liegenden materiellen Gesetze

2) Eingeführt im Kreise Meisenheim § 87 Anm. 4, der Enklave Kaulsdorf § 90 Anm. 1; in Hannover und Schleswig-Holstein ohne Lauenburg nach Maßgabe des G. v. 11 4 1872 (GS. 377); ergänzt durch Kgl Erlaß v. 14 11. 1853, betr. die allgemeinen Bestimmungen für zukünftig zu erlassende Deichstatute (GS 935); beeinflußt durch G. v 16. 8. 1905 zur Verhütung von Hochwassergefahren (GS 342); aufrecht erhalten durch EG. z. BGB. Art. 66, aufgehoben WasserG. § 399, 7.

3) aufgehoben WasserG § 399, 52.

4) aufgehoben WasserG. § 399, 66.

5) ohne Frist; der § 122 LVG. ist nicht anwendbar; anders Bartels S. 136 Nr. 241.

§ 97. [Befugnisse, welche hinsichtlich der Deichverbände den Bezirksregierungen (Landdrosteien) in Gemäßheit des Gesetzes über das Deichwesen vom 28. Januar 1848[1] übertragen worden sind, können durch Statut oder Statutenänderung den Kreis- (Stadt-) Ausschüssen, den Bezirksausschüssen oder Provinzialräten überwiesen werden.

Auch können den vorbezeichneten Behörden Befugnisse hinsichtlich der Deichverbände und der Sielverbände (Schleusen-, Wettern-, Wasserlösungs- usw. Verbände) durch Statuten übertragen werden, mittelst welcher die innere Organisation der Deich- und Sielverbände im Geltungsbereiche der besonderen Deichordnungen nach Artikel IV des Gesetzes vom 11 April 1872 (Gesetz-Samml. S. 377)[2] neu geregelt und festgestellt wird].

1) aufgehoben WasserG. § 399, 7.

2) aufgehoben WasserG. § 399, 9 Der Absatz galt in denjenigen Landesteilen Schleswig-Holsteins und Hannovers, in welchen die Anwendung des Deichgesetzes v. 28. 1. 1848 durch G. v. 11. 4. 1872 ausgeschlossen war.

XIV. Titel.

Fischereipolizei[1].

§§ 98—102.

1) Die §§ 98—102 sind ausdrücklich aufgehoben im FischereiG. v. 11. 5. 1916 (GS. 55) § 133, 4.

XV. Titel.

Jagdpolizei[1].

§ 103. In Jagdpolizeisachen beschließt, soweit die Beschlußfassung nach bestehendem Rechte den Verwaltungsbehörden zusteht, unbeschadet der nachfolgenden Bestimmungen, der Landrat, in Stadtkreisen die Ortspolizeibehörde.

Gegen Beschlüsse dieser Behörden, durch welche Anordnungen wegen Abminderung des Wildstandes getroffen oder Anträge auf Anordnung oder Gestattung solcher Abminderung abgelehnt werden, findet statt der allgemeinen Rechtsmittel[2] innerhalb zwei Wochen die Beschwerde an den Bezirksausschuß statt. Der Beschluß des Bezirksausschusses ist endgültig[3].

1) Durch die JagdO. v 15. 7. 1907 (GS. 207) § 86 Nr. 21 sind der § 104, § 105 I. 2, 3, § 106 ausdrücklich aufgehoben, aber auch die übrigen Bestimmungen dieses Titels tatsächlich ersetzt worden. Wieweit sie noch für Hannover, Hohenzollern und Helgoland, wo die JagdO. nicht gilt, in Kraft geblieben sind, ist bei den einzelnen Paragraphen angegeben. Literatur: Ebner, Preußisches Jagdrecht, (1908); Kunze und Kühnemann, B 41 der Guttentagschen Sammlung, W. Schulz und Frhr. v. Scherr-Thoß, die Jagd, (1908). In Hannover gelten nach G. v. 21 7 1848 über den Wildschaden (Hann. GS. 215); JagdO. v. 11. 3. 1859 (Hann. GS. 1 S. 159); JagdscheinG v. 13. 7 1895 (GS. 304); G. v. 29 4. 1897 (GS. 117); G. v 26. 7 1897 (GS. 253); G. v. 7. 8. 1899 (GS. 151); WildschonG. v. 14. 7. 1904 (GS. 159); Komm. v. Dickel, (1906); in Hohenzollern gelten Sigm. JagdG. v. 29. 7. 1848 (Sigm. VdgBl. 375; GS. VIII S. 46); Hech. JagdG. v. 16. 4 1849 (Hech. VdgBl. 151), WildschadenG. v. 11. 7. 1891 (GS. 307), Kommentare von Holtgreven und Wolff, (1902); Berger, (1892); Schwarze, (1892); JagdscheinG. v. 13. 7 1895 (GS. 304); G. v. 13. 8. 1897 (GS. 391); JagdO. v. 10. 3. 1902 (GS. 33); auf Helgoland die PolVdgen. v. 21. 12. 1892 (KrBl Süderdithm. Nr. 52); v. 8. 9. 1894 (KrBl. 177).

2) LVG. §§ 127—129. 3) LVG § 126.

[§ 104. Der Kreisausschuß, in Stadtkreisen der Bezirksausschuß, beschließt, soweit die Beschlußfassung nach bestehendem Rechte den Verwaltungsbehörden zusteht,

1) über die Genehmigung zur Bildung mehrerer für sich bestehender Jagdbezirke aus dem Bezirke einer Gemeinde (Gemarkung, Feldmark);

2) über die Anordnung der Vereinigung mehrerer Gemeindebezirke (Gemarkungen, Feldmarken) zu einem gemeinschaftlichen Jagdbezirke gemäß § 6 der Verordnung, betreffend das Jagdrecht und die Jagdpolizei im ehemaligen Herzogtum Nassau, vom 30. März 1867 (Gesetz-Samml. S. 426) und § 8 des Lauenburgischen Gesetzes, betreffend das Jagdrecht und die Jagdpolizei, vom 17. Juli 1872 (Offizielles Wochenbl. Nr 42)[1]

Bestimmungen, wonach es zur Annahme eines Ausländers als Jagdpächters einer besonderen Genehmigung bedarf, finden auf Angehörige des Deutschen Reichs fortan keine Anwendung[2]].

1) In Hannover ist die Teilung und Verbindung von Gemeindejagdbezirken nicht zulässig; für Hohenzollern hat JagdO. 4 besondere Vorschriften; für Helgoland kommen solche Anordnungen nicht in Betracht. Der Abs. 1 ist daher vollständig veraltet.

2) Abs. II ist durch JagdscheinG. § 1 II ersetzt worden.

§ 105. Streitigkeiten der Beteiligten über ihre in dem öffentlichen Rechte begründeten Berechtigungen und Verpflichtungen hinsichtlich der Ausübung der Jagd, nsbesondere über

1) Beschränkungen in der Ausübung des Jagdrechts auf eigenem Grund und Boden,

2) [Bildung von gemeinschaftlichen Jagdbezirken, Anschluß von Grundstücken an einen gemeinschaftlichen Jagdbezirk, oder Ausschluß von Grundstücken aus einem solchen,

3) Ausübung der Jagd auf fremden Grundstücken, welche von einem größeren Walde oder von einem oder mehreren selbständigen Jagdbezirken umschlossen sind, sowie die den Eigentümern der Grundstücke zu gewährende Entschädigung]

unterliegen der Entscheidung im Verwaltungsstreitverfahren.

Zuständig im Verwaltungsstreitverfahren ist in erster Instanz der Kreisausschuß, in Stadtkreisen der Bezirksausschuß[1].

1) Rechtsmittel LVG. §§ 82, 83, 93. Gilt noch in Hannover.

§ 106[1]. [Auf Beschwerden und Einsprüche, betreffend die von der Gemeindebehörde oder dem Jagdvorstande festgestellte Verteilung der Erträge der gemeinschaftlichen Jagdnutzung, beschließt die Gemeindebehörde beziehungsweise der Jagdvorstand.

Gegen den Beschluß findet innerhalb zwei Wochen die Klage bei dem Kreisausschusse, in Stadtkreisen bei dem Bezirksausschusse statt.

Die im ersten Absatze gedachte Feststellung bedarf keiner Genehmigung oder Bestätigung von seiten der Aufsichtsbehörde.

1) Gilt noch in Hannover.

§ 107[1].

1) Außer Kraft getreten. In Hannover gilt WildschonG. § 3, in Hohenzollern JagdO. § 15.

§ 108[1].

1) Ersetzt durch JagdO. § 82.

XVI. Titel

Gewerbepolizei.

A. Gewerbliche Anlagen.

§ 109[1]. Der Kreis- (Stadt-) Ausschuß, in den einem Landkreise angehörigen Städten mit mehr als 10000 Einwohnern[2] der Magistrat (kollegialische Gemeindevorstand), beschließt[3] über Anträge auf Genehmigung zur Errichtung oder Veränderung gewerblicher Anlagen (§§. 16 bis 25 der Reichsgewerbeordnung [vom 21. Juni 1869[4]], soweit konzessionspflichtige Anlagen der nachbezeichneten Art in Frage stehen:

Gasbereitungs- und Gasbewahrungsanstalten, Anstalten zur Destillation von Erdöl, [Anlagen zur Bereitung von Braunkohlenteer, Steinkohlenteer und Koks[5]], Asphaltkochereien und Pechsiedereien, Glas- und Rußhütten, Kalk-, Ziegel- und Gypsöfen, Metallgießereien, Hammerwerke, [Schnellbleichen[5]], Firnißsiedereien, [Stärkefabriken[5]], Stärkesyrupfabriken, Wachstuch-, [Darmsaiten-[5]], Dachpappen- und Dachfilzfabriken, Darmzubereitungsanstalten, [Leim-[5]], Tran- und Seifensiedereien, Knochenbrennereien, [Knochendarren, Knochenkochereien und Knochenbleichen[5]], Hopfenschwefeldarren, [Zubereitungsanstalten für Tierhare[5]], Talgschmelzen, Schlächtereien, [Gerbereien, Abdeckereien, Strohpapierstoffffabriken[5], Stauanlagen für Wassertriebwerke[6]], Fabriken, in welchen Dampfkessel oder andere Blechgefäße durch Vernieten hergestellt werden, Anstalten zum Imprägnieren von Holz mit erhitzten Teerölen[7], Kunstwollfabriken[8] und Dégrasfabriken[9], [endlich] Dampfkessel mit Ausnahme der für den Gebrauch auf Eisenbahnen bestimmten Lokomotiven und der zum Betriebe auf Bergwerken und Aufbereitungsanstalten bestimmten Dampfkessel[10], Fabriken, in welchen Röhren aus Blech durch Vernieten hergestellt werden, Anlagen zur Erbauung eiserner Schiffe, zur Herstellung eiserner Brücken oder sonstiger eiserner Baukonstruktionen[11], Anlagen zur Destillation oder zur Verarbeitung von Teer und von Teerwasser[12], Anstalten zum Trocknen und Einsalzen ungegerbter Tierfelle[13], Anlagen zur Herstellung von Gußstahlkugeln mittels Kugelschrotmühlen (Kugelfraismaschinen[14]).

Im Falle fernerer Ergänzung des Verzeichnisses der konzessionspflichtigen Anlagen gemäß §. 16, letzter Absatz, der Reichsgewerbeordnung bleibt die Bestimmung darüber, für welche der in das Verzeichnis nachträglich aufgenommenen Anlagen der Kreisausschuß (Stadtausschuß, Magistrat) zuständig ist, Königlicher Verordnung vorbehalten[15].

1) Geändert namentlich durch WasserG. v. 7. 4. 1913 (GS. 53) § 386, G. v 14. 7. 1914 zur Abänderung des § 109 (GS. 149), FischereiG. v. 11. 5. 1916 (GS. 55) §§ 101, 102. Ausf.-Erl. MinHand. v. 22. 8. 1914 (MinBl-Hand. 474)

2) § 162.

3) AusfAnw v. 1. 5. 1904 zur GewO. für das Deutsche Reich (MinBlHand 123); Technische Anleitung v. 15. 5. 1895 zur Wahrnehmung der den Kreis- (Stadt-) Ausschüssen (Magistraten) durch § 109 des Gesetzes über die Zuständigkeit der Verwaltungs- und Verwaltungsgerichtsbehörden vom 1. August 1883 hinsichtlich der Genehmigung gewerblicher Anlagen übertragenen Zuständigkeiten (MinBlInn 196), abgeändert durch Erl. v. 9 1. 1896 (MinBlInn. 9), 16. 3 1898 (MinBlInn. 98) und 1. 7. 1898 (MinBlInn. 187). Verfahren s. GewO §§ 17—24, 49; LVG. 115—120; Rohmer, Die genehmigungspflichtigen Anlagen der GewO. und des BGB. in PrVBl. 21, 77 f. Rechtsmittel § 113.

4) jetzt in der Fassung v. 26 7. 1900 (RGBl. 871), die aber auch ihrerseits vielfach, namentlich durch Einschiebung der §§ 19a, 21a, verändert worden ist.

5) gestrichen G. v. 14. 7. 1914

6) gestrichen WasserG § 386.

7) Bek. RKzl. v. 26. 7 1881 (RGBl. 251), v 31. 1. 1882 (RGBl. 10).

8) Bek. RKzl. v. 12. 7. 1882 (RGBl. 123), v. 21. 4. 1883 (RGBl 33).

9) Bek. RKzl. v. 23. 12. 1882 (RGBl. 141), v. 21. 4. 1883 (RGBl. 33).

10) GewO. §§ 16, 24; G. v. 3. 5. 1872, betr den Betrieb der Dampfkessel (GS. 515); BergG. v. 24. 6. 1865 (GS. 705) § 59; Fassung v. 18. 6 1907 (GS. 119). G. v. 22. 2. 1869, betr. die Rechtsverhältnisse des Stein- und Braunkohlenbergbaus (GS. 401) § 9 Buchst. a. Zusammenstellung und teilweise Abdruck der zahlreichen Verordnungen in Hoffmann, GewO. zu § 24 und Anhang D. (18. Aufl. 1919).

11) Bek. RKzl. v. 12. 7. 1884 (RGBl. 118), v. 4. 1. 1885 (RGBl. 2); Vdg. v. 13. 8. 1884 (GS. 323).

12) Bek. RKzl. v. 31. 1. 1885 (RGBl. 8), v. 24. 4. 1885 (RGBl. 92); Vdg. v. 11. 5 1885 (GS. 277).

13) Bek. RKzl. v. 16. 7. 1888 (RGBl. 218), v. 2. 1. 1889 (RGBl. 1); Vdg. v. 16. 9. 1888 (GS. 325).

14) Bek. RKzl. v. 9. 2. 1898 (RGBl. 27), v. 5. 4. 1898 (RGBl. 161); Vdg. v. 23. 3. 1898 (GS. 31).

15) Die Vdgen. können auf demselben Wege abgeändert werden.

§ 110[1]. Der Bezirksausschuß[2] beschließt über Anträge auf Genehmigung zur Errichtung oder Veränderung gewerblicher Anlagen, soweit die Beschlußnahme darüber nicht nach § 109 dem Kreis- (Stadt-) Ausschusse (Magistrat) überwiesen ist[3].

Über die Zulässigkeit von Wassertriebwerken, welche zum Betriebe von Bergwerken, Aufbereitungsanstalten oder Schürfarbeiten dienen (§ 59 Abs. 3 des Allgemeinen Berggesetzes vom 24. Juni 1865 — Gesetzsamml. S. 705 — in der Fassung des Gesetzes vom 18. Juni 1907

— Gesetzsamml. S 119) — beschließt der Bezirksausschuß im Einvernehmen mit dem zuständigen Oberbergamte[4].

1) geändert wie § 109 Anm. 1.

2) auch in Berlin § 161, Rechtsmittel § 113.

3) Schießpulverfabriken, Anlagen zur Feuerwerkerei und zur Bereitung von Zündstoffen aller Art, Anlagen zur Gewinnung roher Metalle, Röstöfen, chemische Fabriken aller Art, Poudretten- und Düngpulverfabriken auf Grund der GewO. v. 21. 6 1869; Kalifabriken auf Grund Bek. RKzl. v. 26. 7. 1881 (RGBl. 251) und 31. 12. 1882 (RGBl. 10); Anlagen zur Herstellung von Zelluloid Bek. RKzl. v 12. 7. 1882 (RGBl. 123), v. 21. 4 1883 (RGBl. 33); Anlagen, in welchen aus Holz oder ähnlichem Fasermaterial auf chemischem Wege Papierstoff hergestellt wird (Zellulosefabriken) Bek RKzl. v. 15 2. 1886 (RGBl. 28), v. 1. 4. 1886 (RGBl. 68); Anlagen, in welchen Albuminpapier hergestellt wird Bek RKzl. v 16 6. 1886 (RGBl. 204), v. 5. 1. 1887 (RGBl. 4); Verbleiungs-, Verzinnungs- und Verzinkungsanstalten Bek. RKzl. v 16. 7. 1888 (RGBl. 218), v. 2 1. 1889 (RGBl. 1); Anlagen zur Herstellung von Zündschnüren und elektrischen Zündern Bek RKzl v 31. 10. 1899 (RGBl 664); v. 28 12 1899 (RGBl 727); Dampfkessel, deren Genehmigung weder dem KrA. noch einer anderen Behörde zusteht (§ 109 Anm. 10). Stauanlage für Wassertriebwerke, WasserG § 386, 1; vgl. FischereiG §§ 101, 102. Das Verfahren kann mit dem wasserpolizeilichen verbunden werden, aber nicht die Beschlußfassung Vgl. Schmidt-Ernsthausen in PrVBl. **41**, 491 **42**, 245; Schlegelberger in PrVBl **42**, 98; endlich die in § 109 durch G. v 14. 7. 1914 gestrichenen Anlagen.

4) Fassung nach WasserG. v 7. 4. 1913 (GS 53) § 386 (2).

§ 111. Der Bezirksausschuß[1] beschließt[2] auf Antrag der Ortspolizeibehörde darüber, ob die Ausübung eines Gewerbes in Anlagen, deren Betrieb mit ungewöhnlichem

Geräusch verbunden ist, an der gewählten Betriebsstätte zu untersagen oder nur unter Bedingungen zu gestatten ist (§ 27 der Reichsgewerbeordnung).

1) auch in Berlin § 161.

2) LVG. §§ 115—120; AusfAnw. v. 1. 5. 1904 zur GewO. (MinBlHand. 123) Nr. 33. Rechtsmittel § 113.

§ 112. Die Befugnis, gemäß § 51 der Reichsgewerbeordnung die fernere Benutzung einer gewerblichen Anlage wegen überwiegender Nachteile und Gefahren für das Gemeinwohl zu untersagen[1], steht dem Bezirksausschusse[2] zu.

1) LVG. §§ 115—120; AusfAnw. v. 1. 5. 1904 zur GewO. (MinBlHand. 123) Nr. 58 Rechtsmittel § 113.

2) auch in Berlin § 161.

§ 113. In den Fällen der §§ 109 bis 112 findet die Beschwerde[1] an den Minister für Handel und Gewerbe statt. Sofern bei Stauanlagen Landeskulturinteressen in Betracht kommen, ist der Minister für Landwirtschaft zuzuziehen.

1) Über das Verfahren vgl AusfAnw. v. 1 5. 1904 zur GewO. (MinBlHand. 123) Nr. 30, 35, 58. Die Einlegung kann nach analoger Anwendung LVG. § 122 I, V bei der angegriffenen Behörde und beim Minister erfolgen. Keine Frist.

B) Gewerbliche Konzessionen.

§ 114. Über Anträge auf Erteilung der Erlaubnis zum Betriebe der Gastwirtschaft oder Schankwirtschaft[1], zum Kleinhandel mit Branntwein oder Spiritus[2], sowie zum Betriebe des Pfandleihgewerbes[3] und zum Handel mit Giften[4] (§§. 33, 34 der Reichsgewerbeordnung beschließt[5] der Kreis- (Stadt-) Ausschuß. I

II Wird die Erlaubnis versagt, so steht dem Antragsteller innerhalb zwei Wochen der Antrag auf mündliche Verhandlung[5] im Verwaltungsstreitverfahren vor dem Kreis-(Stadt-) Ausschusse zu.

III Über Anträge auf Erteilung der Erlaubnis zum Betriebe der Gastwirtschaft, zum Ausschänken von Branntwein oder von Wein, Bier oder anderen geistigen Getränken, sowie zum Kleinhandel mit Branntwein oder Spiritus, ist zunächst die Gemeinde- und die Ortspolizeibehörde zu hören. Wird von einer dieser Behörden Widerspruch erhoben, so darf die Erteilung der Erlaubnis nur auf Grund mündlicher Verhandlung im Verwaltungsstreitverfahren erfolgen.

IV Die Entscheidung des Bezirksausschusses ist endgültig[6].

V In den zu einem Landkreise gehörigen Städten mit mehr als 10000 Einwohnern[7] tritt an die Stelle des Kreisausschusses der Magistrat (kollegialische Gemeindevorstand)[8].

1) GewO. § 33; AusfAnw. v. 1. 5. 1904 (MinBlHand. 123) Nr. 45—48; Stempelsteuertarif-St. 22c. Bedürfnis KabO. v. 7. 2. 1835 (GS. 18), deren Nr. 2 durch StempelG. v 31. 7. 1895 (GS. 429) § 35 aufgehoben ist; KabO. v. 21. 6. 1844 (GS. 214); Bek. Min. Inn. v. 14. 9. 1879 (MinBlInn. 254), OVG 52, 374, Bek. v 25. 11. 1879 (MinBl-Inn. 1880, 17); Erl. Min. Inn. v. 27. 12. 1896 (MinBl-Inn. 1897, 12); Erl. Min. Inn. v. 20. 11. 1897 (MinBl-Inn. 1898, 1). Lage und Beschaffenheit der Geschäftsräume ZirkErl. Min. Inn. Kult. Arb. v 26. 8. 1886 (MinBlInn. 182), v. 1. 3. 1890 (MinBlInn. 51), v. 10. 1. 1902 (Min-BlInn 32, Med. 49); AusfAnw. v. 1. 5. 1904 zur GewO. Nr. 45—48 Abhaltung von Singspielen RG. v. 1. 7. 1883 (RGBl. 159) § 33a; Vdg. v. 31. 12. 1888 (Nr. 10) § 1, a; PolVdg Min. Inn Kult. Hand. v. 18. 11. 1902 über die Verabfolgung geistiger Getränke an Trunkene

2) Bedürfnis und Geschäftsräume s. Anm. 1. Kleinhandel mit vergälltem Branntwein: Branntwein-MonopolG. v. 26. 7. 1918 (RGBl. 887) §§ 142, 143.

3) GewO. §§ 34, 38, 40 I, 53 II, III, 54; ZustG. § 119 Nr. 2; Pfandvermittler RG. v. 30. 6. 1900 (RGBl. 321) § 34; Vdg. v. 30. 7. 1900 (Nr 16) § 1. Ferner Vdg. v. 18. 3. 1867 über die vertragsmäßigen Zinsen in den neuerworbenen Landesteilen (GS. 387) § 3; G. v. 10. 4. 1872, betr. die Pfandleihanstalten zu Cassel, Fulda und Hanau (GS. 373), abgeändert durch G. v. 5. 7. 1896 (GS. 169), G. v. 17. 3. 1881, betr. das Pfandleihgewerbe (GS. 265), abgeändert durch AG. z. BGB. v. 20. 9. 1899 (GS. 177) Art. 41; EG. z BGB. Art. 94, durch G. v. 7. 7. 1920 (GS. 387) betr. Erhöhung der Zinsen, Vfg MinInn v. 23. 7. 1920 (MinBlInn. 310) Bek. Min. Inn. v. 16. 7. 1881, betr. den Geschäftsbetrieb der Pfandverleiher (MinBlInn. 166); Bek. dsgl. v. 11. 7. 1902 (MinBlInn. 135, Hand. 298), dsgl. v. 4. 2. 1907, v. 10. 4. 1908; Ausf.Anw. v. 1. 5. 1904 zur GewO. (MinBlHand. 123) Nr. 53. Über die Bedürfnisfrage s. Bek. Min. Inn. v. 20. 9. 1897 (MinBlInn. 253).

4) GewO. §§ 34 III, 40 I, 53 I, 54; StrGB. § 367, 3; ZustG § 119 Nr. 2; Preuß. GewO. v [17. 1. 1845] 22. 6. 1861 (GS. 1861, 441) § 49; PolVdg Min. Inn. Kult. Hand. v. 22. 2. 1906 über den Handel mit Giften (MinBlInn. 42, Med. 114, Hand. 115); AusfAnw. v. 1. 5. 1904 zur GewO (MinBlHand. 123) Nr. 50; Erl. v. 15. 6. 1903, betr. den Handel mit Fliegenpapier (MinBlInn 179, Hand. 250); Erl. v. 17. 4. 1903, betr. die Revision der Lagerräume und Verkaufsstätten (MinBlMed 196); Erl. v. 22. 5. 1915 betr. Zahntechniker (MinBlMed. 195) LVG. §§ 115—126.

5) LVG. §§ 69, 74 III.

6) Ausnahme von LVG. § 93. In Berlin ist in zweiter Instanz der BezA zuständig.

7) 162. 8) LVG 4 II, III.

§ 115. Über die Anträge auf Erteilung:

a) der Konzession zu Privat-Kranken-, Privat-Entbindungs- und Privat-Irrenanstalten (§. 30 Abs. 1 der Reichsgewerbeordnung)[1],

b) der Erlaubnis der Schauspielunternehmungen (§. 32 a. a. O.)[2]

beschließt[3] der Bezirksausschuß.

Gegen den die Konzession (Erlaubnis) versagenden Beschluß findet innerhalb zwei Wochen der Antrag auf mündliche Verhandlung im Verwaltungsstreitverfahren statt.

Für die im Verwaltungsstreitverfahren in den Fällen zu a zu treffenden Entscheidungen sind die von den Medizinalaufsichtsbehörden[4] innerhalb ihrer gesetzlichen Zuständigkeit getroffenen allgemeinen Anordnungen über die gesundheitspolizeilichen Anforderungen, welche an die baulichen und sonstigen technischen Einrichtungen der unter a bezeichneten Anstalten zu stellen sind, maßgebend.

1) GewO. §§ 30, 49, 53, 54, 40 I; ZustG. § 120 Nr. 1; AusfAnw. v 1. 5. 1904 zu GewO. (MinBlHand. 123) Nr. 36; Vorschriften Min. Arb. Jnn. Hand. v. 8. 7. 1911 über Anlage, Bau und Einrichtung (MinBlHand. 344), geändert durch Vdg v. 11. 8. 1913 (MinBlJnn. 262, Med. 268, Hand. 562) v. 19. 3. 1914 (MinBlHand. 169. Jnn. 145). Erl. Min. Jnn. v. 22. 5. 1913 (MinBlJnn. 172), v. 22 10. 1913 (MinBlJnn 196); StempelsteuertarifSt. 22c; Erl KultMin. v. 20. 9. 1895 über die Aufnahme und Entlassung von Geisteskranken, Jdioten, Epileptischen in und aus Privatanstalten sowie über die Einrichtung, Leitung und Beaufsichtigung solcher Anstalten (MinBlJnn. 271); Erl. Min. Jnn. Just. Kult v 26. 3. 1901 über die Unterbringung in Privatanstalten für Geisteskranke, Epileptische und Jdioten

(MinBlMed. 104), ergänzt durch Erl. v. 16. 9. 1901 (MinBlMed. 269), v. 25. 1., 8. 9. 1902 (MinBlMed. 292), v. 27. 2. 1903 (MinBlMed. 144), v. 3. 10. 1904 (MinBlMed 375). Johanniter-Orden: Erl. Pr. StaatsReg. v. 9. 6. 1920 (GS. 359), Wasserheilanstalten: KabO. v. 21. 7. 1842 (GS. 243).

2) GewO. §§ 32, 49, 53, 54; G. v. 6. 8. 1896 (RGBl. 685) Art. 22; Zust.G. § 118, § 120 Nr. 1; StempelsteuertarifSt. 22c; AusfAnw. v. 1. 5. 1904 zur GewO. (MinBlHand. 123) Nr. 44; v. 12. 10. 1889 (MinBlInn. 180); Erl. v. 18. 3. 1891 (MinBlInn. 69); Erl. v. 17. 8. 1896 (MinBlInn. 166); Erl. v. 5. 9. 1897 (MinBlInn 298); Erl. v. 8. 2. 1911 (MinBlInn. 95). Das LichtspielG. v. 12. 5. 1920 (RGBl. 53) gehört nicht hierher.

3) LVG. §§ 115—120; GewO. § 30 II; Revision § 118. In Berlin beschließt der PolPräs., gegen dessen Entscheidung die Klage an den BezA. zu richten ist.

4) Min. Inn. und RegPräs.

§ 116. Gegen Verfügungen der Ortspolizeibehörde, durch welche die Erlaubnis zum gewerbsmäßigen öffentlichen Verbreiten von Druckschriften[1] (§. 43 der Reichsgewerbeordnung) versagt, oder die nicht gewerbsmäßige öffentliche Verbreitung von Druckschriften (§ 5 des Reichsgesetzes über die Presse vom 7. Mai 1874, Reichs-Gesetzbl. S. 65)[2] verboten worden ist, findet innerhalb zwei Wochen die Klage bei dem Kreisausschusse, in Stadtkreisen und in den zu einem Landkreise gehörigen Städten mit mehr als 10000 Einwohnern[3] bei dem Bezirksausschusse statt.

1) RG. v. 12. 3 1884 (RGBl. 17).

2) Geändert durch GewO. § 43 VI, ergänzt durch Preuß. PreßG. v. 12. 5. 1851 (GS. 273) §§ 9, 10.

3) § 162. Der BezA. ist auch in Berlin zuständig, in Hannover in allen Fällen KrO v. 6 5. 1884 (GS. 181) § 28 Nr. 2. Revision § 118. Verfahren GewO. §§ 20, 21.

§ 117. [Gegen Verfügungen der unteren Verwaltungsbehörden, durch welche Reichsangehörigen der Legitimationsschein [1].

1) zum Ankauf von Waren oder zum Aufsuchen von Warenbestellungen (§ 44 der Reichsgewerbeordnung) oder
2) zum Gewerbebetrieb im Umherziehen (§ 58 Nr 1 und 2 der Reichsgewerbeordnung) [2]

versagt worden ist, findet innerhalb zwei Wochen die Klage bei dem Bezirksausschusse statt]. Über Anträge wegen Erteilung von Legitimationsscheinen für alle [anderen] Arten des Gewerbebetriebes im Umherziehen [3] beschließt der Bezirksausschuß. Gegen den versagenden Beschluß findet innerhalb zwei Wochen der Antrag auf mündliche Verhandlung im Verwaltungsstreitverfahren statt [4].

1) jetzt Legitimationskarte GewO. § 44a Abs. 1 in der Fassung v. 26. 7. 1900 (RGBl. 871), vgl. Vdg. v. 31. 12. 1883 (Nr. 10) § 2.

2) Der Legitimationsschein zum Gewerbebetriebe im Umherziehen (Wandergewerbeschein) kann jetzt in allen Fällen nicht mehr durch die untere Verwaltungsbehörde erteilt werden.

3) jetzt Wandergewerbescheine GewO. §§ 55—66; Bek. RKzl. v. 4. 1. 1873, betr. die Ausstellung von Legitimationskarten zum Gewerbebetriebe im Umherziehen für Ausländer (RZBl. 3); Bek. RKzl. v. 27. 11. 1896, betr. Ausführungsbestimmungen zur GewO. (RGBl. 745); AusfAnw. v. 1. 5. 1904 zur GewO. (MinBlHand. 123) Nr. 63—84.

4) Verfahren LVG. §§ 115—126, § 69; GewO. §§ 20, 21, 63. Wenn der Wandergewerbeschein nach GewO. § 57 Nr. 5 wegen mangelnden Bedürfnisses versagt wird, so findet Beschwerde an den OPräs. statt GewO. § 63 II; AusfAnw. Nr. 73. In Berlin tritt an die Stelle des beschließenden BezA. der PolPräs., gegen dessen abweisenden Bescheid innerhalb zweier Wochen die Klage beim BezA. Berlin erhoben werden kann § 161 II. Rechtsmittel § 118.

§ 118. In den Fällen der §§ 115, 116 und 117 ist gegen die Endurteile des Bezirksausschusses nur das Rechtsmittel der Revision zulässig[1]

1) Ausnahme vom LVG. § 83.

§ 119. Der Kreisausschuß, in Stadtkreisen und in den zu einem Landkreise gehörigen Städten mit mehr als 10 000 Einwohnern[1] der Bezirksausschuß[2], entscheidet[3] auf Klage der zuständigen Behörde[4]:

1) über die Untersagung des Betriebes der im §. 35 der Reichsgewerbeordnung und der im §. 37 a. a. O. gedachten Gewerbe;

2) über die Zurücknahme von Konzessionen zum Betriebe der Gast- und Schankwirtschaft, zum Kleinhandel mit Branntwein und Spiritus, sowie zum Betriebe des Pfandleihgewerbes und zum Handel mit Giften (§. 53 a. a. O.).

1) § 162.

2) auch in Berlin.

3) Verfahren GewO. §§ 20, 21 40 II, 54; AusfAnw. v. 1. 5. 1904 (MinBlHand. 123) Nr. 59—62. Rechtsmittel LVG. §§ 82, 83, 93.

4) Ortspolizeibehörde AusfAnw. Nr. 59; in Hannover u. U. der Landgemeinde- oder Gutsvorsteher KrO. v. 6. 5. 1884 (GS. 181) § 35 Nr 6, 7, § 36.

§ 120. Der Bezirksausschuß entscheidet[1] auf Klage der zuständigen Behörde[2] über die Zurücknahme:

1) der im vorstehenden §. 119 Nr. 2 nicht gedachten, im § 53 der Reichsgewerbeordnung aufgeführten Approbationen, Genehmigungen und Bestallungen, mit Ausnahme der Konzessionen der Markscheider[3];

[2) der Konzessionen der Versicherungsunternehmer[4], sowie der Auswanderungsunternehmer und Agenten[5]];

3) der Konzessionen der Handelsmakler[6];

4) der Patente der Stromschiffer (§. 31 Absatz 3 der Reichsgewerbeordnung[7]);

5) der Prüfungszeugnisse der Hebammen (§. 30 Absatz 2[8] a. a O.[9]).

1) Verfahren GewO. §§ 20, 21, 40 II, 54. Rechtsmittel; Berufung LVG § 83.

2) § 119 Anm. 3; AusfAnw. zur GewO. §§ 43, 59.

3) BergG. v. 24. 6. 1865 § 190; Erl. v. 2. 7. 1900 (MinBlHand. 220).

4) jetzt RG. vom 12 5. 1901 (RGBl. 139); Vdg. v. 30. 6. 1901 (Nr. 17).

5) jetzt RG. v. 9. 6. 1897 über das Auswanderungswesen (RGBl. 463); Erl. Min. Inn. Hand. v. 11. 2. 1898 (MinBlInn. 35); Stempeltarifstelle 22, c, k.

6) Anwendbar auf die Ermächtigung der Handelsmäkler zu öffentlichen Käufen und Verkäufen AG. z. BGB. Art. 13 II, im übrigen gegenstandslos geworden, da die Handelsmäkler für ihren sonstigen Gewerbebetrieb keiner Konzession bedürfen; und die Entlassung der Kursmakler in einem anderen Verfahren stattfindet BörsenG. v. 27. 5. 1908 (RGBl. 215) § 30; EG. z. HGB. Art. 14; Erl. Min. Hand. v. 14. 11. 1896 §§ 1, 4.

7) AusfAnw. v. 1. 5. 1904 zur GewO. (MinBlHand. 123) Nr. 40, 41, 43 (über deren Gültigkeit OVG. 48, 293), BinnenschiffahrtsG. v. 20. 5. 1898 (RGBl. 868) § 132, FlößereiG. v 15. 6. 1895 (RGBl. 341) § 32, von deren Bestimmungen noch kein Gebrauch gemacht ist.

8) jetzt Absatz 3.

9) Erl Kult. Min. v. 6. 8. 1883, betr das Hebammenwesen (MinBlInn. 211), ergänzt durch Erl. v. 16. 5. 1884 (MinBlInn. 124) und abgeändert durch Erl. v. 24. 2. 1900 (MinBlInn. 100); AusfAnw. v. 1. 5. 1904 zur GewO. (MinBlHand. 123) Nr. 36. Dienstanw v. 14. 9 1912 (MinBlMed. 1913, 32) Vereidigung: Erl. v. 24. 2. 1900

(MinBlMed. 100); Gebühren G. v. 10. 5. 1908 (GS. 103). Hebammenlehrbuch 29. 6. 1918 (MinBlMed. 236).

§ 121. Insofern durch Reichsgesetz bestimmt wird, daß außer den in §§. 114 bis 120 aufgeführten Gewerbetreibenden noch andere einer Konzession (Approbation, Genehmigung, Bestallung) zum Gewerbebetriebe bedürfen oder noch anderen Gewerbetreibenden der Gewerbebetrieb untersagt oder die ihnen erteilte Konzession zurückgenommen werden kann, so wird die zur Erteilung der Konzession, Untersagung des Gewerbebetriebes, beziehungsweise Zurücknahme der Konzession zuständige Behörde durch Königliche Verordnung[1] bestimmt[2].

1) Staatsministerium, PrVerf. v. 30. 11. 1920 (GS. 543) Art. 82 (1).

2) Erlassen und in Kraft sind Vdg. v. 31. 12. 1883 (Nr. 10 dieser Ausgabe); Vdg. v. 20. 8. 1894 (Nr. 13); Vdg. v. 30. 7. 1900 (Nr. 16). Die Vorschrift hat neben dem weitergehenden G. v. 27. 4. 1885 zur Ergänzung des § 7 des Gesetzes über die allgemeine Landesverwaltung vom 30. Juli 1883 (Nr. 4 dieser Ausgabe) keine besondere Bedeutung mehr, vgl. auch § 109 II.

C. Ortsstatuten.

§ 122. Der Bezirksausschuß beschließt[1] über die Genehmigung von Ortsstatuten, betreffend gewerbliche Angelegenheiten (§. 142 der Reichsgewerbeordnung[2] und §. 57 Nr. 2 der Verordnung vom 9. Februar 1849, Gesetz-Samml. S. 93[3]).

1) Ausnahme von §§ 16 III, 31 I; von den entsprechenden Bestimmungen der Städte- und Landgemeinde-Ordnungen nicht berührt. Vgl. AusfAnw v 1 5. 1904 zur GewO. (MinBlHand. 123) Nr. 272. In Berlin ist in I. Instanz

der OPräs. zuständig. Die Beschwerde geht an den ProvR., in Berlin und in Hohenzollern an den MinHand.

2) inzwischen wesentlich geändert. Es können jetzt auch statutarische Bestimmungen eines weiteren Kommunalverbandes erlassen werden, die ebenfalls der Genehmigung der höheren Verwaltungsbehörde bedürfen. Gemeint sind Statuten aus GewO. § 33 III, 34 I, 105b II, 119a II, 120 III, 139c II; GewGerG. v. 30. 6. 1901 § 1 II. Vgl. BauforderungsG. v. 1. 6. 1909 (RGBl. 449) § 50, Inkrafttreten nach § 9.

3) Eingeschränkt durch die Vorschriften über die Kosten der durch Innungen, Innungsverbände und Handelskammern unterstützten Anstalten GewO. §§ 81b Nr. 1, 88 III, 100c, 101 I, 103n I, 104 II, 120 I, III, 127, 139i; HGB. § 76 IV BergG. in der Fassung v. 24. 6. 1892 (GS. 131) § 87 und durch G. v. 4. 5. 1886 (GS. 143) und v. 24. 2. 1897 (GS. 41) über die Errichtung und Unterhaltung von Fortbildungsschulen in den Provinzen Westpreußen und Posen. GewO. § 81b ist geändert durch EinfG. v. 19. 7. 1911 zur ReichsversicherungsO. (RGBl. 839) Art. 103. Vgl. Erl. Kult. Min. 17. 6. 1874, betr. die Errichtung gewerblicher Fortbildungsschulen (MinBlInn. 30); Erl. Min. Hand. v. 10. 12. 1903, betr. Normalstatut für Fortbildungsschulen (MinBlHand. 411); AusfAnw. v. 1. 5. 1904 zur GewO. (MinBlHand. 123) Nr. 195—197. Vdg. v. 28. 3. 1919 (RGBl. 354).

D. Innungen.

§ 123[1].

1) Bezog sich auf die „bestehenden Innungen" im Sinne der GewO. v. 21. 6. 1869 (RGBl. 245), deren Umwandlung schon durch RG. v 18. 7. 1881 (RGBl. 233) Art. 3 bis zum Ablauf des Jahres 1885 vorgesehen war. Das RG. v. 26. 7. 1897 (RGBl. 663) hat über die früher den bestehenden Innungen gewidmeten Paragraphenzahlen anderweitig verfügt.

§ 124. Der Bezirksausschuß beschließt über die Genehmigung von Innungsstatuten und deren Abänderung [(§. 92 der Reichsgewerbeordnung[1]; §. 98 b a. a. O. in der Fassung des Reichsgesetzes vom 18. Juli 1881 (Reichs-Gesetzbl. S. 233)[2].]

Gegen den, die Genehmigung versagenden Beschluß findet innerhalb zwei Wochen der Antrag auf mündliche Verhandlung im Verwaltungsverfahren[3] statt.

Gegen die Entscheidung des Bezirksausschusses ist nur das Rechtsmittel der Revision zulässig[4].

1) Bezog sich auf bestehende Innungen und ist ersatzlos weggefallen.

2) Ersetzt durch § 84 der Fassung von 1900; AusfAnw. v. 1. 5. 1904 (MinBlHand. 123) Nr. 88—91. Bezieht sich nicht auf Nebenstatuten GewO. § 85.

3) Verfahren LVG. §§ 69, 74 III. Die § 20, 21 GewO. sind nicht anwendbar. In Berlin tritt an die Stelle des beschließenden BezA. der PolPräs., an die Stelle des Antrags auf mündliche Verhandlung die Klage beim BezA. 161.

4) Ausnahme von LVG. § 83.

§ 125. Der Entscheidung des Bezirksausschusses[1] unterliegen Streitigkeiten zwischen Ortsgemeinden und Innungen infolge der Auflösung der letzteren [gemäß §. 94 Absatz 4 der Reichsgewerbeordnung[2] (§. 103 a Absatz 3 des Reichsgesetzes vom 18. Juli 1881)[3].]

Ingleichen findet in den Fällen [des §. 95 Absatz 1[4]] der Reichsgewerbeordnung [und des §. 104 Absatz 7 und 8 des Reichsgesetzes vom 18. Juli 1881[5]] innerhalb der gesetzlichen Frist von vier Wochen gegen die dort erwähnten Entscheidungen der Aufsichtsbehörde die Klage bei[6] dem Bezirksausschusse statt.

1) VerwStrVerf., die §§ 20, 21 GewO. sind nicht anwendbar. Rechtsmittel Berufung LVG. § 83.

2) Bezog sich auf bestehende Innungen und ist ersatzlos weggefallen.

3) Ersetzt durch §§ 98, 98a der Fassung v. 26. 7. 1900, nicht anwendbar in den Fällen §§ 100t V, 104n III. Der § 98 III GewO. ist geändert durch EG. v. 19. 7. 1911 zur ReichsVersO. (RGBl. 839) Art. 103.

4) Bezog sich auf bestehende Innungen und ist ersatzlos weggefallen.

5) Ersetzt durch § 96 VII, § 101 IV der Fassung vom 26. 7. 1900, anwendbar auf Zwangsinnungen GewO. § 100c und Innungsausschüsse § 101 IV.

6) einzureichen beim BezA.: sein Urteil ist endgültig GewO. § 96 VII.

§ 126. Der Bezirksausschuß entscheidet[1] auf Klage der Aufsichtsbehörde über die Schließung einer Innung oder eines gemeinsamen Innungsausschusses [(§. 103 des Reichsgesetzes v. 18. Juli 1881)[2]]

Der Bezirkausschuß kann vor Erlaß des Endurteils nach Anhörung des Innungsvorstandes oder des gemeinsamen Innungsausschusses die vorläufige Schließung der Innung oder des gemeinsamen Innungsausschusses anordnen[3], welche alsdann bis zum Erlaß[3] des Endurteils fortdauert.

1) Die §§ 20, 21 GewO sind nicht anwendbar. Rechtsmittel: Berufung LVG. § 83 II.

2) Ersetzt durch GewO. §§ 97, 102 I—III der Fassung v. 26. 7. 1900, anwendbar auf Zwangsinnungen § 100c, 100t VI und Innungsausschüsse §§ 102 III. Vgl. dazu AusfAnw. v. 1. 5 1904 zur GewO (MinBlHand. 123) Nr. 93, 94.

3) im Beschlußverfahren. Beschwerde LVG. §§ 121, 123; Vollstreckung § 53. Der BezA. ist auch in Berlin zuständig.

4) bis zum Eintritt der Rechtsmittel.

E. Märkte.

§ 127. Der Provinzialrat[1] beschließt über die Zahl, Zeit und Dauer der Kram- und Viehmärkte[2].

Gegen den Beschluß findet die Beschwerde[3] an den Minister für Handel und Gewerbe statt.

1) in Berlin der OPräs. Eine Königliche Verordnung kann nur auf demselben Wege abgeändert werden, auf dem sie erlassen ist Vdg. v 21. 7. 1885 (GS. 313); Vdg. v 10. 9 1894 (GS. 163); Kgl. Erl. v. 18. 10. 1906 (GS. 435).

2) ALR. II 8 §§ 103—107; Vdg. v. 2. 6. 1827, betr die polizeilichen Verhältnisse des Leinengewerbes in Schlesien und der Grafschaft Glatz (GS. 87) §§ 8, 38.

3) ohne Frist.

§ 128. Der Bezirksausschuß[1] beschließt über die Zahl, Zeit und Dauer der Wochenmärkte, über die fernere Gestattung des herkömmlichen Wochenmarktverkehrs mit gewissen Handwerkerwaren von seiten der einheimischen Verkäufer (§. 64 der Reichsgewerbeordnung), sowie darüber, welche Gegenstände außer den im §. 66 a. a. O. aufgeführten nach Ortsgewohnheit und Bedürfnis im Regierungsbezirke überhaupt oder an gewissen Orten zu den Wochenmarktsartikeln gehören.

Die Festsetzungen über Zahl, Zeit und Dauer der Wochenmärkte erfolgen unter Zustimmung der Gemeindebehörden[2] des Marktortes.

1) Beschwerde an den ProvR. in zwei Wochen; in Berlin ist in erster Instanz der BezA., in zweiter der Min. Hand zuständig, § 161.

2) Gemeindevorstand und Gemeindevertretung.

§ 129. Sofern bei Aufhebung von Märkten der in den §§. 127 und 128 bezeichneten Art Entschädigungsansprüche von Marktberechtigten in Frage kommen, bedürfen die bezüglichen Beschlüsse der Zustimmung des Ministers für Handel und Gewerbe.

§ 130. Der Bezirksausschuß beschließt[1] über die Einführung neuer, sowie über die Erhöhung oder Ermäßigung oder anderweite Regulierung bestehender Marktstandsgelder (Gesetz vom 26. April 1872, betreffend die Erhebung von Marktstandsgeldern, Gesetz-Samml. S. 513)[2].

Bei der Bestimmung des §. 5 Abs. 2 des Gesetzes vom 26. April 1872 behält es sein Bewenden.

1) Verfahren LVG. §§ 115—126; in Berlin ist in I. Instanz der BezA., in II. Instanz der Min. Hand. zuständig § 161 I.

2) eingeführt in Lauenburg durch G. v. 25. 2. 1878 (GS. 97) § 8 Nr 4; aufrecht erhalten in KommAbgG. § 11 I.

F. Öffentliche Schlachthäuser.

§ 131. Der Bezirksausschuß[1] beschließt:

1) über die Genehmigung der auf Grund der §§ 1 bis 4 des Gesetzes vom 18. März 1868, betreffend die Errichtung öffentlicher, ausschließlich zu benutzender Schlachthäuser (Gesetz-Samml. S. 277)[2], gefaßten Gemeindebeschlüsse, sowie über die Bestätigung von Verträgen zwischen einer Gemeinde und einem Unternehmer in betreff der Errichtung eines öffentlichen Schlachthauses (§. 12 a. a. O.);

2) über Entschädigungsansprüche der Eigentümer und Nutzungsberechtigten von Privatschlachtanstalten wegen des ihnen durch die Errichtung öffentlicher, ausschließlich zu benutzender Schlachthäuser zugefügten Schadens (§§. 9 bis 11 a. a. O.).

In den Fällen zu 1 findet die Beschwerde an den Minister für Handel und Gewerbe, in den Fällen zu 2 nur der ordentliche Rechtsweg gemäß § 11 a. a. O. statt.

1) Verfahren LVG. §§ 115—126; Vorbescheid zulässig, OVG 57, 290; in Berlin ist der OPräs. zuständig.

2) eingeführt in Lauenburg durch G. v. 25. 2. 1878 (GS. 97) § 8 Nr. 2; ergänzt und abgeändert durch G. v. 9. 3. 1881 (GS. 273); KommAbgG. v. 14. 7. 1893 § 11 II; G. v. 29. 5. 1902 (GS. 162); RG. v. 3 6. 1900, betr. die Schlachtvieh- und Fleischbeschau (RGBl. 547) § 20 II, in Kraft getreten am 1. 4. 1903 laut Kais. Vdg. v. 7. 7. 1902 (RGBl. 241); AusfG. v. 28. 6. 1902 (GS. 229) namentlich §§ 14, 17, 18.

G. Kehrbezirke.

§ 132. Der Bezirksausschuß[1] beschließt[2] über die Einrichtung, Aufhebung oder Veränderung der Kehrbezirke für Schornsteinfeger (§. 39 der Reichsgewerbeordnung[3]).

1) auch in Berlin § 161.

2) Beschwerde an den ProvR., im Landespolizeibezirk Berlin an den Min Hand.

3) G. v. 24. 4. 1888 (GS. 79); Erl. Min. Inn. Hand. v. 5. 2. 1907 (MinBlHand. 25). Erl. Min. Hand Inn v. 31 10. 1917 (MinBlHand. 349)

H. Ablösung gewerblicher Berechtigungen.

§ 133. Der Bezirksausschuß entscheidet[1] über Anträge auf Ablösung von Gewerbeberechtigungen und auf Entschädigung für aufgehobene Gewerbeberechtigungen[2].

Gegen die Endurteile des Bezirksausschusses findet unter Ausschluß anderer Rechtsmittel nur die Berufung an das Oberverwaltungsgericht statt[3].

1) im VerwStrVerf.

2) Über die anzuwendenden materiellen Gesetze vgl. Friedrichs, ZustG. S. 252.

3) nach der Regel LVG. § 83.

XVII. Titel.

Handelskammern, kaufmännische Korporationen, Börsen.

§ 134[1].

1) Ersetzt durch HandelskammerG. v. 19. 8. 1897 (GS. 355) § 31. Vgl. G v 2. 6. 1902 (GS. 161), v. 14. 1. 1921 (GS. 223).

§ 135[1].

1) Ersetzt durch HKG. v. 19. 8 1897 (GS. 355) §§ 15, 18—21, 27—29.

§ 136. Gegen Beschlüsse des Vorstandes einer kaufmännischen Korporation[1] über die Aufnahme, die Suspension oder die Ausschließung von Mitgliedern, die Gültigkeit der Vorstandswahlen, die Rechte und Pflichten der Mitglieder und die Verhängung von Ordnungsstrafen gegen Mitglieder findet, soweit nach dem Statut gegen dergleichen Beschlüsse der Rekurs an eine Behörde zulässig ist, anstelle desselben innerhalb zwei Wochen[2] die Klage bei dem Bezirksausschusse[3] statt.

1) HKG. v 19. 8. 1897 (GS. 355) § 44; EinfG. v. 24. 6. 1861 z. Allg. HGB (GS. 449) Art 3 § 4. Handelskammern und Älteste der Kaufmannschaft in Berlin: Vfg. MinHand. v. 19. 4 1918 (MinBlHand 172).

2) Beginn LVG. § 52.

3) auch in Berlin, Rechtsmittel § 138.

§ 137. Gegen Beschlüsse der Handelskammer oder des Vorstandes einer kaufmännischen Korporation, durch welche [die Erlaubnis zum Besuche der, der Aufsicht der Handelskammer oder kaufmännischen Korporation unterstellten Börse versagt, auf Zeit oder für immer entzogen[1]], eine Beschwerde über unrichtige Einschätzung zu den Börsenbeiträgen zurückgewiesen, [oder über einen Handelsmakler eine Ordnungsstrafe verhängt] wird, findet, soweit nach der Börsen- [oder Makler-]ordnung gegen dergleichen Beschlüsse der Rekurs an eine Behörde zulässig ist, anstelle desselben innerhalb zwei Wochen[2] die Klage bei dem Bezirksausschusse[3] statt.

1) Der in kleinerer Schrift gedruckte Text ist gegenstandslos durch BörsenG. v. (8.) 27. 5. 1908 (RGBl. 215) §§ 4, 5, 7.

2) Beginn LVG. § 52.

3) auch in Berlin, Rechtsmittel Revision § 138.

§ 138. Gegen die Endurteile des Bezirksausschusses in den Fällen der §§. 135—137 ist nur das Rechtsmittel der Revision zulässig[1]

1) Ausnahme von LVG. § 83.

XVIII. Titel.

Feuerlöschwesen[1].

§ 139. Der Kreisausschuß beschließt[2], soweit die Vorschriften über das Feuerlöschwesen nicht entgegenstehen, über die Genehmigung und erforderlichen Falls über die Anordnung zur Bildung, Veränderung und Aufhebung von Verbänden mehrerer Landgemeinden oder Gutsbezirke behufs gemeinschaftlicher Anschaffung und Unterhaltung von Feuerspritzen (Spritzenverbänden).

Über die gemeinschaftlichen Angelegenheiten jedes Spritzenverbandes, insbesondere über die Aufbringungsweise und die Verteilung der Kosten, sind, soweit dies notwendig ist, die erforderlichen Festsetzungen durch ein unter den Beteiligten zu vereinbarendes Statut, welches der Bestätigung des Kreisausschusses bedarf, zu treffen. Kommt eine Vereinbarung über das Statut binnen einer von dem Kreisausschusse zu bemessenden Frist nicht zustande, oder wird dem Statute die Bestätigung wiederholt versagt, so stellt der Kreisausschuß das Statut fest.

1) Die Vorschriften dieses Titels werden von denen des RG. v. 12. 5. 1901 über die privaten Versicherungsunternehmungen (RGBl. 139) nicht berührt; ebensowenig von denen des G. v. 12. 6. 1889 (Nr. 9) und des G. v. 7. 3. 1908 (Potsdam) Sie sind für Schlesien durch G. v. 30. 3. 1887 (GS. 95) § 2 ausdrücklich aufrecht erhalten. Spritzenverbände können jetzt entweder nach § 139 oder nach ZweckVerbG. v. 19. 7. 1911 (GS. 115), (an Stelle von LGemO. östl. und Schl.-Holst. §§ 128—138, Hess.-Nass. § 100—110) errichtet worden. Wenn aber der Zweck des Verbandes auf die Beschaffung anderer Löschgeräte als gerade der Spritzen gerichtet ist, oder wenn Städte, Landbürgermeistereien, Ämter oder Landkreise sich beteiligen wollen, so muß ein Zweckverband nach dem ZweckVerbG. gebildet werden, OVG. 48, 321

2) LVG. §§ 115—126.

§ 140. Über die infolge Veränderung oder Aufhebung eines Spritzenverbandes notwendig werdende Auseinandersetzung zwischen den Beteiligten beschließt[1] der Kreisausschuß

Gegen den Beschluß findet innerhalb zwei Wochen der Antrag auf mündliche Verhandlung im Verwaltungsstreitverfahren statt

Streitigkeiten zwischen den beteiligten Gemeinden oder Gutsbezirken über ihre Berechtigung oder Verpflichtung zur Teilnahme an den Nutzungen beziehungsweise Lasten des Spritzenverbandes unterliegen der Entscheidung des Kreisausschusses im Verwaltungsstreitverfahren[3].

1) LVG. §§ 115—120.

2) LVG. § 69, Rechtsmittel Berufung und Revision LVG. §§ 82, 93.

3) Rechtsmittel wie Anm. 2.

XIX. Titel.

Hilfskassen.

§§ 141, 142[1].

1) Gegenstandslos, da das HilfskassenG. durch RG. v. 20. 12. 1911 (RGBl 985) aufgehoben ist, vgl. auch EinfG. v. 19. 7 1911 zur ReichsVerO. (RGBl. 839) Art 25—28.

XX. Titel.

Baupolizei.

§ 143. Der Bezirksausschuß[1] beschließt[2] über die Anwendung der in den Städten geltenden feuer- und baupolizeilichen Vorschriften bei Gebäuden auf solchen zum platten Lande gehörigen Grundstücken, welche innerhalb der Städte oder im Gemenge mit städtischen bebauten Grundstücken liegen, gemäß den Vorschriften der Verordnung vom 17. Juli 1846 (Gesetz-Samml. S. 399[3]).

1) in Berlin der OPräs., in II. Instanz der Min. Arb. LVG. § 43 III.

2) Verfahren LVG. §§ 115—126.

3) Gültig im damaligen Umfang des Staats, auf die neu erworbenen Landesteile nicht ausgedehnt.

§ 144. Über die Anwendung der Bestimmungen der Verordnung vom 21. Dezember 1846, betreffend die bei dem Bau von Eisenbahnen beschäftigten Handarbeiter (Gesetz-Samml. 1847 S. 21[1]), auf andere öffentliche Bauausführungen (Kanal- und Chausseebauten 2c.) gemäß §. 26 der gedachten Verordnung beschließt:

1) insoweit es sich um Bauten der Kreise, Amts-, Wegeverbände oder Gemeinden handelt, der Regierungspräsident unter Zustimmung des Bezirksausschusses[2];
2) insoweit es sich um Bauten des Provinzialverbandes handelt, der Oberpräsident unter Zustimmung des Provinzialrats[3];
3) für den Stadtkreis Berlin der Oberpräsident[4]

1) Eingeführt im Jadegebiet durch Erl. v. 3. 8. 1855 (GS. 631); in den neuen Provinzen durch Vdg. v. 19. 8. 1867 (GS. 1426) § 1; in Lauenburg durch G. v. 25. 2. 1878 (GS. 1897) § 8 Nr. 1.

2) im Beschlußverfahren. Beschwerde an den ProvR.

3) endgültig.

4) Beschwerde an den Min. Arb.

I **§ 145.** Über Dispense von Bestimmungen der Baupolizeiordnungen beschließt nach Maßgabe dieser Ordnungen der Kreisausschuß[1], in Stadtkreisen und in den zu einem Landkreise gehörigen Städten von mehr als 10 000 Einwohnern der Bezirksausschuß[2], soweit die Angelegenheit nicht nach diesen Ordnungen zur Zuständigkeit anderer Organe[3] gehört. Verfügungen der letzteren unterliegen der Anfechtung nur im Wege der Beschwerde an die Aufsichtsbehörde[4].

II Der Bezirksausschuß tritt in betreff der Zuständigkeit zur Erteilung von Dispensen in allen Fällen an die Stelle der Bezirksregierung.

Zur Einlegung der Beschwerde gegen den Beschluß III ist auch die zur Erteilung der Bauerlaubnis zuständige Behörde befugt, welcher der Beschluß zuzustellen ist.

Gegen die Beschlüsse des Bezirksausschusses IV in erster Instanz und des gemäß Absatz 1 entscheidenden Regierungspräsidenten findet binnen zwei Wochen die Beschwerde an den Oberpräsidenten statt, der endgültig entscheidet[5].

1) Beschwerde an den BezA.

2) Rechtsmittel Abs. IV. Im Landespolizeibezirk Berlin ist der BezA. zuständig § 161

3) z. B. der Ortspolizeibehörde.

4) Ausnahme von LVG. § 127.

5) Abs. IV in der Fassung des Wohnungsgesetzes v. 28. 3 1918 (GS. 23) Art. 4 § 5.

§ 146. Die §§. 17 und 18 des Gesetzes, betreffend die Anlegung und Veränderung von Straßen und Plätzen in Städten und ländlichen Ortschaften, vom 2. Juli 1875 (Gesetz-Samml. S. 561)[1], werden aufgehoben.

Die Wahrnehmung der in den §§. 5, 8, 9 a. a. O. dem Kreisausschusse beigelegten Funktionen liegt für den Stadtkreis Berlin dem Minister der öffentlichen Arbeiten, für die übrigen Stadtkreise, sowie für die zu einem Landkreise gehörigen Städte mit mehr als 10 000 Einwohnern dem Bezirksausschusse ob[2]. Die Bestätigung der Statuten nach den §§. 12 und 15 a. a. O. erfolgt für den Stadtkreis Berlin durch den Minister des Innern.

1) Eingeführt in Lauenburg durch G. v. 25. 2. 1878 (GS. 1897) § 8 Nr. 5. Auch § 16 des Gesetzes ist durch LVG. §§ 51, 153 überflüssig geworden.

2) Anwendbarkeit erweitert in § 13a (1) (2) des Fluchtliniens. in der Fassung des WohnungsG. v. 28. 3. 1918 (GS. 23) Art. 1 Nr. 8. Durch das WohnungsG. werden auch §§ 5, 12, 15 des FluchtlinienG. geändert und ergänzt

XXI. Titel.

Dismembrations- und Ansiedlungssachen.

§ 147. Die §§. 22 und 23 des Gesetzes vom 25. August 1876, betreffend die Verteilung der öffentlichen Lasten bei Grundstücksteilungen uud die Gründung neuer Ansiedelungen in den Provinzen Preußen, Brandenburg, Pommern, Posen, Schlesien, Sachsen und Westfalen (Gesetz-Samml. S. 405), treten außer Kraft[1].

1) Vgl. G. v. 10. 8. 1904, betr. die Gründung neuer Ansiedelungen (GS. 227); G. v 4. 7. 1887 für Hannover (GS. 324); v. 13. 6. 1888 für Schleswig-Holstein (GS. 243); v. 11. 6. 1890 für Hessen-Nassau (GS. 173); v. 16. 9. 1899 für alle diese Gebiete (GS. 497); sämtlich aufrecht erhalten durch EG. z. BGB. Art. 111.

§ 148. Die in den §§. 1 bis 4 des Lauenburgischen Gesetzes vom 4. November 1874, betreffend die Gründung neuer Ansiedelungen im Herzogtum Lauenburg (Offizielles Wochenbl. S. 291)[1], dem Landrate zugewiesene Entscheidung über die Gestattung neuer Ansiedelungen ist von der Ortspolizeibehörde zu treffen.

Gegen den Bescheid, welcher mit Gründen zu versehen und dem Antragsteller, sowie denjenigen, welche Widerspruch erhoben haben, zu eröffnen ist, steht den Beteiligten innerhalb zwei Wochen die Klage im Verwaltungsstreitverfahren bei dem Kreisausschusse zu.

1) Durch das zu § 147 erwähnte G. v 13. 6. 1888 (GS. 243) nicht berührt.

§ 149. Im Geltungsbereiche des Lauenburgischen Gesetzes vom 22. Januar 1876, betreffend die Verteilung der öffentlichen Lasten bei Grundstückszerstückelungen (Offizielles Wochenblatt S. 11), tritt

1) an die Stelle der im §. 12 Absatz 2 den Beteiligten und der Patronatsbehörde offen gehaltenen Beschwerde gegen die Lastenverteilung, innerhalb der dort bestimmten Frist von zwei Wochen, die Klage beim Kreisausschusse im Verwaltungsstreitverfahren und,

2) an die Stelle der vorläufigen Festsetzung des Landrats über die Lastenverteilung (§. 16 a. a. O.) die vorläufige Festsetzung durch Beschluß des Kreisausschusses, gegen welchen eine Beschwerde nicht stattfindet.

XXII. Titel.

Enteignungssachen.

§ 150. Die Befugnisse und Obligenheiten, welche in dem Gesetze vom 11. Juni 1874 über die Enteignung von Grundeigentum (Gesetz-Samml. S. 221)[1] den Bezirksregierungen (Landdrosteien) beigelegt worden sind, werden in den Fällen der §§. 15, 18 bis 20, 24 und 27 von dem Regierungspräsidenten[2], in den Fällen der §§. 3, 4, 5, 14, 21, 29, 32 bis 35 und 53 Absatz 2 von dem Bezirksausschusse im Beschlußverfahren, in dem Stadtkreise Berlin von der ersten Abteilung des Polizeipräsidiums, wahrgenommen. I

Auch gehen auf den Bezirksausschuß beziehungsweise die erste Abteilung des Polizeipräsidiums in Berlin die nach den §§. 142 ff. des Allgemeinen Berggesetzes vom 24. Juni 1865 (Gesetz-Samml. S. 705)[3] der Bezirksregierung zustehenden Befugnisse über II

III Gegen die in erster Instanz gefaßten Beschlüsse des Bezirksausschusses beziehungsweise der ersten Abteilung des Polizeipräsidiums findet, soweit nicht der ordentliche Rechtsweg zulässig ist, innerhalb zwei Wochen die Beschwerde an den Minister der öffentlichen Arbeiten statt[4].

IV Bei der für die Erhebung der Beschwerde in § 34 des Gesetzes vom 11. Juni 1874 bestimmten Frist von drei Tagen behält es sein Bewenden.

1) Geändert durch EG. z. BGB. Art. 109 in Verb. mit Art. 52, 53. Ausgedehnt durch FluchtlinienG. v. 2. 7. 1875 (GS. 561) §§ 13, 14; KleinbahnG. v. 28. 7. 1892 (GS. 225) §§ 36, 37. Anwendbarkeit erweitert: HochwasserG. v. 4. 8. 1904 für Brandenburg (GS. 197) § 11, aufrechterhalten in WasserG. § 395, 7; RuhrreinhaltungsG. v. 5. 6. 1913 (GS. 305) § 28; SesekeG. v. 5. 6. 1913 (GS. 329) § 27. Vereinfachtes Verfahren NotVdg. v. 11. 9. 1914 (GS. 159, 174), geändert durch Vdgen. v. 27. 3. 1915 (GS. 57, 115), v. 25. 9. 1915 (GS. 1915, 141; 1916, 9), WohnungsG. v. 28. 3. 1918 (GS. 23) Art. 2. RegVdg. v. 11. 12. 1918 (GS. 197). Für Bergbau (Abs. II) Vdg. v. 10. 4. 1918 (GS 41).

2) in Berlin von dem PolPräs. LVG. § 42 II.

3) Eingeführt in Schleswig-Holstein durch G. v. 12. 3 1869 (GS. 453); Lauenburg G. v. 6. 5 1868 (Off. Wochenbl. Nr 36); Hannover Vdg. v. 8 5. 1867 (GS. 601); im Jadegebiet durch G. v. 23. 3. 1873 (GS 107); in den Gr. Hessischen und Ldgr. Hessischen Landesteilen durch Vdg. v 22. 2. 1867 (GS. 242); in Kurhessen, Frankfurt a. M. und den vormals Bayrischen Landesteilen durch Vdg. v. 1. 6. 1867 (GS. 770); in Nassau durch Vdg. v. 22. 2. 1867 (GS. 237). Über die abändernde neuere Gesetzgebung vgl. Westhoff und Schlüter, Berggesetz (Berlin 1906) B 12 der Guttentagschen Sammlung S. 6—13. Arndt (8. Aufl 1915).

4) Über die Beschwerde gegen gemeinschaftliche Beschlüsse des BezA. und des OBergamts s. BergG. §§ 145, 192, 193.

§ 151. Die nach §. 53 Absatz 1 des Gesetzes vom 11. Juni 1874 dem Landrate (in Hannover der betreffenden Obrigkeit) zugewiesene Entscheidung ist durch Beschluß des Kreis- (Stadt-) Ausschusses[1] zu treffen.

Der § 56 des gedachten Gesetzes tritt außer Kraft

1) Beschwerde an den BezA LVG. § 121; in Berlin an die I. Abt. des PolPräs. § 150 I.

§ 152. Soweit nach den für Enteignungen im Interesse der Landeskultur im § 54 Nr. 1 des Gesetzes vom 11. Juni 1874 aufrecht erhaltenen Gesetzen[1] in Verbindung mit dem Gesetze über die allgemeine Landesverwaltung vom 30. Juli 1883, der Regierungspräsident über die Enteignung Entscheidung zu treffen haben würde, beschließt[2] der Bezirksausschuß, jedoch — unbeschadet der Vorschriften im § 97 des gegenwärtigen Gesetzes[3] — mit Ausnahme der Enteignungen für die Zwecke von Deichen, welche einem Deichverbande angehören, und für die Zwecke der Sielanstalten in den Verbandsbezirken[4].

1) Aufzählung in Friedrichs, Kommentar zum Zuständigkeitsgesetz S. 273. AusgrabungsG. v. 26. 3. 1914 (GS. 41).

2) LVG. §§ 115—126; in Berlin ist der OPräs. statt des BezA zuständig. Rechtsmittel Beschwerde an den ProvR., im Stadtkreise Berlin an den Min. Landw.

3) Gegegenstandslos s. zu § 97.

4) WasserG. v. 7. 4. 1913 (GS 53) §§ 311—313.

§ 153. Der Bezirksausschuß beschließt[1] endgültig[2] vorbehaltlich des ordentlichen Rechtsweges über die Feststellung der Entschädigung in den Fällen der §§. 39ff. des Reichsgesetzes vom 21. Dezember 1871, betreffend die Beschränkungen des Grundeigentums in der Umgebung von Festungen (Reichs-Gesetzbl. S. 459[3]).

1) LVG. §§ 115—120.

2) LVG. § 126.

3) Ergänzt und verändert durch EG. z. BGB. Art 52 bis 54. G. v. 27. 4. 1920 über Enteignungsrecht von Gemeinden bei Aufhebung oder Ermäßigung von Rayonbeschränkungen (RGBl. 697).

XXIII. Titel.

Personenstand und Staatsangehörigkeit.

§ 154. Die staatliche Aufsicht über die Amtsführung der Standesbeamten[1] wird in den Landgemeinden und Gutsbezirken von dem Landrat als Vorsitzenden des Kreisausschusses[2], in höherer Instanz von dem Regierungspräsidenten und dem Minister des Innern, in den Stadtgemeinden von dem Regierungspräsidenten, in höherer Instanz von dem Oberpräsidenten und dem Minister des Innern[3], im Stadtkreise Berlin von dem Oberpräsidenten und in höherer Instanz von dem Minister des Innern geführt.

[In dem Bezirke des Oberlandesgerichts zu Cöln bewendet es bei den dieserhalb zur Zeit bestehenden Vorschriften[4]].

Die Festsetzung der Entschädigung für die Wahrnehmung der Geschäfte des Standesbeamten in den Fällen des §. 7 Absatz 2 des Reichsgesetzes vom 6. Februar 1875 (§. 5 Absatz 1 des Gesetzes vom 8.[5] März 1874) erfolgt[6] in den Stadtgemeinden durch die Gemeindevertretung, für die Landgemeinden durch Beschluß des Kreisausschusses. Beschwerden über die Festsetzung sind in beiden Fällen innerhalb zwei Wochen bei dem Bezirksausschusse anzubringen. Der Beschluß des Bezirksausschusses ist endgültig[7].

1) RG. v. 6. 2. 1875 (RGBl. 23); EG. z. BGB. Art. 46; FGG. §§ 69—71; Vfg. Min Inn. Just v. 17. 10. 1899; Vfg. Min. Inn. v. 31. 1. 1904 (MinBlInn. 32).

2) KrO. v. 19. 3. 1881 (GS. 180) § 136; LVG. § 36.

3) in Hohenzollern von dem RegPräs., in höherer Instanz vom Min. Inn.

4) Aufgehoben durch Preuß. FGG. v. 21. 9. 1899 (GS. 249) Art. 132; die zugrunde liegenden Art. 50—54 des Code civil sind aufgehoben durch Preuß. AG. z. BGB. Art 89 Nr. 2.

5) richtiger v. 9. 3. 1874.

6) LVG. §§ 115—120 sind anwendbar, §§ 121—126 nicht.

7) LVG. § 126.

§ 155[1]. Gegen den Bescheid der höheren Verwaltungsbehörde, durch den der Antrag auf Aufnahme, auf Einbürgerung und auf Entlassung in den in § 40 Absatz 1 des Reichs- und Staatsangehörigkeitsgesetzes vom 22. Juli 1913 (Reichs-Gesetzbl. S. 583) aufgeführten Fällen abgelehnt worden ist, findet innerhalb zwei Wochen die Klage bei den Oberverwaltungsgerichte statt (1).

1) Fassung nach dem G. v. 18. 6. 1914 (GS. 118).

XXIV. Titel.

Steuerangelegenheiten.

§ 156[1].

Aufgehoben durch EinkStG. v. 24. 6. 1891 (GS. 175) § 85 und im EinkStG. v. 19. 6. 1906 (GS. 260) nicht wieder hergestellt.

XXV. Titel.

Ergänzende, Übergangs- und Schluß-bestimmungen.

§ 157. Durch den in dem gegenwärtigen Gesetze vorgeschriebenen Beschwerdezug an einen bestimmten Minister wird die in den bestehenden Vorschriften[1] begründete Mitwirkung anderer Minister bei Erledigung der Beschwerde nicht berührt.

1) Vgl. § 113.

§ 158. Durch die den Behörden in diesem Gesetze beigelegten Befugnisse zur Entscheidung beziehungsweise Beschlußfassung in Wegebausachen[1] und in wasserpolizeilichen Angelegenheiten[2] werden die der Landespolizeibehörde und dem Minister der öffentlichen Arbeiten nach §§. 4 und 14 des Gesetzes über die Eisenbahnunternehmungen vom 3 November 1838 (Gesetz-Samml S. 505)[3] und nach §. 7 des Gesetzes vom 1. Mai 1865[4] (Gesetz-Samml. S. 317) zustehenden Befugnisse in Eisenbahnangelegenheiten nicht berührt.

1) ZustG. §§ 55—64.

2) Statt dessen gilt jetzt WasserG. v. 7. 4. 1913 (GS 53) § 385.

3) Eingeführt in den neuen Landesteilen durch Vdg. v. 19. 8. 1867 (GS. 1426)

4) für Hohenzollern.

§ 159. Die in den §§. 7 und 22 des Gesetzes über die Eisenbahnunternehmungen vom 3. November 1838 und nach §. 9 des Gesetzes vom 1. Mai 1865 (Gesetz-Samml. S. 317) der Bezirksregierung beigelegten Befugnisse gehen auf den Minister der öffentlichen Arbeiten über.

In Streitsachen zwischen Eisenbahngesellschaften und Privatpersonen[1] wegen Anwendung des Bahngeld- und des Frachttarifs (§ 35 des ersteren Gesetzes) entscheidet fortan der ordentliche Richter[2].

1) Streitigkeiten mit anderen als Privatpersonen sind dem Rechtsweg nie entzogen gewesen.

2) GVG. § 13.

§ 160. In den Fällen der §§ [1[1]], 18, 34, 44, 46, 47, 54 und 140 des gegenwärtigen Gesetzes[2], [sowie des § 53 des Gesetzes, betreffend die Bildung von Wassergenossenschaften, vom 1. April 1879 (Gesetz-Samml. S. 297)] ist die Zuständigkeit des Kreis- (Stadt-) Ausschusses[3], des Bezirksausschusses und des Oberverwaltungsgerichts auch insoweit begründet, als bisher durch §. 79 Titel 14 Teil II Allgemeinen Landrechts, beziehungsweise §§. 9, 10 des Gesetzes über die Erweiterung des Rechtsweges vom 24. Mai 1861 (Gesetz-Samml. S. 241)[4] oder sonstige bestehende Vorschriften[5] der ordentliche Rechtsweg für zulässig erklärt war.

Der Grundsatz, daß die Entscheidungen unbeschadet aller privatrechtlichen Verhältnisse ergehen (§. 7 des Gesetzes über die allgemeine Landesverwaltung vom 30. Juli 1883), bleibt hierbei unberührt.

1) Aufgehoben, s. oben.

2) Anders nach § 137.

3) Aufgehoben durch WasserG. § 399, 11, ersetzt durch § 226.

4) Vgl Friedrichs, Kommentar zum ZustG. S. 298, 317.

5) z. B. G v 24. 5 1861 § 15 in Verb mit ZustG. § 46 V

§ 161. Für den Stadtkreis Berlin[1] ist der Bezirksausschuß[2] auch in den Fällen der §§ 14, 17 Nr. 2 und 5, 41, 110, 111, 112, [123[3]], 128, 130, 132, 145 uud 154 Absatz 3 dieses Gesetzes zuständig.

In den Fällen der §§ 115, 117, 124 und [141[3]] beschließt für den Stadtkreis Berlin anstelle des Bezirksausschusses der Polizeipräsident[4]; gegen den versagenden Beschlüß desselben findet innerhalb zwei Wochen die Klage bei dem Bezirksausschusse[5] statt.

1) LVG. § 1.

2) LVG. § 43 II.

3) veraltet, s. oben. 4) LVG. § 42 II.

5) Auf die Rechtsmittel gegen das Urteil des BezA. hat die Zuständigkeit des PolPräs. keinen Einfluß.

§ 162. Maßgebend für die Berechnung der Einwohnerzahl einer Stadt ist in betreff der Bestimmungen dieses Gesetzes[1] die durch die jedesmalige letzte Volkszählung ermittelte Zahl der ortsanwesenden Zivilbevölkerung[2].

1) und der auf Grund §§ 109, 121 erlassenen Vdgen., ebenso aber in betreff des LVG. und der übrigen zusammenhängenden Gesetzgebung, weil sonst unheilbare Widersprüche zutage treten würden. So kann z. B. die Vorschrift LVG. § 4 über den Magistrat nicht anders als gleichzeitig mit ZustG. § 109 in Geltung sein. Vgl. Nöll in PrVBl. 21, 369.

2) Für Hannover sind die Vorschriften über die Einwohnerzahl nicht in Kraft getreten, sondern durch KrO. v. 6. 5. 1884 (GS. 181) §§ 27, 28 ersetzt.

§ 163. Das gegenwärtige Gesetz tritt gleichzeitig mit dem Gesetze über die allgemeine Landesverwaltung vom 30. Juli 1883 in Kraft[1].

Bezüglich der vor diesem Zeitpunkte anhängig gemachten Sachen sind die Vorschriften des § 154 Absatz 3 des letzteren Gesetzes maßgebend[2].

1) §§ 154, 155.

2) Geändert in KrO. Hannover § 120 III; Hessen-Nassau § 119 III; Westfalen § 102 III; Rheinprovinz § 104 III; Schleswig-Holstein § 155 III; EinfG. Posen Art. VI Abs. III.

§ 164. Mit dem Tage des Inkrafttretens des gegenwärtigen Gesetzes kommt das Gesetz, betreffend die Zuständigkeit der Verwaltungsbehörden und der Verwaltungsgerichtsbehörden ꝛc., vom 26. Juni[1] 1876 (Gesetz-Samml. S. 297) in allen seinen Teilen in Wegfall.

Ingleichen treten mit dem gedachten Zeitpunkte alle mit den Vorschriften des gegenwärtigen Gesetzes in Widerspruch stehenden Bestimmungen außer Kraft.

Urkundlich unter Unserer Höchsteigenhändigen Unterschrift und beigedrucktem Königlichen Insiegel.

Gegeben Bad Gastein, den 1. August 1883.

(L. S.) **Wilhelm.**

Fürst v. Bismarck. v. Puttkamer. Maybach.
Lucius. Friedberg. v. Goßler. v. Scholz.
Gr. v. Hatzfeldt.

1) richtiger Juli.

Anhang I.

Allgemeine ergänzende Vorschriften.

Nr. 3. Gesetz vom 28. August 1876, betreffend die Geschäftssprache der Behörden, Beamten und politischen Körperschaften des Staats.

(GS. 389)[1].

Wir Wilhelm, von Gottes Gnaden König von Preußen usw. verordnen, unter Zustimmung der beiden Häuser des Landtages, für den ganzen Umfang der Monarchie, was folgt:

1) Erlautert in Friedrichs, LandesverwaltungsG 351—355. Gilt nach Maßgabe der Preußischen Verfassung v. 30. 11. 1920 (GS. 543) Art. 1 Abs. (4): Die Geschäfts- und Verhandlungssprche im öffentlichen Dienste ist die deutsche Sprache.

Art. 73:

Die Provinziallandtage können durch Povinzialgesetz neben der deutschen Sprache zulassen:

a) eine andere Unterrichtssprache für fremdsprachige Volksteile, wobei für den Schutz deutscher Minderheiten zu sorgen ist;

b) eine andere Amtssprache in gemischtsprachigen Landesteilen.

§ 1. Die Deutsche Sprache ist die ausschließliche Geschäftssprache aller Behörden, Beamten und politischen Körperschaften des Staats[2]. Der schriftliche Verkehr mit denselben findet in Deutscher Sprache statt.

2) nicht anwendbar auf diejenigen Behörden, für welche das GerichtsverfassungsG. v. 20. 5. 1898 (RGBl. 371) §§ 186—193 gilt, vgl FGG. v 20. 5 1918 (RGBl 771) § 9; wohl aber auf andere Preußische Behörden, selbst wenn sie durch Reichsgesetz eingesetzt sind.

§ 2. In dringlichen Fällen können schriftliche von Privatpersonen ausgehende Eingaben, welche in einer anderen Sprache abgefaßt sind, berücksichtigt werden. Im Falle der Nichtberücksichtigung sind sie mit dem Anheimstellen zurückzugeben, sie in Deutscher Sprache wieder einzureichen.

§ 3[1].

1) Enthielt Übergangsbestimmungen, die seit dem 3. Oktober 1886 gegenstandslos geworden sind, übrigens auf das Verfahren der Verwaltungsgerichte nie anwendbar waren.

§ 4[1]. Ist vor Gericht[2] unter Beteiligung von Personen zu verhandeln, welche der Deutschen Sprache nicht mächtig sind, so muß ein beeidigter Dolmetscher zugezogen werden[3]. I

Personen, welche der Deutschen Sprache nicht mächtig sind, leisten Eide in der ihnen geläufigen Sprache[4]. II

Das Protokoll ist in diesen Fällen in Deutscher Sprache aufzunehmen und falls es einer Genehmigung seitens einer der Deutschen Sprache nicht mächtigen Person bedarf, derselben durch den Dolmetscher in der fremden Sprache vorzutragen. III

Die Führung eines Nebenprotokolls[5] in der fremden Sprache findet nicht statt, jedoch können Aussagen und Erklärungen in fremder Sprache, wenn und soweit der Richter dies mit Rücksicht auf die Wichtigkeit der Sache IV für erforderlich erachtet, auch in der fremden Sprache in das Protokoll oder eine Anlage niedergeschrieben werden. In dazu geeigneten Fällen kann dem Protokolle eine durch den Dolmetscher zu beglaubigende Übersetzung beigefügt werden.

1) Die §§ 4—8 sind, soweit sie sich auf das Verfahren vor den in § 9 bezeichneten Behörden beziehen, weder durch GVG §§ 186—193, noch durch Pr. FGG. v. 21. 9. 1899 (GS. 249) § 144 Nr. 18 beseitigt worden.

2) gilt vor den in § 9 bezeichneten Behörden.

3) Vgl. GVG. § 187. 4) Vgl. GVG. § 190.

5) Vgl. GVG. § 187.

§ 5. Die Beeidigung des Dolmetschers erfolgt ein für allemal oder vor Ausübung seiner Verrichtung im einzelnen Falle dahin:

daß er treu und gewissenhaft übertragen werde.

Wird ein Beamter als Dolmetscher angestellt, so ersetzt der Diensteid den Dolmetschereid[1].

1) Vgl. GVG. § 191.

§ 6. Bei Handlungen der freiwilligen Gerichtsbarkeit können die Beteiligten dem Dolmetscher die Ableistung des Eides erlassen.

Dieser Verzicht muß in der Sprache der Beteiligten im Protokolle vermerkt werden.

Bei denjenigen Handlungen der freiwilligen Gerichtsbarkeit, bei denen die Zuziehung eines Protokollführers gesetzlich nicht erfordert wird, bedarf es auch der Zuziehung eines Dolmetschers nicht, wenn der Richter der fremden Sprache mächtig ist.

§ 7. Die Zuziehung eines Dolmetschers kann unterbleiben, wenn die beteiligten Personen sämtlich der fremden Sprache mächtig sind[1]. In diesem Falle kann das Protokoll, sofern es Handlungen der freiwilligen Gerichtsbarkeit betrifft, in der fremden Sprache aufgenommen, es muß jedoch die Übersetzung in das Deutsche alsbald bewirkt werden.

Falls das in deutscher Sprache aufgenommene Protokoll der Genehmigung seitens einer der Deutschen Sprache nicht mächtigen Person bedarf, ist es derselben durch eine der amtlich mitwirkenden Personen in der fremden Sprache vorzutragen.

1) Vgl. GVG. § 187 II.

§ 8. Der Dienst des Dolmetschers kann von dem Gerichtsschreiber oder Protokollführer wahrgenommen werden, sofern der Gerichtsschreiber oder Protokollführer gleichzeitig als Dolmetscher angestellt ist[1].

1) Vgl. GVG. § 192.

§ 9. Die in den §§ 4 bis 8 für die Verhandlungen vor den Gerichten gegebenen Vorschriften finden auf die Verhandlungen vor den Verwaltungsbehörden in denjenigen Angelegenheiten, für welche ein kontradiktorisches Verfahren vorgeschrieben ist, sowie auf die Verhandlungen vor den Auseinandersetzungsbehörden und den Kommissarien derselben und auf die mündlichen Verhandlungen vor den Standesbeamten entsprechende Anwendung.

§ 10[1].

1) Enthält die Außerkraftsetzung einer Anzahl von älteren Vorschriften.

§ 11. Unberührt von diesem Gesetz bleiben:

1) [die Vorschriften, nach welchen den der Deutschen Sprache nicht kundigen Soldaten die Kriegsartikel in ihrer Muttersprache vorzulesen sind.]

2) die Vorschriften über die Anstellung der Dolmetscher, über ihre Ablehnung und Fähigkeit zur Mitwirkung in einer bestimmten Sache vorbehaltlich der Bestimmung des § 8[1];

3) die Vorschriften über das Verfahren bei Übersetzung von Urkunden;

[4) die Vorschriften über das Verfahren der Notare. — Jedoch tritt der § 34 des Gesetzes über das Verfahren bei Aufnahme von Notariatsinstrumenten vom 11. Juli 1845 (Gesetz-Samml. S. 487) außer Kraft[2];]

5) die Vorschriften über das Verfahren vor den Schiedsmännern[3].

Soweit die zu Nr 3 [und 4] erwähnten Vorschriften die Beeidigung der Dolmetscher erfordern, erfolgt diese nach § 5 dieses Gesetzes.

1) Die DolmetscherO. v. 18. 12. 1899 (JMinBl. 856), abgeändert durch allg. Vfg. v. 16. 6. 1902, findet nur auf die Dolmetscher der Justizverwaltung Anwendung.

2) Aufgehoben durch Pr. FGG Art. 144 Nr. 18.

3) SchiedsmannsO. v. 29. 3. 1879 (GS. 821).

§ 12. Einer nochmaligen Beeidigung der nach den bisherigen Vorschriften ein für allemal beeidigten Dolmetscher bedarf es nicht.

Urkundlich unter Unserer Höchsteigenhändigen Unterschrift und beigedrucktem Königlichen Insiegel.

Gegeben Berlin, den 28. August 1876.

(L. S.) **Wilhelm.**

Fürst v. Bismarck. Leonhardt. Falk.
v. Kameke. Achenbach. v. Bülow.

Nr. 4. Gesetz vom 27. April 1885 zur Ergänzung des § 7 des Gesetzes über die allgemeine Landesverwaltung vom 30. Juli 1883 (GS. 127)[1].

Wir Wilhelm, von Gottes Gnaden König von Preußen ꝛc. verordnen, mit Zustimmung beider Häuser des Landtages, für den ganzen Umfang der Monarchie, was folgt:

Für Streitigkeiten, welche nach reichsgesetzlicher Vorschrift im Verwaltungsstreitverfahren zu entscheiden sind, kann die Zuständigkeit der nach § 7 in Verbindung mit § 4 Absatz 2 und 3 des Gesetzes über die allgemeine Landesverwaltung vom 30. Juli 1883 (Gesetz-Samml. S. 195) bezeichneten Behörden, soweit dieselbe nicht anderweit gesetzlich feststeht, sowie der Instanzenzug, durch Königliche Verordnung bestimmt werden[2].

Urkundlich unter unserer Höchsteigenhändigen Unterschrift und beigedrucktem Königlichen Insiegel.

Gegeben Berlin, den 27. April 1885.

(L. S.) Wilhelm.

Fürst v. Bismarck. v. Puttkamer. Maybach.
Lucius. Friedberg. v. Bötticher.
v. Goßler. v. Scholz. Gr. v. Hatzfeldt.
Bronsart v. Schellendorff.

1) Erläutert von Friedrichs, Landesverwaltungsgesetz 355.

2) Erlassen sind: Vdg. v. 26. 7. 1886; Vdg. v. 28. 5. 1890 (Nr 12 dieser Ausgabe); Vdg. v. 9. 8. 1892; Vdg. v. 19. 8. 1897 (Nr. 14); Vdg. v. 28. 8. 1899; Vdg. v. 16. 11. 1899 Art. 2, 8 (Nr. 15); Vdg. v. 29. 8. 1900.

Vdg. v. 30. 6. 1901 (Nr. 17); Vdg. v. 28. 7. 1902 (Nr. 18); Vdg. v. 8. 6. 1903; Vdg. v. 4. 2. 1907 (Nr 19); Vdg. v. 25. 7. 1910 (Nr. 20). Die nicht abgedruckten Vdg. sind nachher wieder aufgehoben, namentlich durch die ReichsversicherungsO.

Nr. 5. Verordnung vom 15. November 1899, betr. das Verwaltungszwangsverfahren wegen Beitreibung von Geldbeträgen (GS. 545)[1].

Wir Wilhelm, von Gottes Gnaden König von Preußen ꝛc. verordnen in Gemäßheit des §. 5 des Ausführungsgesetzes zur Zivilprozeßordnung[2] anstelle der Verordnungen vom 7. September 1879 (Gesetz-Samml. S. 591) und vom 4. August 1884 (Gesetz-Samml. S. 321), was folgt:

I. Allgemeine Bestimmungen.

§ 1. (§ 1[3]). Die Zwangsvollstreckung wegen aller derjenigen Abgaben, Gefälle und sonstigen Geldbeträge, welche nach den bestehenden Vorschriften[4] der Beitreibung im Verwaltungszwangsverfahren unterliegen, erfolgt ausschließlich nach den Vorschriften dieser Verordnung.

1) Literatur: Kautz, Kommentar (5. Aufl. 1915); Oppenhoff, Ressortverhältnisse (2. Aufl. 1904) S. 504 ff.; Friedrichs, LandesverwaltungsG. 357—392. Dr. Schultz in PrVBl **21**, 122, 214, Berlin 1899, 1900.

2) in der Fassung v. 22. 9. 1899 (GS. 388) entsprechend dem § 14 der Fassung v. 24. 3. 1879 (GS. 281).

3) Um die Benutzung der zur Vdg. v. 7. 9. 1879 ergangenen Rechtsprechung zu erleichtern, sind die entsprechenden Paragraphenzahlen jener Verordnung in Klammern beigefügt.

4) Grundlegende Vorschriften: Vdg. v. 26. 12. 1808 (GS. 1806 bis 1810, 464; 1817, 282) §§ 42, 48; KabO. v. 31. 12. 1825 (GS. 1826, 5) D XII; KabO. v. 19. 6. 1836 (GS. 198) in Verb. mit AG. v. 6. 10. 1899 z. ZPO. § 6; Vdg. v. 30. 7. 1853 für Altpreußen ohne Hohenzollern und ohne Neuvorpommern und Rügen (GS. 909) § 1; Vdg. v. 1. 2. 1858 für Neuvorpommern und Rügen (GS. 85) § 1; Vdg. v. 24. 11. 1843 für die Rheinprovinz (GS. 351) § 1; Vdg. v. 30. 6 1845 für Westfalen (GS. 444) § 1; Vdg. v. 22. 9. 1867 für die neuen Provinzen (GS. 1553) § 1. Einzelvorschriften aufgezählt bei Kautz (Anm. 1) S. 23—67, darunter hervorzuheben: KommAbgG. v. 14. 7. 1893 (GS. 1852) § 90; LVG. § 60, oben S. 37; G. v. 14. 7. 1905 ev Kirchensteuern (GS. 277) Art. II § 2; G. v. 14 7. 1905 kath. Kirchensteuern (GS 281) § 20; G. v. 22. 3 1906 ev. Kirchensteuern (GS. 41) Art. II § 2; desgl. (GS. 46) Art. II § 2 Unter den neueren Vorschriften sind zu erwähnen: G. v 3. 6. 1916 über die Landeskulturbehörden (GS 101) § 28 AusfG. v. 15. 12. 1919 zum ReichssiedlungsG. (GS. 1920, 31) § 28; G. v. 19. 10. 1920 zur Überführung der standesherrlichen Bergregale an den Staat (GS. 441) § 4. Vdg. d. Reichsreg. v. 5. 3. 1920 (RGBl. 307). Nicht anwendbar auf das Reichswirtschaftsgericht, RVdg. v. 21. 5. 1920 (RGBl. 1167) § 44.

§ 2 (§ 2). Inwieweit über die Verbindlichkeit zur Entrichtung der geforderten Geldbeträge der Rechtsweg stattfindet, richtet sich nach den hierüber bestehenden Vorschriften[1].

Wegen vermeintlicher Mängel des Zwangsverfahrens, dieselben mögen die Form der Anordnung oder die der Ausführung oder die Frage betreffen, ob die gepfändeten

Sachen zu den pfändbaren gehören, ist dagegen, unbeschadet der besonderen Vorschriften über die Rechtsmittel im Falle der zwangsweisen Ausführung polizeilicher Verfügungen[2], nur die Beschwerde bei der vorgesetzten Dienstbehörde des Beamten zulässig, dessen Verfahren angefochten wird[3].

1) Beispiele: ALR. II 14 §§ 78, 79; Vdg. v. 26. 12. 1808 (s § 1 Anm. 4) § 48 II; KabO. v. 19. 6. 1836; G. v. 24. 5. 1861, betr. die Erweiterung des Rechtsweges (GS 241); Friedrichs, Zuständigkeitsgesetz, (1904) S. 295—321.

2) LVG. § 133.

3) Zu Abs. II vgl. ZPO. § 766.

§ 3 (neu). Soweit nach den Vorschriften des bürgerlichen Rechtes Dritte, insbesondere Erben, Ehegatten, Eltern oder Nießbraucher, kraft Gesetzes zu der Leistung oder zur Duldung der Zwangsvollstreckung verpflichtet sind, kann das Zwangsverfahren auch gegen diese Personen angeordnet werden. Die Vorschriften der §§. 735 bis 749, 778, 779, 781 bis 784, 786 der Zivilprozeßordnung finden mit der Maßgabe entsprechende Anwendung, daß die Anordnung des Zwangsverfahrens an die Stelle des nach den §§. 735 bis 749 zur Zulässigkeit der gerichtlichen Zwangsvollstreckung erforderlichen oder genügenden vollstreckbaren Titels tritt.

Durch die Geltendmachung der dem Erben nach den §§. 2014, 2015 des Bürgerlichen Gesetzbuchs zustehenden Einreden wird die Zwangsvollstreckung in den Nachlaß nicht gehemmt, wenn der beizutreibenden Forderung das im §. 61 Nr. 2 oder 3 der Konkursordnung bezeichnete Vorrecht zusteht.

Wird seitens einer der im Abs. 1 benannten Personen

die Verpflichtung zu der Leistung oder zur Duldung der Zwangsvollstreckung bestritten oder werden auf Grund der §§. 781 bis 784, 786 der Zivilprozeßordnung Einwendungen erhoben, so entscheidet hierüber derjenige, für dessen Rechnung die Zwangsvollstreckung stattfindet. Gegen die den Widerspruch oder die erhobene Einwendung zurückweisende Entscheidung steht entweder die Beschwerde bei der vorgesetzten Aufsichtsbehörde oder innerhalb einer Ausschlußfrist von einem Monate nach der Zustellung die gerichtliche Klage zu. Die Anbringung des einen Rechtsmittels schließt das andere aus. Die Klage ist gegen denjenigen, für dessen Rechnung die Zwangsvollstreckung stattfindet, zu richten. Auf die Einstellung der Zwangsvollstreckung und die Aufhebung bereits erfolgter Vollstreckungsmaßregeln finden die Vorschriften der §§ 769, 770 der Zivilprozeßordnung entsprechende Anwendung.

§ 4 (§ 3). Diejenigen Behörden oder Beamten, I welchen die Einziehung der der Beitreibung im Verwaltungszwangsverfahren unterliegenden Geldbeträge zusteht, bilden die zur Anordnung und Leitung des Zwangsverfahrens zuständigen Vollstreckungsbehörden[1]. Auf die Beamten der Korporationen, welche nach den bisherigen Vorschriften zur eigenen Zwangsvollstreckung nicht berechtigt sind, findet diese Bestimmung nicht Anwendung.

Die Behörde, welcher die Einziehung einer gerichtlich II erkannten Geldstrafe obliegt[2] ist zugleich Vollstreckungsbehörde für die mit der Einziehung der Strafe verbundene Beitreibung der Kosten. Diese Beitreibung erfolgt nach den für die Beitreibung der Strafe geltenden Vorschriften[3].

III Fehlt es an einer nach den vorstehenden Vorschriften zuständigen Vollstreckungsbehörde, so hat die Bezirksregierung (Polizeipräsidium in Berlin) eine solche zu bestimmen.

IV Den zuständigen höheren Verwaltungs- und den Aufsichtsbehörden ist es gestattet, die Funktionen der Vollstreckungsbehörde selbst zu übernehmen.

1) Beispiel LVG. § 60. 2) StrPO. § 483.
3) StrPO. § 495.

§ 5 (§ 4). Muß eine Vollstreckungsmaßregel außerhalb des Geschäftsbezirkes der Vollstreckungsbehörde zur Ausführung gebracht werden, so hat die entsprechende Behörde desjenigen Bezirkes, in welchem die Ausführung erfolgen soll, auf Ersuchen der Vollstreckungsbehörde das Zwangsverfahren auszuführen[1]. Insoweit von der ersuchten Behörde die Pfändung körperlicher Sachen und deren Versteigerung ausgeführt wird, tritt diese an die Stelle der Vollstreckungsbehörde.

1) Vgl. LVG. § 49 und die Anmerkungen dazu.

I **§ 6** (§ 5). Die Vollstreckungsbehörde hat das Zwangsverfahren durch die ihr beigegebenen Vollziehungsbeamten oder durch diejenigen Beamten, deren sie sich als solcher zu bedienen hat, auszuführen.

II Fehlt es derselben an solchen Beamten, so kann die Bezirksregierung (Polizeipräsidium in Berlin) eine andere Vollstreckungsbehörde bestimmen.

III Die Vollziehungsbeamten müssen eidlich verpflichtet werden.

IV Die Ausführung der Zwangsvollstreckung wegen der in Angelegenheiten der Justizverwaltung beizutreibenden Geldbeträge findet durch die Gerichtsvollzieher statt; den

Gerichtsvollziehern kann die Ausführung einer Zwangsvollstreckung auch in anderen Fällen übertragen werden. Die Gerichtsvollzieher haben an Stelle der Vorschriften der §§. 9, 10, 14, 15, 22 bis 31 die für den Zivilprozeß geltenden Vorschriften zu beobachten.

§ 7 (§ 6). Der Zwangsvollstreckung soll in der Regel eine Mahnung desjenigen, gegen welchen die Zwangsvollstreckung vorzunehmen ist, mit dreitägiger Zahlungsfrist vorhergehen. In betreff der Gerichtskosten vertritt die Mitteilung der Kostenrechnung die Stelle der Mahnung.

§ 8 (§ 7). Gegen eine dem aktiven Heere oder der aktiven Marine angehörende Militärperson darf die Zwangsvollstreckung erst beginnen, nachdem von derselben die vorgesetzte Militärbehörde Anzeige erhalten hat. Der Vollstreckungsbehörde ist auf Verlangen der Empfang der Anzeige zu bescheinigen[1].

Soll die Zwangsvollstreckung gegen eine dem aktiven Heere oder der aktiven Marine angehörende Person des Soldatenstandes[2] in Kasernen und anderen militärischen Dienstgebäuden oder auf Kriegsfahrzeugen erfolgen, so hat die Vollstreckungsbehörde die zuständige Militärbehörde um die Zwangsvollstreckung zu ersuchen. Die gepfändeten Gegenstände sind dem von der Vollstreckungsbehörde bezeichneten Beamten zu übergeben[3].

1) Vgl. ZPO. § 752.
2) WehrG. v. 23. 5. 1921 (RGBl. 329).
3) Vgl. ZPO. § 790.

§ 9 (§ 12[1]). Auf die Zustellungen finden die Vorschriften der Zivilprozeßordnung über Zustellungen, die von Amts wegen erfolgen[2], mit folgenden Maßgaben entsprechende Anwendung.

1) Die §§ 9, 10, 14, 15, 22—31 sind von den Gerichtsrichtsvollziehern nicht anzuwenden § 6 IV.

2) ZPO. §§ 208—213.

§ 10 (neu[1]). Die Beglaubigung einer bei der Zustellung zu übergebenden Abschrift (§. 210 der Zivilprozeßordnung) ist nicht erforderlich.

Die für Zustellungen zur Nachtzeit und an Sonntagen und allgemeinen Feiertagen notwendige Erlaubnis (§. 188 a. a. O.) wird von der Vollstreckungsbehörde erteilt. Die Niederlegung des Schriftstücks im Falle des §. 182 a. a. O. findet bei der Ortsbehörde oder der Postanstalt des Zustellungsorts statt.

Die dem Gerichtsschreiber und Gerichtsdiener obliegenden Geschäfte werden von den dazu bestimmten Beamten wahrgenommen.

1) Anwendbar nach § 9 Anm. 1.

§ 11 (§ 17). In den Fällen der §§. 199 bis 201 der Zivilprozeßordnung erfolgt die Zustellung in der dort vorgeschriebenen Weise.

Eine in einem anderen deutschen Staate zu bewirkende Zustellung erfolgt mittelst Ersuchens der zuständigen Behörde desselben.

Die Zustellung wird durch das schriftliche Zeugnis der ersuchten Behörden oder Beamten, daß die Zustellung erfolgt sei, nachgewiesen.

§ 12 (§ 18). Ist der Aufenthalt des Schuldners unbekannt, so kann die Zustellung an denselben durch Anheftung des zuzustellenden Schriftstücks an der zu Aushängen der Vollstreckungsbehörde bestimmten Stelle erfolgen. Die Zustellung gilt als bewirkt, wenn seit der Anheftung zwei Wochen verstrichen sind. Auf die Gültigkeit der Zustellung hat es keinen Einfluß, wenn das Schriftstück von dem Orte der Anheftung zu früh entfernt wird.

Diese Art der Zustellung ist auch dann zulässig, wenn bei einer im Auslande zu bewirkenden Zustellung die Befolgung der für diese bestehenden Vorschriften unausführbar ist oder keinen Erfolg verspricht oder wenn die Zustellung aus dem Grunde nicht bewirkt werden kann, weil die Wohnung einer nach den §§. 18, 19 des Gerichtsverfassungsgesetzes der Gerichtsbarkeit nicht unterworfenen Person der Ort der Zustellung ist[1].

1) Vgl. ZPO. § 203.

§ 13 (§ 19). Dem Schuldner und Dritten gegenüber wird der Vollziehungsbeamte zur Vornahme der Zwangsvollstreckung durch den ihm erteilten und auf Verlangen einer beteiligten Person vorzuzeigenden schriftlichen Auftrag der Vollstreckungsbehörde ermächtigt[1].

1) Vgl. ZPO. § 755.

§ 14 (§ 20)[1]. Der Vollziehungsbeamte hat die im §. 758, mit Ausnahme des Schlußsatzes, sowie in den §§ 759, 762 der Zivilprozeßordnung dem Gerichtsvollzieher beigelegten Rechte und Pflichten[2].

Die Bestimmungen des §. 761 a. a. O. finden mit der Maßgabe Anwendung, daß die Ortspolizeibehörde für die Erteilung der Erlaubnis zur Vornahme einer Vollstreckungshandlung zuständig ist.

1) Auf den Gerichtsvollzieher sind §§ 14, 15 nicht anwendbar § 6 IV.

2) Militärische Hilfe, ReichswG. v. 23. 3. 1921 (RGBl. 329) § 17.

§ 15 (§ 21)[1]. Die Aufforderungen und sonstigen Mitteilungen, welche zu den Vollstreckungshandlungen gehören, sind von dem Vollziehungsbeamten mündlich zu erlassen und vollständig in das Protokoll aufzunehmen.

Kann die mündliche Ausführung nicht erfolgen, so hat die Vollstreckungsbehörde demjenigen, an welchen die Aufforderung oder Mitteilung zu richten ist, eine Abschrift des Protokolls zu übersenden[2].

1) Vgl. ZPO. § 763.

2) Der frühere § 22, betr. Vollstreckung in den Nachlaß, ist in § 3 mitenthalten.

§ 16 (§ 23). Die Kosten der Mahnung und der Zwangsvollstreckung fallen dem Schuldner zur Last; sie sind zugleich mit dem zur Zwangsvollstreckung stehenden Anspruche beizutreiben[1].

1) Vgl. ZPO. § 788 I. Der Abs. II daselbst ist, auch bei Anwendung des § 53 LVG., weder direkt noch analog anzuwenden.

II. Zwangsvollstreckung in das bewegliche Vermögen.

A. Allgemeine Bestimmungen.

§ 17 (§ 24)[1]. Die Zwangsvollstreckung in das bewegliche Vermögen erfolgt durch Pfändung. Sie darf nicht weiter ausgedehnt werden, als zur Deckung der beizutreibenden Geldbeträge und der Kosten der Zwangsvollstreckung erforderlich ist.

Die Pfändung hat zu unterbleiben, wenn sich von der Verwertung der zu pfändenden Gegenstände ein Überschuß über die Kosten der Zwangsvollstreckung nicht erwarten läßt.

1) Vgl. ZPO. § 803.

§ 18 (§ 25). Gegen die Pfändung kann sich[1] der Schuldner nur schützen, wenn derselbe entweder eine Fristbewilligung vorzeigt oder die vollständige Berichtigung des beizutreibenden Geldbetrags durch Quittung oder durch Vorlegung eines Postscheins nachweist, aus welchem sich ergibt, daß der beizutreibende Geldbetrag an die für die Einziehung zuständige Stelle eingezahlt ist[2].

Zur Empfangnahme von Geldbeträgen ist der Vollziehungsbeamte nur nach Maßgabe des ihm erteilten schriftlichen Auftrages ermächtigt[3].

1) Einstweilige Verfügung des Gerichts. RheinArch. **106**, 75; Oppenhoff, Ressortverhältnisse (2 Aufl) 508.
2) Vgl. ZPO. § 775. 3) Vgl. ZPO. § 754.

§ 19 (§ 26). Behauptet ein Dritter, daß ihm an dem gepfändeten Gegenstand ein die Veräußerung hinderndes Recht zustehe oder werden nach Maßgabe der §§. 772, 773 oder 774 der Zivilprozeßordnung Einwendungen erhoben, so ist der Widerspruch gegen die Pfändung erforderlichenfalls im Wege der Klage geltend zu machen[1]. I

Auf die Einstellung weiterer und die Aufhebung bereits erfolgter Vollstreckungsmaßregeln finden die Vorschriften der §§. 769, 770 der Zivilprozeßordnung Anwendung[2]. II

Der Pfändung einer Sache kann ein Dritter, welcher sich nicht im Besitze der Sache befindet, auf Grund eines Pfand- oder Vorzugsrechts nicht widersprechen; er kann jedoch seinen Anspruch auf vorzugsweise Befriedigung aus dem Erlös im Wege der Klage geltend machen, ohne Rücksicht darauf, ob seine Forderung fällig ist oder nicht[3]. III

In den im Abs 1 und 3 bezeichneten Fällen ist die IV

Klage ausschließlich bei dem Gerichte zu erheben, in dessen Bezirke die Pfändung erfolgt ist[4]. Wird die Klage gegen denjenigen, für dessen Rechnung die Zwangsvollstreckung stattfindet, und den Schuldner gerichtet, so sind diese als Streitgenossen anzusehen[5].

1) Vgl. ZPO. § 771 I. 2) Vgl. ZPO. § 771 III.

3) Vgl. ZPO. § 805 I. Die Anwendbarkeit des § 805 Abs. IV. ist selbstverständlich, wenn sie auch nicht in der Verordnung erwähnt wird. Denn mit der Erhebung der Klage erhält das Gericht alle in der ZPO. ihm gewährten Befugnisse.

4) Vgl. ZPO. §§ 771 I, 805 II.

5) Vgl ZPO. §§ 771 II, 805 III.

§ 20. Wird ein Gegenstand auf Grund der Pfändung veräußert, so steht dem Erwerber wegen eines Mangels im Rechte oder wegen eines Mangels der veräußerten Sache ein Anspruch auf Gewährleistung nicht zu[1].

1) Vgl. BGB. §§ 461, 1244, 1248.

§ 21. (§ 27[1]). Hat die Pfändung zu einer vollständigen Deckung der beizutreibenden Geldbeträge nicht geführt oder wird glaubhaft gemacht, daß durch Pfändung eine vollständige Deckung nicht zu erlangen sei, so ist der Schuldner auf Antrag der für die Einziehung des Geldbetrags zuständigen Stelle verpflichtet, ein Verzeichnis seines Vermögens vorzulegen, in betreff seiner Forderungen den Grund und die Beweismittel zu bezeichnen, sowie den Offenbarungseid dahin zu leisten:

daß er nach bestem Wissen sein Vermögen so vollständig angegeben habe, als er dazu imstande sei.

Für die Abnahme des Offenbarungseids ist das Amtsgericht zuständig, in dessen Bezirke der Schuldner seinen

Wohnsitz oder in Ermangelung eines solchen seinen Aufenthaltsort hat; für das Verfahren gelten die Vorschriften der §§. 900 bis 915 der Zivilprozeßordnung; jedoch ist die Vorauszahlung der Verpflegungskosten nicht erforderlich, wenn die Leistung des Offenbarungseids wegen solcher Geldbeträge beantragt ist, welche an den Staat zu entrichten sind.

1) Vgl. ZPO. § 807; EG. z. GVG. § 4. Pr. GerichtskostenG. v. 25. 7. 1910 (GS. 184) § 119.

B. Zwangsvollstreckung in körperliche Sachen[1].

§ 22 (§ 28) Die Pfändung der im Gewahrsame des Schuldners befindlichen körperlichen Sachen wird dadurch bewirkt, daß der Vollziehungsbeamte dieselben in Besitz nimmt.

Andere Sachen als Geld, Kostbarkeiten und Wertpapiere sind im Gewahrsame des Schuldners zu belassen, sofern nicht hierdurch die Befriedigung des Gläubigers gefährdet wird. werden die Sachen im Gewahrsame des Schuldners belassen, so ist die Wirksamkeit der Pfändung dadurch bedingt, daß durch Anlegung von Siegeln oder auf sonstige Weise die Pfändung ersichtlich gemacht ist.

Der Vollziehungsbeamte hat den Schulder von der geschehenen Pfändung in Kenntnis zu setzen[2].

1) Die §§ 22—31 sind auf das Verfahren des Gerichtsvollziehers nicht anzuwenden § 6 IV.

2) Vgl. ZPO. § 808.

§ 23 (§ 29.) Die vorstehenden Bestimmungen finden entsprechende Anwendung auf die Pfändung von Sachen, welche sich im Gewahrsam eines zur Herausgabe bereiten Dritten befinden[1].

1) Vgl. ZPO. § 809.

§ 24 (§ 30) Früchte, die von dem Boden noch nicht getrennt sind, können gepfändet werden, solange nicht ihre Beschlagnahme im Wege der Zwangsvollstreckung in das unbewegliche Vermögen erfolgt ist. Die Pfändung darf nicht früher als einen Monat vor der gewöhnlichen Zeit der Reife erfolgen.

Ein Gläubiger, der ein Recht auf Befriedigung aus dem Grundstücke hat, kann der Pfändung nach Maßgabe des §. 19 Absatz 1 dieser Verordnung widersprechen, sofern nicht die Pfändung für einen im Falle der Zwangsvollstreckung in das Grundstück vorgehenden Anspruch erfolgt ist[1].

1) Vgl. ZPO § 810.

§ 25 (§ 31). Die in dem §. 811 der Zivilprozeßordnung bezeichneten Sachen sind der Pfändung nicht unterworfen.

Die Vorschriften der §§. 812 und 813 der Zivilprozeßordnung finden entsprechende Anwendung.

§ 26 (§ 32). Die gepfändeten Sachen sind auf schriftliche Anordnung der Vollstreckungsbehörde und zwar in der Regel durch den Vollziehungsbeamten öffentlich zu versteigern; Kostbarkeiten sind vor der Versteigerung durch einen Sachverständigen abzuschätzen. Gepfändetes Geld hat der Vollziehungsbeamte an die Vollstreckungsbehörde abzuliefern; die Wegnahme durch den Vollziehungsbeamten gilt als Zahlung von seiten des Schuldners[1].

1) Vgl. ZPO. §§ 814, 815 I, III.

§ 27 (§ 33). Die Versteigerung der gepfändeten Sachen darf nicht vor Ablauf einer Woche seit dem Tage der Pfändung geschehen, sofern nicht der Schuldner sich mit einer früheren Versteigerung einverstanden erklärt oder dieselbe erforderlich ist, um die Gefahr einer beträchtlichen Wertverringerung der zu versteigernden Sache abzuwenden oder um unverhältnismäßige Kosten einer längeren Aufbewahrung zu vermeiden.

Die Versteigerung erfolgt in der Gemeinde, in welcher die Pfändung geschehen ist. Zeit und Ort der Versteigerung sind unter allgemeiner Bezeichnung der zu versteigernden Sachen öffentlich bekannt zu machen[1]. Auf Ersuchen der Vollstreckungsbehörde ist der Ortsvorsteher verpflichtet, der Versteigerung beizuwohnen oder einen Gemeinde- oder Polizeibeamten mit der Beiwohnung zu beauftragen.

Die Vorschriften des § 18 finden auf die Versteigerung entsprechende Anwendung.

1) Vgl ZPO. § 816.

§ 28 (§ 34). Bei der Versteigerung ist nach den Vorschriften der §§. 816 Abs. 4, 817 Abs. 1 bis 3, 818 der Zivilprozeßordnung zu verfahren.

Die Empfangnahme des Erlöses durch den versteigernden Beamten gilt als Zahlung von seiten des Schuldners[2].

1) Verfügung über Gold ReichsVdg. v. 28. 4. 1921 (RGBl. 489).

2) Vgl. ZPO. § 819.

§ 29 (§ 35). Gold- und Silbersachen dürfen nicht unter ihrem Gold- oder Silberwerte zugeschlagen werden[1]. Wird ein den Zuschlag gestattendes Gebot nicht abgegeben, so kann der Verkauf aus freier Hand zu dem Preise bewirkt werden, welcher den Gold- oder Silberwert erreicht[1].

1) Vgl. ZPO. § 820.

§ 30 (§ 36). Gepfändete Wertpapiere sind, wenn sie einen Börsen- oder Marktpreis haben, aus freier Hand zum Tageskurse zu verkaufen und, wenn sie einen solchen Preis nicht haben, nach den allgemeinen Bestimmungen zu versteigern[1].

1) Vgl. ZPO. § 821.

§ 31 (§ 37). Die Versteigerung gepfändeter, von dem Boden noch nicht getrennter Früchte ist erst nach der Reife zulässig. Sie kann vor oder nach der Trennung der Früchte erfolgen; im letzteren Falle hat der Vollziehungsbeamte die Aberntung bewirken zu lassen[1].

1) Vgl. ZPO. § 824.

§ 32 (§ 38). Lautet ein gepfändetes Wertpapier auf Namen, so ist die Vollstreckungsbehörde berechtigt, die Umschreibung auf den Namen des Käufers, oder wenn es sich um ein auf Namen umgeschriebenes Inhaberpapier handelt, die Rückverwandlung in ein Inhaberpapier zu erwirken und die hierzu erforderlichen Erklärungen an Stelle des Schuldners abzugeben[1].

1) Vgl. ZPO. §§ 822, 823.

§ 33 (§ 39). Auf Antrag des Schuldners oder aus besonderen Zweckmäßigkeitsgründen kann die Vollstreckungsbehörde anordnen, daß die Verwertung einer gepfändeten Sache in anderer Weise oder an einem anderen Orte, als in den vorstehenden Paragraphen bestimmt ist, stattzufinden habe oder daß die Versteigerung durch eine andere Person als den Vollziehungsbeamten vorzunehmen sei[1].

1) Vgl. ZPO. § 825.

§ 34 (§ 40). Zur Pfändung bereits gepfändeter Sachen genügt die in das Protokoll aufzunehmende

Erklärung des Vollziehungsbeamten, daß er die Sachen zur Deckung der ihrer Art und Höhe nach zu bezeichnenden Geldbeträge pfände. Der Schuldner ist von der weiteren Pfändung in Kenntnis zu setzen.

Ist die erste Pfändung im Auftrag einer anderen Vollstreckungsbehörde oder durch einen Gerichtsvollzieher erfolgt, so ist dieser Vollstreckungsbehörde beziehungsweise dem Gerichtsvollzieher eine Abschrift des Protokolls zuzustellen.

Eine entsprechende Verpflichtung hat der Gerichtsvollzieher, welcher im Wege der gerichtlichen Zwangsvollstreckung eine bereits im Auftrag einer Vollstreckungsbehörde gepfändete Sache pfändet[1].

1) Vgl. ZPO. § 826. Die Bestimmung Abs. III ist durch GVG. § 155 gedeckt.

§ 35 (§ 41). Wenn eine mehrfache Pfändung desselben Gegenstandes im Auftrage verschiedener Vollstreckungsbehörden oder im Auftrag einer Vollstreckungsbehörde und durch Gerichtsvollzieher stattgefunden hat, so begründet ausschließlich die erste Pfändung[1] die Zuständigkeit zur Ausführung der Versteigerung. I

Die Versteigerung erfolgt für alle beteiligten Gläubiger auf Betreiben eines jeden derselben. II

Die Verteilung des Erlöses erfolgt nach der Reihenfolge der Pfändungen oder, falls die sämtlichen Beteiligten über die Verteilung einverstanden sind, nach der getroffenen Vereinbarung. III

Ist der Erlös zur Deckung der Forderungen nicht ausreichend und verlangt der Gläubiger, für welchen die zweite oder eine spätere Pfändung erfolgt ist, ohne Zustimmung der übrigen beteiligten Gläubiger eine andere IV

Verteilung als nach der Reihenfolge der Pfändungen, so ist die Sachlage unter Hinterlegung des Erlöses demjenigen Amtsgericht[2], in dessen Bezirke die Pfändung stattgefunden hat, anzuzeigen. Dieser Anzeige sind die auf das Verfahren sich beziehenden Schriftstücke beizufügen. Die Verteilung erfolgt nach Maßgabe der Vorschriften der §§. 873 bis 882 der Zivilprozeßordnung.

V In gleicher Weise ist zu verfahren, wenn die Pfändung für mehrere Gläubiger gleichzeitig bewirkt ist[3].

1) Einbruch des Verwaltungsverfahrens in das Verfahren nach der ZPO., gedeckt sowohl durch GVG. § 13, als auch durch die Erwägung, daß es andernfalls dem Gerichtsvollzieher überhaupt nicht möglich wäre, die von der Verwaltungsbehörde gepfändeten und in ihren Besitz übergegangenen Gegenstände anzugreifen. Friedrichs in VerwArch. **6**, 537 Anm. 15; LVG. 378; dagegen Jastrow in Gruchots Beitr. **30**, 314—321 (1886); zweifelnd Kautz Anm. 2.

2) Gedeckt durch EG. z. GVG. § 4.

3) Vgl. ZPO. § 728.

C. Zwangsvollstreckung in Forderungen und andere Vermögensrechte.

§ 36 (§ 42[1]). Soll eine Geldforderung gepfändet werden, so hat die Vollstreckungsbehörde durch schriftliche Verfügung dem Drittschuldner zu verbieten, an den Schuldner zu zahlen.

Zugleich hat die Vollstreckungsbehörde an den Schuldner durch schriftliche Verfügung das Gebot zu erlassen, sich jeder Verfügung über die Forderung, insbesondere der Einziehung derselben, zu enthalten.

Mit der Zustellung der Verfügung an den Drittschuldner ist die Pfändung als bewirkt anzusehen. Von dieser Zustellung ist der Schuldner in Kenntnis zu setzen.

1) Vgl. ZPO. § 829.

§ 37 (neu). Zur Pfändung einer Forderung, für welche eine Hypothek besteht, ist außer dem Pfändungsbeschlusse die Aushändigung des Hypothekenbriefs an die Vollstreckungsbehörde erforderlich. Die Vorschriften des §. 830 der Zivilprozeßordnung finden entsprechende Anwendung.

§ 38 (§ 43). Die Pfändung von Forderungen aus Wechseln und anderen Papieren, welche durch Indossament übertragen werden können, wird dadurch bewirkt, daß der Vollziehungsbeamte diese Papiere in Besitz nimmt[1].

1) Vgl. ZPO. § 831.

§ 39 (§ 44). Die gepfändete Geldforderung ist demjenigen, für dessen Rechnung die Zwangsvollstreckung erfolgt, durch die Vollstreckungsbehörde zur Einziehung zu überweisen; dieselbe hat beglaubigte Abschriften der Verfügung dem Schuldner und dem Drittschuldner zustellen zu lassen[1].

1) Vgl. ZPO. § 835.

§ 40 (§ 45). Die Überweisung ersetzt die förmlichen Erklärungen des Schuldners, von welchen nach den Vorschriften des bürgerlichen Rechtes die Berechtigung zur Einziehung der Forderung abhängig ist. Bei Überweisung einer Forderung, für welche eine Hypothek besteht, findet der § 837 der Zivilprozeßordnung entsprechende Anwendung. I

Der Überweisungsbeschluß gilt, auch wenn er mit Unrecht erlassen ist, zu Gunsten des Drittschuldners dem II

Schuldner gegenüber solange als rechtsbeständig, bis er aufgehoben wird und die Aufhebung zur Kenntnis des Drittschuldners gelangt.

III Der Schuldner ist verpflichtet, die zur Geltendmachung der Forderung nötige Auskunft zu erteilen und die über die Forderung vorhandenen Urkunden herauszugeben. Im Weigerungsfalle sind die Urkunden auf Anordnung der Vollstreckungsbehörde dem Schuldner durch den Vollziehungsbeamten wegzunehmen[1].

IV Werden die herauszugebenden Urkunden nicht vorgefunden, so kann von dem Schuldner die Ableistung des Offenbarungseids dahin,

daß er die Urkunden nicht besitze, auch nicht wisse, wo dieselben sich befinden,

gefordert werden[2].

V Das Gericht kann eine der Lage der Sache entsprechende Änderung der vorstehenden Eidesnorm beschließen[2].

VI Für die Zuständigkeit des Gerichts und das Verfahren finden die Vorschriften des §. 21 entsprechende Anwendung[3].

VII Befindet sich eine herauszugebende Urkunde im Gewahrsam eines Dritten, so ist demjenigen, für dessen Rechnung die Zwangsvollstreckung erfolgt, der Anspruch des Schuldners auf Herausgabe derselben nach Maßgabe des §. 39 zu überweisen.

1) Vgl. ZPO. 836. 2) Vgl. ZPO. § 883.
3) EG. z. GVG § 4.

§ 41 (§ 46). Auf Verlangen des Gläubigers[1] hat der Drittschuldner binnen zwei Wochen, von der Zustellung der im §. 36 Abs. 1 bezeichneten Verfügung an gerechnet, dem Gläubiger zu erklären:

1. ob und inwieweit er die Forderung als begründet anerkenne und Zahlung zu leisten bereit sei;
2. ob und welche Ansprüche andere Personen an die Forderung machen;
3. ob und wegen welcher Ansprüche die Forderung bereits für andere Gläubiger gepfändet sei.

Die Aufforderung zur Abgabe dieser Erklärung kann in die vorgedachte Verfügung[2] aufgenommen werden. Der Drittschuldner haftet dem Gläubiger für den aus der Nichterfüllung seiner Verpflichtung entstehenden Schaden[3].

Die Bestimmungen der §§. 841 bis 843 der Zivilprozeßordnung finden Anwendung.

1) Fassungsversehen? Vgl. Friedrichs LVG. 381.
2) also nicht in die Zustellungsurkunde.
3) Vgl. ZPO § 840. BGB. § 823.

§ 42 (§ 47). Schon vor der Pfändung kann die für die Einziehung zuständige Stelle durch die Vollstreckungsbehörde dem Drittschuldner und dem Schuldner die Benachrichtigung, daß die Pfändung bevorstehe, zustellen lassen mit der Aufforderung an den Drittschuldner, nicht an den Schuldner zu zahlen, und mit der Aufforderung an den Schuldner, sich jeder Verfügung über die Forderung, insbesondere der Einziehung derselben, zu enthalten.

Die Benachrichtigung an den Drittschuldner hat die Wirkung eines Arrestes (§. 930 der Zivilprozeßordnung), sofern die Pfändung der Forderung innerhalb drei Wochen bewirkt wird. Die Frist beginnt mit dem Tage, an welchem die Benachrichtigung zugestellt ist[1].

1) Vgl. ZPO. § 845.

§ 43 (§ 48). Die Zwangsvollstreckung in Ansprüche, welche die Herausgabe oder Leistung körperlicher Sachen zum Gegenstande haben, erfolgt nach den Vorschriften der §§. 36 bis 42 unter Berücksichtigung der nachstehenden Bestimmungen[1].

1) Vgl. ZPO. § 846.

§ 44 (§ 49). Bei der Pfändung eines Anspruchs, welcher eine bewegliche körperliche Sache betrifft, hat die Vollstreckungsbehörde anzuordnen, daß die Sache an den zu bezeichnenden Vollziehungsbeamten herauszugeben sei.

Auf die Verwertung der Sache finden die Vorschriften über die Verwertung gepfänder Sachen Anwendung[1].

1) Vgl. ZPO. § 848.

§ 45 (§ 50). Bei Pfändung eines Anspruchs, welcher eine unbewegliche Sache betrifft, hat die Vollstreckungsbehörde anzuordnen, daß die Sache an einen auf ihren Antrag vom Amtsgerichte der belegenen Sache zu bestellenden Sequester herauszugeben sei.

Ist der Anspruch auf Übertragung des Eigentums gerichtet, so hat die Auflassung an den Sequester als Vertreter des Schuldners zu erfolgen. Mit dem Übergange des Eigentums auf den Schuldner erlangt derjenige, für dessen Rechnung die Zwangsvollstreckung erfolgt, eine Sicherungshypothek für seine Forderung Der Sequester hat die Eintragung der Sicherungshypothek zu bewilligen.

Die Zwangsvollstreckung in die herausgegebene Sache wird nach den für die Zwangsvollstreckung in unbewegliche Sachen geltenden Vorschriften bewirkt[1].

1) Vgl. ZPO § 848. Über die Zuständigkeit vgl § 21 II.

§ 46 (§ 51). Der Pfändung sind nicht unterworfen: 1

1. die auf gesetzlicher Vorschrift beruhenden Alimentenforderungen und die nach §. 844 des Bürgerlichen Gesetzbuches wegen der Entziehung einer solchen Forderung zu entrichtende Geldrente[1];
2. die fortlaufenden Einkünfte, welche ein Schuldner aus Stiftungen oder sonst auf Grund der Fürsorge und Freigebigkeit eines Dritten bezieht, insoweit der Schuldner zur Bestreitung des notdürftigen Unterhalts für sich, seinen Ehegatten und seine unversorgten Kinder dieser Einkünfte bedarf[2];
3. die aus Kranken-, Hilfs- oder Sterbekassen, insbesondere aus Knappschaftskassen und Kassen der Knappschaftsvereine, zu beziehenden Hebungen[3];
4. der Sold und die Invalidenpensionen der Unteroffiziere und der Soldaten[4] sowie die Unterstützungen an Familien der in den Dienst eingetretenen Mannschaften nach Maßgabe des Reichsgesetzes vom 28. Februar 1888 (Reichs-Gesetzbl. S 59);
5. das Diensteinkommen der Militärpersonen, welche zu einem mobilen Truppenteil oder zur Besatzung eines in Dienst gestellten Kriegsfahrzeugs gehören[5];
6. die Pensionen der Witwen und Waisen und die denselben aus Witwen- und Waisenkassen zukommenden Bezüge, die Erziehungsgelder und die Studienstipendien sowie die Pensionen invalider Arbeiter[6];
7. das Diensteinkommen der Offiziere, Militärärzte und Deckoffiziere, der Beamten, der Geistlichen sowie der Ärzte und Lehrer an öffentlichen Anstalten; die Pension dieser Personen nach deren Versetzung in einstweiligen oder dauernden Ruhestand sowie der nach

ihrem Tode den Hinterbliebenen zu gewährende Sterbe- oder Gnadengehalt[7].

II Übersteigen in den Fällen Nr. 6 und 7 das Diensteinkommen, die Pension oder die sonstigen Bezüge die Summe von fünfzehnhundert Mark für das Jahr, so ist der dritte Teil des Mehrbetrags der Pfändung unterworfen[8].

III Bei der Einziehung von kurrenten öffentlichen Abgaben, von Disziplinarstrafen und von solchen Zwangsstrafen, welche durch die vorgesetzte Dienstbehörde festgesetzt sind, finden die Vorschriften der Nr. 7 rücksichtlich des Diensteinkommens und der Pension der Zivilbeamten, der Geistlichen sowie der Ärzte und Lehrer der öffentlichen Anstalten nicht Anwendung.

IV Die nach §. 843 des Bürgerlichen Gesetzbuchs wegen einer Verletzung des Körpers oder der Gesundheit zu entrichtende Geldrente ist nur soweit der Pfändung unterworfen, als der Gesamtbetrag die Summe von 1500 Mark für das Jahr übersteigt[9].

V Die Einkünfte, welche zur Bestreitung eines Dienstaufwandes bestimmt sind, und der Servis der Offiziere, Militärärzte und Militärbeamten sind weder der Pfändung unterworfen, noch bei der Ermittelung, ob und zu welchem Betrag ein Diensteinkommen der Pfändung unterliege, zu berechnen[10].

VI Bezüglich der Zulässigkeit der Pfändung des Arbeits- oder Dienstlohns verbleibt es bei dem Bestimmugen des Reichsgesetzes vom 21. Juni 1869 (Bundes-Gesetzbl. 1869 S. 242 und 1871 S. 63[11]) und der Verordnung über Lohnpfändung vom 22. Juli 1919 (Reichs-Gesetzbl. S. 589). Die Vorschriften der §§. 1, 2 und 6 dieser Verordnung finden auf die Pfändung des Ruhegehalts der Personen, die in einem privaten Arbeits- oder Dienstverhältnisse beschäftigt gewesen sind, entsprechende Anwendung. Das gleiche gilt für die Pfändung der Bezüge eines Handlungsgehilfen, der auf Grund der Vorschriften der §§ 74 bis 75a des Handelsgesetzbuchs in der Fassung des Gesetzes vom 10. Juni 1914 (Reichs-Gesetzbl. S. 209) für die Zeit nach der Beendigung des Dienstverhältnisses eine Entschädigung beanspruchen kann[12,13].

1) Vgl. ZPO. § 850 I, Nr. 2.

2) Vgl. ZPO. § 850 I, Nr. 3.

3) Vgl. ZPO. § 850 I, Nr. 4, geändert durch RVO. v. 19. 7. 1911 (RGBl. 509) § 119. VersicherungsG. v. 20. 12. 1911 für Angestellte (RGBl. 989) § 93. KnappschaftsG. v. 17. 6. 1912 (GS. 137) § 35. Vgl. G. v. 20. 12. 1911 betr. Aufhebung des HilfskassenG. (RGBl 985).

4) Die entsprechende Vorschrift ZPO. § 850 I Nr. 5 ist geändert worden durch WehrG. v. 23. 3. 1921 (RGBl. 329) § 46.

5) Vgl. ZPO. § 850 I, Nr 6.

6) Vgl. ZPO. § 850 I, Nr 7

7) Vgl. ZPO. § 850 I, Nr. 8.

8) Vgl. ZPO. § 850 II, geändert wie bei Anm. 4 nachgewiesen.

9) Vgl. ZPO. § 850 III. Für die Bemessung der nach Abs. IV der Pfändung nicht unterworfenen Beträge gelten die Vorschriften des § 1 I. III und der § 3 der Verordnung über Lohnpfändungen vom 22. 6. 1919 (RGBl. 589) entsprechend. Vorübergehender Zusatz aus der Vdg. der Pr. Staatsregierung v. 1. 10. 1919 (GS. 159) Art. 3; vgl. unten Anm. 2.

10) Vgl ZPO. § 850 V.

11) Abgeändert durch G. v. 29. 3. 1897 (RGBl. 159) und G v. 17. 5. 1898 betr. Änderungen der ZPO. (RGBl 333) Art. III; vgl. ZPO. § 850 I, Nr. 1.

12) Vorübergehender Zusatz aus der Vdg. v. 1. 10. 1919 (vgl. Anm. 9) Art 1 an Stelle der Kgl. Vdg v. 11 2. 1918 (GS. 8). Für diese und die in Anm. 9 erwähnte Zusatzbestimmung gilt ferner die Vorschrift Art 4 Abs. II: „Soweit mit dem Inkrafttreten der Verordnung eine Erweiterung des der Pfändung nicht unterworfenen Teiles einer Forderung eintritt, finden die Vorschriften des § 2 der Verordnung über Lohnpfändung vom 22. 6. 1919 (RGBl S. 589) entsprechende Anwendung."

13) Weitere Forderungen, die der Pfändung nicht unterworfen sind, s. Friedrichs, Handbuch der Prozeßpraxis (2. Aufl. 1913) Nr. 59, Bd I S. 44—53.

§ 47 (neu). Die Vorschriften der §§. 851 und 852 der Zivilprozeßordnung finden entsprechende Anwendung.

§ 48 (§ 52). Ist eine Forderung auf Anordnung mehrerer Vollstreckungsbehörden oder auf Anordnung einer Vollstreckungsbehörde und eines Gerichts gepfändet, so finden die Vorschriften der §§ 853 bis 856 der Zivilprozeßordnung entsprechende Anwendung

In Ermangelung eines nach §§. 853, 854 zuständigen Amtsgerichts findet die Hinterlegung bei der Hinterlegungsstelle[1] desjenigen Amtsgerichts statt, in dessen Bezirke die Vollstreckungsbehörde, deren Pfändungsverfügung dem Drittschuldner zuerst zugestellt worden, ihren Sitz hat.

1) HinterlegungsO. (Gesetz) v. 21. 4. 1813 (GS. 225): Ausführungsvorschriften des Just. Min. v. 5. 2. 1914 (JustMinBl 115), geändert durch Vdg. v. 18. 4. 1915 (JustMinBl. 75), v. 8. 6 1915 (JustMinBl. 113).

I **§ 49** (§ 53). Auf die Zwangsvollstreckung in andere Vermögensrechte, welche nicht Gegenstand der Zwangsvollstreckung in das unbewegliche Vermögen sind, finden die vorstehenden Bestimmungen entsprechende Anwendung.

Ist ein Drittschuldner nicht vorhanden, so ist die Pfändung mit dem Zeitpunkt als bewirkt anzusehen, in welchem dem Schuldner das Gebot, sich jeder Verfügung über das Recht zu enthalten, zugestellt ist. II

Ein unveräußerliches Recht ist in Ermangelung besonderer Vorschriften der Pfändung insoweit unterworfen, als die Ausübung einem Anderen überlassen werden kann. III

Die Vollstreckungsbehörde kann bei der Zwangsvollstreckung in unveräußerliche Rechte, deren Ausübung einem Anderen überlassen werden kann, besondere Anordnungen erlassen. Sie kann insbesondere bei der Zwangsvollstreckung in Nutzungsrechte eine Verwaltung anordnen. In diesem Falle wird die Pfändung durch Übergabe der zu benutzenden Sache an den Verwalter bewirkt, sofern sie nicht durch Zustellung der Pfändungsverfügung bereits vorher bewirkt ist. IV

Ist die Veräußerung des Rechtes selbst zulässig, so kann auch diese Veräußerung unter der gleichen Voraussetzung von der Vollstreckungsbehörde angeordnet werden. V

Auf die Zwangsvollstreckung in eine Reallast, eine Grundschuld oder eine Rentenschuld finden die Vorschriften über die Zwangsvollstreckung in eine Forderung, für welche eine Hypothek besteht, entsprechende Anwendung[1] VI

Bezüglich der Zwangsverwaltung und Wiederverpachtung verpachteter Grundstücke und Gerechtsame behält es bei den besonderen Bestimmungen des § 42 der Verordnung vom 26 Dezember 1808 (Gesetz-Samml. von 1806 bis 1810 S. 464) und der Allerhöchsten Ordre vom 31. Dezember 1825 (Gesetz-Samml. für 1826 S. 5[2]) sein Bewenden. VII

1) Vgl ZPO. § 857 2) unter D XII a. b.

§ 50 (neu). Die Bestimmungen der §§. 858 bis 863 der Zivilprozeßordnung finden entsprechende Anwendung.

§ 50a (neu[1]). Um die Ausführung von Maßregeln der Zwangsvollstreckung in Forderungen und andere Vermögensrechte kann die Vollstreckungsbehörde die entsprechende Behörde desjenigen Bezirkes, in welchem der Schuldner seinen Wohnsitz oder Aufenthaltsort hat, ersuchen.

In diesem Falle tritt die ersuchte Behörde, soweit von ihr die Zwangsvollstreckung ausgeführt wird, an die Stelle der Vollstreckungsbehörde[2].

1) Eingeführt durch Vdg. v. 18. 3. 1904 (GS. 36). AusfVdg. Min Just. Kult. Fin Landw. Inn Hand. Arb. v. 4. 7. 1904 (MinBlInn. 257, Hand. 438) Art 74a.

2) Vgl. G. v. 9. 6. 1895 über den Beistand bei Einziehung von Abgaben und Vollstreckung von Vermögensstrafen (RGBl. 256). Grundsätze betr. die Erstattung von Kosten der Rechtshilfe (MinBlInn. 1907, 173).

III. Zwangsvollstreckung in das unbewegliche Vermögen.

§ 51 (§ 54). Die Zwangsvollstreckung in das unbewegliche Vermögen erfolgt nach den für gerichtliche Zwangsvollstreckungen bestehenden Vorschriften[1]. Die erforderlichen Anträge sind durch die Vollstreckungsbehörde zu stellen.

Anträge auf Zwangsversteigerung oder Zwangsverwaltung sind nur zulässig, sobald feststeht, daß durch Pfändung die Beitreibung des Geldbetrags nicht erfolgen kann[2].

Die Vollstreckbarkeit der Forderung und die Zulässigkeit der Zwangsvollstreckung nach Maßgabe des Abs. 2 unterliegen nicht der Beurteilung des Gerichts oder Grundbuchamts.

In den besonderen Rechten der bestehenden Kreditverbände[3] bei der Zwangsversteigerung oder Zwangsverwaltung der zu ihnen gehörigen oder von ihnen beliehenen Güter wird durch die Bestimmungen dieser Verordnung nichts geändert.

1) ZPO. §§ 864—871; G. v. 17. 5. 1898 über die Zwangsversteigerung und die Zwangsverwaltung (RGBl. 713); AusfG. v. 23. 9. 1899 (GS. 291).

2) Weitere Beschränkungen: Pr. GKG. v. 25. 7. 1910 (GS. 184) § 16 II § 118, mit RG. v. 17. 5. 1898 betr. Änderung des GVG und der StrPrO (RGBl. 252) Art. IV. G. v. 10. 10. 1899 betr. das Verfahren in Auseinandersetzungsangelegenheiten (GS. 403) § 96 IV mit G. v 3. 6. 1919 (GS 101) § 17; G. v. 23. 1. 1838 wegen Untersuchung und Bestrafung der Zollvergehen (GS. 78) § 51 mit G. v. 26. 7. 1897 betr. VerwStrafVerfahren (GS. 237) § 54 II, §§ 58, 61. VerkehrsAbgG. v. 2. 5. 1900 (GS. 123) § 9 WechsStempG v. 15. 7. 1909 (RGBl. 825) § 22. D StempG. v. 15. 7. 1909 (RGBl. 833) § 98, v 3. 7. (2. 8.) 1913 (RGBl. 639) § 114; vgl. RG. 26. 7. 1918 (RGBl. 799). UmsatzsteuerG. v. 26. 7. 1918 (RGBl. 779) § 30. ReichsabgO. v. 13. 12. 1919 (RGBl. 1993) § 345 (3). Heimstätten wegen persönlicher Schulden des Heimstätters, RG. v. 10. 5. 1920 (RGBl. 966) § 20. Kriegsteilnehmer: ReichsVbg. v. 15. 6. 1920 (RGBl. 1212), RG v. 22. 12 1920 (RGBl. 2162), Pr. StempG. v. 10. 7. 1909 (GS. 535) § 22. — Keine Genehmigung der Aufsichtsbehörde Anordnung v. 20. 6. 1912 (JMinBl. 355).

3) G. v. 3. 8. 1897 (GS 388). EG z. BGB. Art. 167, AG. v. 23. 9. 1899 z. ZVerstG. (GS. 291) Art. 9, 12, 34;

AG. v. 22. 9. 1899 zur ZPO.-Novelle (GS. 284) Art. 5. Vdg. v. 5. 11. 1898 wegen der Nassauischen Landesbank (GS. 1899, 1), v. 10. 8. 1899 wegen der Landeskreditkasse in Kassel (GS. 162) geändert durch G. v. 20. 4. 1909 (GS. 38).

§ 52 (neu). Ist eine Sicherungshypothek eingetragen, so ist im Falle der Veräußerung des belasteten Grundstücks die Zwangsvollstreckung in Ansehung des Grundstücks gegen den Rechtsnachfolger zulässig. Die Vorschriften des §. 3 Abs. 3 finden Anwendung.

IV. Arrest.

§ 53 (§ 55). Soweit ein Arrest zur Sicherung der Zwangsvollstreckung wegen einer im Verwaltungszwangsverfahren beizutreibenden Geldforderung zulässig ist, erfolgt die Vollziehung desselben unter entsprechender Anwendung der Vorschriften dieser Verordnung. Die Vorschriften der Zoll- und Steuergesetze über die Beschlagnahme zoll- oder steuerpflichtiger Gegenstände werden hierdurch nicht berührt.

V. Kosten der Zwangsvollstreckung.

§ 54 (§ 56)[1]. Die Kosten des Verfahrens sind nach dem angehängten Tarif unter Beachtung der nachstehenden näheren Bestimmungen zu berechnen:

a) Die Wertklasse wird bei der Ausführung einer Versteigerung durch den Erlös der versteigerten Gegenstände, in allen anderen Fällen durch die Summe der von jedem einzelnen Schuldner einzuziehenden Geldbeträge einschließlich der rückständigen Kosten bestimmt.

b) Bei der Pfändung körperlicher Sachen sowie bei deren Versteigerung ist der Anspruch auf Gebühren begründet, sobald der Vollziehungsbeamte die Ausführung des entsprechenden Auftrags begonnen hat. Die Gebühr für die Pfändung körperlicher Sachen wird auch dann erhoben, wenn bereits gepfändete Sachen im Anschluß gepfändet werden, ebenso, wenn eine versuchte Pfändung ohne Erfolg geblieben ist, weil pfändbare Gegenstände nicht vorhanden waren oder ein Ueberschuß über die Kosten nicht zu erwarten ist[2].

c) Die Gebühren müssen, auch wenn der Vollziehungsbeamte mehrere Zwangsmaßregeln in derselben Gemeinde an demselben Tage vollstreckt hat, von jedem Schuldner besonders entrichtet werden. Die Kosten für die öffentliche Bekanntmachung und für die Versteigerung sind jedoch, wenn mehrere Massen zusammengenommen werden, nur einmal nach der Gesamtsumme zu entrichten und unter die beteiligten Schuldner nach Verhältnis des aus jeder Masse gewonnenen Erlöses zu verteilen.

d) Die durch die Zwangsvollstreckung verursachten baren Auslagen sind von dem Schuldner zu ersetzen.

Zu den Auslagen gehören u. a.[3]:

1. Post-, Fernsprech- und Telegrammgebühren;

2. die Kosten, die durch öffentliche Bekanntmachung, insbesondere durch die Einrückung in öffentliche Blätter, entstehen. Hierzu gehören auch die Schreibgebühren für zum Aushang bestimmte Schriftstücke, dagegen nicht die durch öffentliche Bekanntmachung der Mahnung entstehenden Auslagen;

3. die Entschädigung der zum Oeffnen der Türen und Behältnisse zugezogenen Personen, die Kosten der Beförderung gepfändeter Sachen, der Verwahrung

15*

und Beaufsichtigung von Gegenständen, der Aberntung gepfändeter Früchte und der Erhaltung gepfändeter Tiere;

4. die Gerichtsgebühren.

Bei Verteilung der Transportkosten und anderer baren Auslagen, welche mehrere Schuldner gemeinschaftlich zu tragen haben, ist auf die besonderen Umstände, namentlich den Wert, den Umfang und das Gewicht der Gegenstände, billige Rücksicht zu nehmen. Der Vollstreckungsschuldner muß die entstandenen Auslagen auch dann ersetzen, wenn er nach Erlaß der Vollstreckungsanordnung die Schuld ganz oder teilweise bezahlt[4].

e) Neben den Gebühren findet der Ansatz von Reise- und Zehrungskosten für den Vollziehungsbeamten nicht statt.

f) Zeugen und Sachverständigen ist auf Antrag eine Entschädigung zu gewähren. Die Entschädigung darf die Gebühr einschließlich der Teuerungszuschläge nicht übersteigen, die auf Grund der Gebührenordnung für Zeugen und Sachverständige vom 20. Mai 1898 in ihrer jeweils geltenden Fassung in den vor die ordentlichen Gerichte gehörigen Rechtssachen gewährt werden kann[5].

g) Die Gebühren des Vollziehungsbeamten kommen auch für andere mit der Vornahme einzelner Vollstreckungshandlungen beauftragte Beamte in Ansatz.

h)[6] Die Gebühren für die Mahnung durch öffentliche Bekanntmachung und für die Pfändung von Forderungen und Ansprüchen auf Herausgabe oder Leistung beweglicher Sachen und von anderen Vermögensrechten stehen nicht dem Vollziehungsbeamten, sondern der Kasse der Vollstreckungsbehörde zu.

Vorstehende Bestimmungen finden keine Anwendung, wenn die Zwangsvollstreckung durch einen Gerichtsvollzieher[7] erfolgt.

1) Fassung nach Art. 1 der Vdg. des Staatsministeriums v 29./4. 1921 (GS. 381), die im übrigen noch folgende Bestimmungen enthält:

Artikel 2. Diese Verordnung tritt mit dem Tage ihrer Verkündung in Kraft. Sie findet Anwendung auf alle zur Zeit ihres Inkrafttretens noch nicht beendigten kostenpflichtigen Maßregeln im Mahn- und Beitreibungsverfahren

Artikel 3. Die zur Ausführung dieser Verordnung erforderlichen Anordnungen haben die beteiligten Minister gemeinschaftlich zu erlassen

Die Verordnung ist am 10. 6. 1921 in Kraft getreten, die Abweichungen von dem bisherigen Recht sind in den Anmerkungen nachgewiesen.

2) Satz 2 unter b ist neu.

3) Die Aufzählung ist neu

4) Der Schlußsatz ist neu

5) Buchstabe f ist neu gefaßt. Wegen der Reichsgebührenordnung vgl. LVG. (Nr. 1 dieser Ausgabe) § 106 Anm 2.

6) Buchstabe h ist neu hinzugenommen.

7) Geb. O. v 20 5 1898 (RGBl 683) Aenderung v. 18. 12 1919 (RGBl 2115). Pr Geb. O. v. 6. 10. 1899 (GS. 381) Art. 18—26; Aenderung G. v 29. 4. 1920 (GS. 155), v. 10. 12. 1920 (GS 540)

§ 55 (§ 57). Die Gebühren des Vollziehungsbeamten und alle anderen Kosten der Zwangsvollstreckung werden von der Vollstreckungsbehörde aus den eingegangenen Geldern entnommen

Bei Unzulänglichkeit dieser Gelder werden, soweit für den einzelnen Fall nicht anderweite Bestimmungen maßgebend sind, zunächst die in Ansatz gebrachten Gebühren des Vollziehungsbeamten, sodann die übrigen Kosten der Zwangsvollstreckung berichtigt; soweit die letzteren aus den eingegangenen Geldern nicht gedeckt werden, sind dieselben unbeschadet der bestehenden anderweiten Vorschriften von demjenigen zu tragen, für dessen Rechnung die Zwangsvollstreckung erfolgt.

§ 56 (§ 58). Diese Verordnung tritt gleichzeitig mit dem Bürgerlichen Gesetzbuch in Kraft.

Die zur Ausführung derselben erforderlichen Anordnungen[1] haben die beteiligten Ministerien gemeinschaftlich zu erlassen.

Urkundlich unter Unserer Höchsteigenhändigen Unterschrift und beigedrucktem Königlichen Insiegel.

Gegeben Neues Palais, den 15. November 1899.

(L. S.) **Wilhelm.**

Fürst zu Hohenlohe. v. Miquel. Thielen. Frhr. v. Hammerstein. Schönstedt. Brefeld. v. Goßler. Gr. v. Posadowsky. Gr. v. Bülow. Tirpitz. Studt. Frhr. v. Rheinbaben.

1) Anw. v. 28. 11. 1899 in Mitt. aus der V. der direkten Steuern Nr. 40, abgedruckt bei Kautz 178—267 (1915).

Gebührentarif[1])	I	II	III	IV	V	VI
	bis 50 Mark	mehr als 50 Mark bis 200 Mark einschließl.	mehr als 200 Mark bis 500 Mark einschließl.	mehr als 500 Mark bis 1000 Mark einschließl.	für jede weiter. angefangen. 1000 Mark mehr	Höchstsatz
	Mark	Mark	Mark	Mark	Mark	Mark
1. Für die Mahnung*) . . . . Erfolgt die Mahnung durch Aufgabe zur Post, so wird nur die Hälfte, erfolgt sie durch öffentliche Bekanntmachung, so wird ein Fünftel der Gebühren entrichtet. Die Gebührenpflicht entsteht, sobald dem Vollziehungsbeamten ein schriftlicher Auftrag zur Mahnung erteilt, eine schriftliche Mahnung zur Post aufgegeben worden oder die Bekanntmachung der öffentlichen Mahnung erfolgt ist.	1,00	2,00	3,00	4,00	8,00	—

1) Fassung der Vdg. v. 29. 4. 1921, in Kraft getreten am 10. 6. 1921. Die Zahl der Stufen ist vermindert, die Gebührensätze wesentlich erhöht.

*) Für Mitteilung von Gerichtskostenrechnungen wird die Gebühr nicht entrichtet (amtliche Anmerkung).

Gebührentarif	I bis 50 Mark Mark	II mehr als 50 Mark bis 200 Mark einschließl. Mark	III mehr als 200 Mark bis 500 Mark einschließl. Mark	IV mehr als 500 Mark bis 1000 Mark einschließl. Mark	V für jede weiter. angefangen. 1000 Mark mehr Mark	VI Höchstsatz Mark
2. Für die Pfändung körperlicher Sachen sowie für die Wegnahme der vom Schuldner herauszugebenden Urkunden einschließlich der durch die Pfändung und Wegnahme der Urkunden veranlaßten Zustellungen.	2,00	3,00	4,00	6,00	5,00	—
Wenn der Schulder die Pfändung abwendet (§ 13)[1], wird nur die Hälfte der Gebühren entrichtet.						
3. Für die öffentliche Bekanntmachung der Versteigerung durch Aushang und Ausruf.	0,50	1,00	1,50	2,00	1,00	10,00
4. Für die Versteigerung sowie für den freihändigen Verkauf der gepfändeten Sachen einschließlich der hierdurch veranlaßten Zustellungen	2,00	3,00	5,00	7,00	6,00	—
Wenn der Schuldner die Versteigerung						

abwendet (§ 27 Abs. 3), wird nur die Hälfte der Gebühren entrichtet. Pfändungs- und Versteigerungskosten im Sinne der Bestimmungen zu Nr. 2 Abs. 2 und zu Nr. 4 Abs. 2 dürfen nur dann gefordert werden, wenn der Vollziehungsbeamte behufs Vornahme der Pfändung oder Versteigerung sich an Ort und Stelle begeben hat[2] oder wenn der Auftrag schon vorher durch Leistung an den Vollziehungsbeamten erledigt worden ist.						
5[3]. Für die Pfändung von Forderungen, Ansprüchen auf Herausgabe oder Leistung beweglicher Sachen und von anderen Vermögensrechten . . . . Bei mehrfacher Pfändung wegen derselben Grundforderung kommt die Gebühr nur einmal zur Erhebung. Die Gebührenpflicht entsteht, sobald die Pfändung verfügt ist.	1,00	2,00	3,00	5,00	5,00	—

1) Druckfehler für § 18.
2) Das folgende ist neu.
3) Die Nr. 5 ist neu.

Gebührentarif	I	II	III	IV	V	VI
	bis 50 Mark	mehr als 50 Mark bis 200 Mark einschließl.	mehr als 200 Mark bis 500 Mark einschließl.	mehr als 500 Mark bis 1000 Mark einschließl.	für jede weiter. angefangen. 1000 Mark mehr	Höchstsatz
	Mark	Mark	Mark	Mark	Mark	Mark
6. Für jede Abschrift einer Niederschrift . Umfaßt die Abschrift mehr als zwei Seiten, so ist neben dieser Gebühr für jede weitere Seite eine Gebühr von 1 Mark zu entrichten.	1,00	1,50	2,00	3,00	1,00	5,00
7. Für jede im Zwangsverfahren erforderliche Zustellung durch den Vollziehungsbeamten, welche nicht nach den Bestimmungen unter Nr. 2 und 4 unentgeltlich zu leisten ist . . . . Erfolgt die Zustellung durch die Post oder durch Aufgabe zur Post, so wird nur die Hälfte der Gebühren entrichtet[1].	0,50	1,00	1,50	2,00	1,00	10,00

1) Die Nr. 7, 8 (Pfändungszeugen und Aufbewahrungskosten) sind hier weggefallen.

Anhang II.

Verfassung des Oberverwaltungsgerichts.

Nr. 6. Gesetz vom 2. August 1880, betreffend die Verfassung der Verwaltungsgerichte und das Verwaltungsstreitverfahren[1] (GS. 328).

Titel IV.

Von dem Oberverwaltungsgerichte.

§ 17[2]. Das Oberverwaltungsgericht[3] besteht aus einem Präsidenten[4], den Senatspräsidenten[5] (§ 26) und der erforderlichen Anzahl von Räten[6]. Die eine Hälfte der Mitglieder des Oberverwaltungsgerichts muß zum Richteramte, die andere Hälfte zur Bekleidung von höheren Verwaltungsämtern befähigt[7] sein.

Zum Mitgliede des Oberverwaltungsgerichts kann nur ernannt werden, wer das 30. Lebensjahr vollendet hat.

1) Erläuterung bei Friedrichs, Landesverwaltungsgesetz 396—408. Die nicht abgedruckten §§ 1—16a, 31—87a, 89 sind durch LVG. § 154 II aufgehoben.

2) Vgl. EmschertalG v. 14. 7. 1904 (GS. 175) § 21 II. Auslegungsstreitigkeiten in Berlin, G. v. 27. 4. 1920 (GS. 123) § 58 Nr. 11 (2).

3) Vgl. die Festnummer zum fünfundzwanzigjährigen Bestehen PrVBl. 20, 73ff. (Berlin 17. 11. 1900), ferner PrVBl. 22, 95.

4) im Range der Räte I. Klasse Kgl. Erl. v. 6. 11. 1875 (GS. 602).

5) im Range der Räte II. Klasse mit dem Vortritt vor den übrigen Räten der II. Klasse Kgl. Erl. v. 28. 7. 1879 (GS. 571).

6) im Range der Räte II. Klasse Kgl. Erl. v. 6. 11. 1875 (GS. 602).

7) G. v. 10. 8. 1906 über die Befähigung zum höheren Verwaltungsdienste (GS. 378) § 10 Nr 2, geändert durch G. v. 8. 7. 1920 (GS. 388) AusfAnw v 2. 8. 1914 (MinBlInn. 235) aufgehoben durch Vdg. Min Fin Inn. v. 18. 12. 1919 (RAnz. 287, S. 3 links). Bei der Besetzung der einzelnen Senate kommt es nicht darauf an, wie viele aus der Zahl der als Richter befähigten und wie viele aus der Zahl der als Verwaltungsbeamte befähigten anwesend sind.

§ 18. Die Mitglieder des Oberverwaltungsgerichts werden [auf den Vorschlag des Staatsministeriums vom Könige[1]] ernannt. Die Ernennung erfolgt auf Lebenszeit

1) vom Staatsministerium, Pr. Verf. v. 30. 11. 1920 (GS 543) Art. 82 (1).

§ 19. Die Mitglieder des Oberverwaltungsgerichts können ein besoldetes Nebenamt nur in den Fällen bekleiden, in denen das Gesetz die Übertragung eines solchen Amtes an etatsmäßig angestellte Richter[1] gestattet

1) Besondere Verbote für Richter bestehen weder nach Reichsrecht noch nach Landesrecht Für Beamte im allgemeinen gelten Kgl KabO. v 13 7 1839 (GS 235), GewO. v 17 1 1845 (GS 41) § 19; RGewO § 12 II, KabO. v. 25. 7. 1840 (MinBlInn 436); G v 10. 6 1874 (GS. 244) § 1; Erl Min Inn. Landw v 21 12 1880 (PrVBl 8, Beilage 32 S 117).

§ 20[1]. Die Mitglieder des Oberverwaltungsgerichts unterliegen, vorbehaltlich der Bestimmungen der §§ 21 ff., keinem Disziplinarverfahren.

1) Die §§ 20–25 sind anwendbar auf den Präsidenten und die Mitglieder des Landeswasseramts, WasserG v 7. 4 1913 (GS 53) § 372 mit einzelnen Abweichungen

§ 21. Ist ein Mitglied zu einer Strafe wegen einer entehrendenden Handlung oder zu einer Freiheitsstrafe von längerer Zeit als einjähriger Dauer rechtskräftig verurteilt, so kann es durch Plenarbeschluß[1] des Oberverwaltungsgerichts seines Amtes und seines Gehalts für verlustig erklärt werden[2].

1) Aufrecht erhalten in G. v. 8 5. 1889 (Nr 7) § 1 VI nicht berührt durch G. v 13. 5. 1918 (GS. 58) Art. 8.

2) Vgl. GVG. § 128 I.

§ 22. Ist wegen eines Verbrechens oder Vergehens das Hauptverfahren gegen ein Mitglied eröffnet, so kann die vorläufige Enthebung desselben von seinem Amte durch Plenarbeschluß[1] des Oberverwaltungsgerichts ausgesprochen werden.

Wird gegen ein Mitglied die Untersuchungshaft verhängt, so tritt für die Dauer derselben die vorläufige Enthebung von Rechtswegen ein.

Durch die vorläufige Enthebung wird das Recht auf den Genuß des Gehalts nicht berührt[2].

1) Aufrecht erhalten wie § 21 Anm. 1.

2) Vgl. GVG. § 129.

§ 23. Wenn ein Mitglied durch ein körperliches Gebrechen oder durch Schwäche seiner körperlichen oder geistigen Kräfte zur Erfüllung seiner Amtspflichten dauernd unfähig wird, so tritt seine Versetzung in den Ruhestand gegen Gewährung eines Ruhegehalts ein[1].

1) Vgl. GVG. § 130 I.

§ 24. Wird die Versetzung eines Mitglieds in den Ruhestand nicht beantragt, obgleich die Voraussetzungen derselben vorliegen, so hat der Präsident an das Mitglied die Aufforderung zu erlassen, binnen einer bestimmten

Frist den Antrag zu stellen. Wird dieser Aufforderung nicht Folge geleistet, so ist die Versetzung in den Ruhestand durch Plenarbeschluß[1] des Oberverwaltungsgerichts auszusprechen[2].

1) Aufrecht erhalten wie § 21 Anm. 1.

2) Vgl. GVG. § 131 I.

§ 25. Für das nach Maßgabe der §§. 21, 22 Absatz 1 und § 24 einzuleitende Verfahren gelten die folgenden Bestimmungen:

1) Der Präsident ernennt aus der Zahl der Mitglieder des Oberverwaltungsgerichts einen Kommissar.

Der Kommissar hat die das Verfahren begründenden Tatsachen zu erörtern, erforderlichen Falls den Beweis unter Vorladung des beteiligten Mitglieds zu erheben und darüber Bericht zu erstatten.

Der Bericht ist dem beteiligten Mitgliede zuzufertigen

2) Vor der Beschlußfassung findet eine mündliche Verhandlung vor dem Oberverwaltungsgerichte statt. In derselben kann die mündliche Vernehmung von Zeugen und Sachverständigen erfolgen. Das beteiligte Mitglied beziehungsweise sein Kurator[1] ist zu hören.

3) Das beteiligte Mitglied kann sich des Beistandes oder der Vertretung eines Rechtsanwaltes bedienen, jedoch ist das Oberverwaltungsgericht befugt, das persönliche Erscheinen des Mitgliedes unter der Warnung anzuordnen, daß bei seinem Ausbleiben ein Vertreter desselben nicht werde zugelassen werden.

4) Die Einleitung des Verfahrens gegen den Präsidenten erfolgt durch den Stellvertreter desselben auf Grund eines Plenarbeschlusses des Oberverwaltungsgerichts.

1) BGB. §§ 1896, 1906, 1910.

§ 26. Das Oberverwaltungsgericht kann auf Beschluß des Staatsministeriums in Senate eingeteilt werden.

Das Präsidium[2] bezeichnet bei Beginn jedes Geschäftsjahres und mindestens auf die Dauer desselben für jeden Senat die ständigen Mitglieder und für den Fall ihrer Verhinderung die erforderlichen Vertreter.

In gleicher Weise erfolgt nach Maßgabe des hierfür erlassenen Regulativs (§. 30) die Verteilung der Geschäfte unter die Senate[3].

Das Präsidium besteht aus dem Präsidenten, den Senatspräsidenten und dem dem Dienstalter nach, bei gleichem Dienstalter dem der Geburt nach ältesten Mitgliede. Das Präsidium entscheidet nach Stimmenmehrheit; im Falle der Stimmengleichheit gibt die Stimme des Präsidenten den Ausschlag.

1) Die Einteilung in Senate ist in den G. v. 8. 5. 1889 (Nr. 7) und 26. 3. 1898 (GS. 60) als etwas notwendiges vorausgesetzt.

2) Vgl. GVG. § 133.

3) Abs. II, III waren auch anwendbar auf die Kammern der Steuersenate G. v. 26. 3. 1898 (GS. 60) Art. 1 II.

§ 27. Dem Präsidenten gebührt der Vorsitz im Plenum und in demjenigen Senate, welchem er sich anschließt: in den anderen Senaten führt ein Senatspräsident den Vorsitz.

Im Falle der Verhinderuug des ordentlichen Vorsitzenden führt den Vorsitz in Plenum derjenige Senatspräsident und in den Senaten derjenige Rat des Senats, welcher das gedachte Amt am längsten bekleidet, und bei gleichem Dienstalter derjenige, welcher der Geburt nach der Älteste ist[1].

1) Vgl. GVG. §§ 61, 65.

§ 28. Zur Fassung gültiger Beschlüsse des Oberverwaltungsgerichts ist die Teilnahme von wenigstens fünf Mitgliedern erforderlich.

Die Zahl der Mitglieder, welche bei Fassung eines Beschlusses eine entscheidende Stimme führen, muß in allen Fällen eine ungerade sein. Ist die Zahl der anwesenden Mitglieder eine gerade, so hat der zuletzt ernannte Rat und bei gleichem Dienstalter der der Geburt nach jüngere Rat kein Stimmrecht. Dem Berichterstatter steht jedoch in allen Fällen Stimmrecht zu[1].

1) Vgl. GVG. 139 II.

Ia **§ 29.** Will ein Senat des Oberverwaltungsgerichtes in einer Rechtsfrage von einer früheren Entscheidung eines anderen Senats oder des Plenums abweichen, so ist über die streitige Rechtsfrage die Entscheidung des Plenums des Gerichtshofes einzuholen. Dieselbe erfolgt in allen Fällen ohne vorgängige mündliche Verhandlung. Vor der Entscheidung des Plenums ist jedoch den von den Ressortministern zur Wahrnehmung des öffentlichen Interesses bestellten Kommissarien Gelegenheit zu geben, sich schriftlich über die zur Entscheidung stehende Rechtsfrage zu äußern.

Ib Die Entscheidung der Rechtsfrage durch das Plenum ist in der zu entscheidenden Sache bindend.

Ic Soweit die Entscheidung der Sache eine vorgängige mündliche Verhandlung erfordert, erfolgt dieselbe durch den erkennenden Senat auf Grund einer erneuten mündlichen Verhandlung, zu welcher die Parteien unter Mitteilung der ergangenen Entscheidung der Rechtsfrage zu laden sind[1].

Zur Fassung von Plenarentscheidungen ist die Teilnahme von wenigstens zwei Dritteln aller Mitglieder erforderlich[2]. II

1) Abs Ia, Ib, Ic in der Fassung des G. v. 27. 5. 1888 (GS. 226). Dazu gilt aus dem G. v. 26. 3. 1898 (GS. 60) der Art. 5 Abs. II:

Will ein Steuersenat von der Entscheidung eines anderen Steuersenats oder einer Kammer eines solchen oder der vereinigten Steuersenate abweichen, so bedarf es der Entscheidung der Vereinigten Steuersenate.

2) Vgl. GVG. § 132 I.

§ 30. Im übrigen wird der Geschäftsgang und die Verteilung der Geschäfte unter die Senate durch ein Regulativ[1] geordnet, welches das Plenum des Oberverwaltungsgerichts zu entwerfen und dem Staatsministerium zur Bestätigung einzureichen hat.

Die Ernennung der erforderlichen Subaltern- und Unterbeamten bei dem Oberverwaltungsgerichte erfolgt, insoweit sie nicht durch das Geschäftsregulativ dem Präsidenten überwiesen wird, durch das Staatsministerium[2].

1) Regul. v. 22. 2 1892 (MinBlInn. 133); Nachtrag v. 15. 3 1893 (MinBlInn. 123).

2) § 30 war auch anwendbar auf die Kammern der Steuersenate nach dem G. v. 26 3. 1893 (GS 60), von dem seit dem 1 4. 1900 kein Gebrauch mehr gemacht wird.

§ 30 a. Die Disziplin über die bei dem Oberverwaltungsgerichte angestellten Subaltern- und Unterbeamten übt der Präsident mit denjenigen Befugnissen, welche nach dem Gesetze, betreffend die Dienstvergehen der nicht richterlichen Beamten ꝛc., vom 21. Juli 1852 den Ministern in Ansehung der ihnen untergeordneten Beamten zustehen. Die Einleitung des Disziplinarverfahrens auf Entfernung aus dem Amte, die Ernennung des Untersuchungskommissars und des Vertreters der Staatsanwaltschaft erfolgt durch den Präsidenten; entscheidende[1] Behörde erster und letzter Instanz ist das Oberverwaltungsgericht[2].

1) LVG. § 157 Nr. 2.

2) Disziplinarsenat G. v. 8. 5. 1889 (Nr. 7) § 1 I.

§ 88. Die Stelle eines Mitgliedes des Oberverwaltungsgerichts darf als Nebenamt fortan nicht mehr verliehen werden.

Nr. 7. Gesetz vom 8. Mai 1889 betreffend das Disziplinarverfahren bei dem Oberverwaltungsgericht (GS. 107)[1].

Wir Wilhelm, von Gottes Gnaden König von Preußen ꝛc. verordnen, mit Zustimmung beider Häuser des Landtages, für den gesamten Umfang der Monarchie: was folgt:

I **§ 1.** [Zur Entscheidung in denjenigen auf Entfernung aus dem Amte gerichteten förmlichen Disziplinaruntersuchungen, in welchen die Gesetze zu derselben das Plenum des Oberverwaltungsgerichts oder das Oberverwaltungsgericht berufen, wird bei demselben ein Disziplinarsenat in der Besetzung von zwei Präsidenten und sieben Räten dieses Gerichtshofes gebildet. Den Vorsitz in diesem Senate führt der Präsident des Gerichtshofes, und im Falle seiner Verhinderung derjenige Senatspräsident, welcher dieses Amt am längsten bekleidet].

[Im übrigen setzt sich der Disziplinarsenat in der II Weise zusammen, daß bis zur Erfüllung der gesetzlichen Zahl den ständigen Mitgliedern des Ersten Senats derjenige Senatspräsident sowie diejenigen Räte des Gerichtshofes hinzutreten, welche ihr Amt am längsten bekleiden, und bei gleichem Dienstalter diejenigen welche der Geburt nach die ältesten sind. Die im einzelnen Falle an der Teilnahme tatsächlich oder rechtlich Behinderten kommen hierbei nicht in Betracht].

[Die Zuständigkeit des Disziplinarsenats erstreckt sich III auch auf das Verfahren, in welchem über die Tatsache der Dienstunfähigkeit von Beamten Entscheidung zu treffen ist].

[Die für das Verfahren der einzelnen Senate des IV Oberverwaltungsgerichts geltenden Vorschriften finden auch auf den Disziplinarsenat Anwendung].

Zur Entscheidung in denjenigen auf Entfernung aus dem Amte gerichteten förmlichen Disziplinaruntersuchungen, in denen die Gesetze hierzu das Plenum des Oberverwaltungsgerichts oder das Oberverwaltungsgericht berufen, ist der erste Senat dieses Gerichtshofs zuständig[2].

Die Entscheidung auf Klagen, welche die Verhängung V von Ordnungsstrafen zum Gegenstande haben, steht bei dem Oberverwaltungsgerichte dem Ersten Senate desselben zu.

VI Bezüglich der Mitglieder des Oberverwaltungsgerichts bewendet es auch fernerhin bei den §§ 21, 22 und 24 des Gesetzes, betreffend die Verfassung der Verwaltungsgerichte rc., vom $\frac{\text{3. Juli 1875}}{\text{2. August 1880}}$ (Gesetz-Samml. von 1880 S. 328).

1) Erläutert bei Friedrichs LVG. 405.

2) Tritt vorübergehend an Stelle des Abs. I—IV nach dem G. v. 13. 5. 1918 (GS. 53) Art. 8.

§ 2. Der § 1 dieses Gesetzes findet auf alle zur Zeit seines Inkrafttretens noch nicht endgültig entschiedenen Sachen Anwendung.

Urkundlich unter Unserer Höchsteigenhhändigen Unterschrift und beigedrucktem Königlichen Insiegel.

Gegeben im Schloß zu Berlin, den 8. Mai 1889.

(L. S.) **Wilhelm.**

Fürst v. Bismarck. v. Boetticher. v. Maybach.
Frhr. Lucius v. Ballhausen. v. Goßler.
v. Scholz. Gr. v. Bismarck. Herrfurth.
v. Schelling. v. Verdy.

Anhang III.

Sonderbestimmungen für Berlin[1].

Nr. 8. Verordnung vom 26. Januar 1881 zur Ausführung des § 35 des Gesetzes über die Organisation der allgemeinen Landesverwaltung vom 26. Juli 1880 (GS. 14).

Wir Wilhelm, von Gottes Gnaden König von Preußen rc., verordnen auf Grund des § 35 des Gesetzes über die Organisation der allgemeinen Landesverwaltung vom 26. Juli 1880 (Gesetz-Samml. S. 291), was folgt:

Art. 1. Mit dem 1. April 1881 wird die Verwaltung der Invaliden-Pensions- und Unterstützungs-Angelegenheiten der in Berlin wohnhaften Militär- und Marine-Invaliden[2] aus dem Stande vom Feldwebel abwärts, sowie der Angelegenheiten, betreffend die Unterstützung der hinterbliebenen Eltern, Kinder und Witwen solcher Personen soweit diese Verwaltung bisher von der Abteilung des Innern der Regierung zu Potsdam geführt worden ist, dem Polizeipräsidenten von Berlin übertragen.

Mit demselben Zeitpunkt gehen alle sonstigen Zuständigkeiten der gedachten Regierungsabteilung in betreff Berlins gleich der bereits durch § 35 des Organisationsgesetzes vom 26. Juli 1880 dem Oberpräsidenten von Berlin[3] übertragenen Aufsicht des Staats über die Verwaltung der Gemeindeangelegenheiten der Stadt Berlin auf den Oberpräsidenten von Berlin über.

1) Die in der ersten Auflage enthaltenen Sonderbestimmungen für Potsdam und Posen werden wegen ihres geringen örtlichen Geltungsbereichs nicht wiederholt. Von den Sonderbestimmungen für Berlin ist alles, was sich auf den Landespolizeibezirk Berlin bezog, aufgehoben durch das G. v. 27. 4. 1920 (GS. 123), die übrigen Sonderbestimmungen dagegen nicht.

2) Vgl. RVdg. v. 1. 2. 1919 über Änderung des Verfahrens in Militärversorgungssachen (RGBl. 149) geändert durch G. v. 15. 5. 1920 (RGBl. 1064), ferner RG. v. 15. 5. 1920 über die Versorgungsbehörden (RGBl. 1063), ReichsversorgungsG. v. 12. 5. 1920 (RGBl. 989).

3) Wiederholt in LVG. § 42.

Art. 2. Der Minister des Innern wird mit der Ausführung dieser Verordnung beauftragt.

Urkundlich unter Unserer Höchsteigenhändigen Unterschrift und beigedrucktem Königlichen Insiegel.

Gegeben Berlin, den 26. Januar 1881.

(L. S.) **Wilhelm.**

Gr. zu Eulenburg.

Nr. 9. **Gesetz vom 12. Juni 1889, betreffend die Übertragung polizeilicher Befugnisse in den Kreisen Teltow und Niederbarnim,** [sowie im Stadtkreise Charlottenburg][1] **an den Polizeipräsidenten zu Berlin.**

(GS. 129)[2].

Wir Wilhelm, von Gottes Gnaden König von Preußen rc. verordnen, unter Zustimmung beider Häuser des Landtages, für die Kreise Teltow und Niederbarnim, [sowie für den Stadtkreis Charlottenburg], was folgt.

§ 1. Der Minister des Innern wird ermächtigt, die orts- und landespolizeiliche Zuständigkeit des Polizeipräsidenten zu Berlin mit Zustimmung des Provinzialrates der Prozinz Brandenburg [auf die Stadt Charlottenund] auf die Kreise Osthavelland Teltow und Niederbarnim oder auf Teile dieser Kreise nach den Bestimmungen des gegenwärtigen Gesetzes zu erstrecken.

1) Geltungsbereich eingeengt durch G. v. 13 6. 1900 (GS. 247), v. 27. 3. 1907 (GS. 37), v. 7 3. 1908 (GS. 21) und zuletzt durch G. v. 27. 4. 1920 über die Bildung einer neuen Stadtgemeinde Berlin (GS. 123) zugleich aber ebenda § 33 (1) ausgedehnt auf den Kreis Osthavelland.

2) Erläutert in Genzmer, die Polizei (1905) 75; Friedrichs, LandesverwaltungsG. (1910) 691.

§ 2. Der Minister des Innern bestimmt im Einverständnisse mit dem Provinzialrat den Umfang der Zuständigkeiten, für welche die Erstreckung gelten soll. Jedoch bleiben von der Erstreckung ausgeschlossen die Bau-, Gewerbe-, Schul-, Markt-, Feld-, Jagd-, Forst-, Gesinde-, Armen-, Wege-, Wasser-, Fischerei- und Feuerpolizei.

§ 3. Orts-[1] und landespolizeiliche[2] Verordnungen, welche von dem Polizeipräsidenten von Berlin in den durch die §§ 1 und 2 seiner Verwaltung unterstellten Angelegenheiten erlassen werden, bedürfen der Zustimmung des Oberpräsidenten.

Vor dem Erlasse ortspolizeilicher Verordnungen ist der Magistrat der betreffenden Stadt beziehungsweise der Amtsausschuß des betreffenden Bezirks zu hören.

Gegen die ortspolizeilichen Verfügungen des Polizeipräsidenten zu Berlin findet gemäß den Vorschriften in den §§ 127 ff des Gesetzes über die allgemeine Landesverwaltung vom 30. Juli 1883 (Gesetz-Samml. S. 195 ff.) die Beschwerde an den Oberpräsidenten[3] oder die Klage bei dem Bezirksausschusse zu Potsdam[4] statt.

1) Ausnahme von LVG. § 143; KrO. § 62.

2) Ausnahme von LVG. § 139, übereinstimmend mit LVG. § 43 III.

3) Vgl. LVG. § 127, I c.

4) Vgl. LVG. § 128, I b.

§ 4. Zu den Kosten[1], welche durch die ortspolizeiliche Verwaltung der dem Polizeipräsidenten zu Berlin übertragenen Angelegenheiten in den im § 1 genannten Landkreisen entstehen, haben die Gemeinde- und Gutsbezirke dieser Kreise bis zum 1. April 1890 keinen Beitrag zu leisten.

1) PolKostenG. v. 3. 6. 1908 (GS. 149).

§ 5. Bei Feuersbrünsten, Aufläufen, Tumulten und ähnlichen Störungen der öffentlichen Ruhe und Ordnung sind in Fällen, welche keinen Aufschub zulassen, die Exekutivbeamten des Polizeipräsidiums zu Berlin in den der Stadt Berlin benachbarten Amtsbezirken, [sowie im Polizeibezirke der Stadt Charlottenburg][1] auch ohne vorangegangenes Ersuchen der zuständigen Ortspolizeibehörde Amtshandlungen vorzunehmen berechtigt. Der letzteren ist jedoch von der Vornahme der Amtshandlungen unverzüglich Anzeige zu erstatten. Auch ist bei dem Eintreffen des Ortspolizeiverwalters oder seines Stellvertreters den Anordnungen desselben Folge zu leisten.

[Die vorstehenden Bestimmungen finden auf die Exekutivbeamten der Polizeidirektion zu Charlottenburg mit der Ausdehnung sinngemäße Anwendung, daß dieselben auch in dem Polizeibezirke der Stadt Berlin Amtshandlungen vorzunehmen befugt sind][1].

1) s. § 1 Anm 1.

§ 6. Der Minister des Innern ist mit der Ausführung dieses Gesetzes beauftragt und erläßt die hierzu erforderlichen Anordnungen und Anweisungen.

Urkundlich unter Unserer Höchsteigenhändigen Unterschrift und beigedrucktem Königlichen Insiegel.

Gegeben Neues Palais, den 12. Juni 1889.

(L. S.) **Wilhelm.**

Fürst v. Bismarck. v. Boetticher. v. Maybach.
Frhr. Lucius v. Ballhausen. v. Goßler.
v. Scholz. Gr. v. Bismarck. Herrfurth.
v. Schelling. v. Verdy.

Anhang IV.

Ergänzungen des Zuständigkeitsgesetzes.

Nr. 10. Verordnung vom 31. Dezember 1883 zur Ausführung des Reichsgesetzes vom 1. Juli 1883, betreffend Abänderung der Gewerbeordnung.

(GS. 1884, 7)[1].

Wir Wilhelm, von Gottes Gnaden König von Preußen 2c. verordnen zur Ausführung des Reichsgesetzes vom 1. Juli 1883, betreffend Abänderung der Gewerbeordnung (Reichs-Gesetzbl. S. 159) auf Grund des § 121 des Gesetzes vom 1 August 1883 über die Zuständigkeit der Verwaltungs- und Verwaltungsgerichtsbehörden (Gesetz-Samml. S. 237), was folgt:

§ 1. Der Kreis- (Stadt-) Ausschuß beschließt[2] I

a) über die Erteilung der Erlaubnis an diejenigen, welche gewerbsmäßig in ihren Wirtschafts- oder sonstigen Räumen Singspiele, Gesangs- und deklamatorische Vorträge, Schaustellungen von Personen oder theatralische Vorstellungen, ohne daß ein höheres Interesse der Kunst oder Wissenschaft dabei obwaltet, öffentlich veranstalten oder zu deren öffentlicher Veranstaltung ihre Räume benutzen lassen wollen (§. 33a der Reichs-Gewerbeordnung)[3],

b) über Anträge auf Erteilung der Erlaubnis, innerhalb des Gemeindebezirks des Wohnsitzes oder der gewerblichen Niederlassung den im §. 42b Abs. 1 der Reichs-Gewerbeordnung[4] bezeichneten Gewerbebetrieb auszuüben, soweit es dazu der Erlaubnis bedarf.

II Wird die Erlaubnis versagt, so steht dem Antragsteller innerhalb zwei Wochen der Antrag auf mündliche Verhandlung[5] im Verwaltungsstreitverfahren vor dem Kreis- (Stadt-) Ausschusse zu.

III Die Entscheidung des Bezirksausschusses ist endgültig[6].

IV In den zu einem Landkreise gehörigen Städten mit mehr als 10 000 Einwohnern[7] tritt an die Stelle des Kreisausschusses der Magistrat (kollegialische Gemeindevorstand)[8].

1) Erläutert in Friedrichs, Zuständigkeitsgesetz S. 238.
2) LVG. §§ 115—126.
3) AusfAnw. v. 1. 5. 1904 z. GewO. (MinBlHand 123) Nr. 49; Stempeltarif-St. 22c.
4) AusfAnw Nr. 56. 5) LVG. §§ 69, 74 III
6) Ausnahme von LVG. § 93.
7) ZustG. (Nr. 2) § 162. 8) LVG. § 4 II, III.

§ 2[1]. Gegen Verfügungen der unteren Verwaltungsbehörden, durch welche Reichsangehörigen

a) eine Gewerbelegitimationskarte (§. 44a Abs. 6 a. a. O.[2]) versagt,

b) eine Gewerbelegitimationskarte oder eine Legitimationskarte zum Aufsuchen von Warenbestellungen oder zum Aufkaufen von Waren (§. 44a Abs. 1 a. a. O.) durch Zurücknahme entzogen

worden ist, findet innerhalb zwei Wochen die Klage bei dem Bezirksausschusse statt[3], gegen dessen Endurteile nur das Rechtsmittel der Revision zulässig ist.

1) Abänderung zu ZustG. (Nr. 2) § 117.
2) AusfAnw. Nr. 57; Stempeltarif-St. 26; Bek. BundesR. v 27. 11. 1896 (RGBl. 745).
3) LVG. § 69. Verfahren GewO. §§ 20, 21, 44a V, 63.

§ 3. Der Bezirksausschuß, im Stadtkreis Berlin der Polizeipräsident, beschließt über Anträge auf Genehmigung des im §. 56 Abs. 4 a. a. O.[1] vorgesehenen Druckschriftenverzeichnisses.

Gegen den versagenden Beschluß des Bezirksausschusses findet der Antrag auf mündliche Verhandlung im Verwaltungsstreitverfahren[2], gegen den versagenden Beschluß des Polizeipräsidenten die Klage bei dem Bezirksausschusse innerhalb zwei Wochen[3] statt.

Gegen die Endurteile des Bezirksausschusses ist nur das Rechtsmittel der Revision zulässig.

1) AusfAnw. Nr. 74, 75.
2) LVG. § 69. Verfahren GewO §§ 20, 21, 63 I.
3) LVG § 52.

§ 4. Der Kreisausschuß, in Stadtkreisen und in den zu einem Landkreise gehörigen Städten mit mehr als 10000 Einwohnern[1] der Bezirksausschuß, entscheidet[2] auf Klage der Ortspolizeibehörde[3]

a) über die Zurücknahme der Erlaubnis zu dem in §. 33a der Reichs-Gewerbeordnung bezeichneten Gewerbebetrieb und über die Untersagung desselben[4],

b) über die Zurücknahme der Erlaubnis, innerhalb des Gemeindebezirks des Wohnorts oder der gewerblichen Niederlassung den im §. 42b Abs. 1 a. a. O. bezeichneten Gewerbebetrieb auszuüben[5],

c) über die Untersagung des im §. 42b Abs. 1 a. a. O. bezeichneten Gewerbebetriebes mit den im §. 59 Ziffer 1 und 2 aufgeführten Erzeugnissen und Waren, falls eine solche Untersagung nach §. 42b Abs. 3 zugelassen worden ist[6].

d) über die Untersagung des Gewerbebetriebes solcher Pfandleiher, welche den Gewerbebetrieb vor dem Inkrafttreten des Gesetzes vom 23. Juli 1879 begonnen haben (§. 53 Abs. 3 der Reichs-Gewerbeordnung)[7],

c) über die Untersagung des ohne Wandergewerbeschein zulässigen Gewerbebetriebes im Umherziehen (a. a. O. §. 59 a)[8].

1) ZustG. § 162.

2) Verfahren GewO. §§ 20, 21, 40 II, 54, 63 I. Rechtsmittel LVG. §§ 82, 83, 93.

3) KrO. Hannover v. 6. 5. 1884 (GS. 181) § 35 Nr. 6, 7, § 36; Hessen-Nassau v. 7. 6. 1885 (GS. 193) § 31 Nr. 2, 3. AusfAnw. z. GewO. Nr. 58—62.

4) GewO. §§ 33 a III, 40 II.

5) GewO. §§ 42 b II, 58, 63 I.

6) GewO. §§ 42 b III, 63 I. 7) GewO. § 54.

8) GewO §§ 57 Nr. 1—4, 59 a, 63 I.

§ 5. Der Bezirksausschuß entscheidet[1] auf Klage der Ortspolizeibehörde[2] über die Zurücknahme des Wandergewerbescheins (§. 58 a. a. O.), der Ausdehnung desselben (§. 60 Abs. 3 a a. O.) und der Erlaubnis, bei dem Gewerbebetrieb im Umherziehen andere Personen von Ort zu Ort mitzuführen, in den Fällen des §. 62 Abs. 2 a. a. O.

1) § 4 Anm. 2. GewO. §§ 20, 21, 63 I.

2) § 4 Anm 3

§ 6. Diese Verordnung tritt gleichzeitig mit dem Gesetz vom 30. Juli 1883 über die allgemeine Landesverwaltung (Gesetz-Samml. S. 195)[1] in Kraft.

1) LVG. §§ 154, 155.

Urkundlich unter Unserer Höchsteigenhändigen Unterschrift und beigedrucktem Königlichen Insiegel.

Gegeben Berlin, den 31. Dezember 1883.

(L. S.) **Wilhelm.**

Für den Minister für Handel und Gewerbe.

v. Puttkamer. v. Boetticher.

Nr. 11. Gesetz vom 26. Mai 1887, betreffend die Feststellung von Anforderungen für Volksschulen.

(GS. 175)[1].

Wir Wilhelm, von Gottes Gnaden König von Preußen rc. verordnen, mit Zustimmung beider Häuser des Landtages der Monarchie, über die Feststellung von Anforderungen für Volksschulen, was folgt:

§ 1. Unter Volksschulen im Sinne dieses Gesetzes sind diejenigen öffentlichen Schuleinrichtungen zu verstehen, welche zur Erfüllung der allgemeinen Schulpflicht dienen.

1) Das Gesetz ist durch G v. 3. 3. 1897, betr. das Diensteinkommen der Lehrer und Lehrerinnen an den öffentlichen Volksschulen (GS. 25) § 28 VII nicht aufgehoben, und in G v. 28. 7. 1906, betr. die Unterhaltung der öffentlichen Volksschulen (GS. 335) §§ 14 III, 36 X, 37 II, 39 II als fortbestehend anerkannt unter Einschränkung des Ermessens der Behörde. Nicht aufgehoben im Volksschullehrer-DiensteinkommenG. v. 17. 12. 1920 (GS. 623) § 56. Vgl. Grotefend im VArch. 10, 73—112 (1902); Erläuterung in Friedrichs, Zuständigkeitsgesetz S. 91.

§ 2. Werden von den Schulaufsichtsbehörden für eine Volksschule Anforderungen gestellt, welche durch neue oder erhöhte Leistungen der zur Unterhaltung der Schule Verpflichteten (Gemeinden, Gutsbezirke, Schulgemeinden, Schulsozietäten, Schulkommunen usw. und dritte, statt derselben oder neben denselben Verpflichtete) zu gewähren sind, so wird in Ermangelung des Einverständnisses der Verpflichteten die zu gewährende Anforderung, soweit solche innerhalb der gesetzlichen Zuständigkeit nach dem Ermessen der Verwaltungsbehörden zu bestimmen ist, bei Landschulen durch Beschluß des Kreisausschusses, bei Stadtschulen durch Beschluß des Bezirksausschusses, insbesondere mit Rücksicht auf das Bedürfnis der Schule und auf die Leistungsfähigkeit der Verpflichteten festgestellt.

I **§ 3.** Die Einleitung des Beschlußverfahrens[1] erfolgt auf Antrag der Schulaufsichtsbehörde.

II Gegen die Beschlüsse des Kreisausschusses beziehungsweise Bezirksausschusses ist binnen einer Frist von zwei Wochen nur die Beschwerde[2] an den Provinzialrat[3] zulässig.

III Die zuständige Behörde kann zur Vervollständigung der Beschwerde eine angemessene Nachfrist gewähren. Die Beschwerde hat aufschiebende Wirkung.

IV Die Vorschrift des zweiten Absatzes findet auf die Hohenzollernschen Lande keine Anwendung[4]. Die Beschlußfassung des Bezirksausschusses in den Hohenzollernschen Landen bezüglich der Stadtschulen ist endgültig.

1) LVG. §§ 115—120. 2) LVG. § 123.

3) Im Stadtkreise Berlin an den Min. Wissensch LVG. § 43 I.

4) also Beschwerde gegen den KrA an den BezA. nach LVG. § 121.

§ 4[1].

1) Enthielt veraltete Übergangsbestimmungen.

§ 5. Auf Schulbausachen im Sinne des §. 47 Absatz 1 des Gesetzes über die Zuständigkeit der Verwaltungs- und Verwaltungsgerichtsbehörden vom 1. August 1883 (Gesetz-Samml. S. 237) findet dies Gesetz keine Anwendung.

Auch bleiben die Vorschriften des Gesetzes vom 6. Juli 1885, betreffend die Pensionierung der Lehrer und Lehrerinnen an den öffentlichen Volksschulen (Gesetz-Samml. S. 298), unberührt[1].

1) Ergänzt durch G. v. 23. 7. 1893 (GS. 194). Vgl. VolksschullehrerDiensteinkommenG. v. 17. 12. 1920 (GS. 623), § 56; AltruhegehaltsG. v. 17. 12. 1920 (GS. 655).

§ 6. Für die Provinz Posen bewendet es bei den bestehenden Bestimmungen[1].

1) Zuständigkeit der Regierung Abt. II RegInstr. v. 23. 10. 1817 § 2 Nr. 6, § 18; KabO. v. 31. 12. 1825 unter D II 1, und in 2. Instanz des UntMin.

§ 7. Der Minister des Innern und der Minister der geistlichen, Unterrichts- und Medizinal-Angelegenheiten sind mit der Ausführung dieses Gesetzes beauftragt.

Urkundlich unter Unserer Höchsteigenhändigen Unterschrift und beigedrucktem Königlichen Insiegel.

Gegeben Berlin, den 26. Mai 1887.

(L. S.) **Wilhelm.**

Fürst v. Bismarck. v. Puttkamer. Maybach. Lucius. Friedberg. v. Boetticher. v. Goßler. v. Scholz. Bronsart v. Schellendorff.

Nr. 12. Verordnung vom 28. Mai 1890, betreffend die Zuständigkeit der Verwaltungsgerichte und den Instanzenzug für Streitigkeiten, welche nach reichsgesetzlicher Vorschrift im Verwaltungsstreitverfahren zu entscheiden sind (GS. 135)[1].

Wir Wilhelm, von Gottes Gnaden König von Preußen rc. verordnen auf Grund des Gesetzes, zur

Ergänzung des §. 7 des Gesetzes über die allgemeine Landesverwaltung vom 30. Juli 1883, vom 27. April 1885 (Gesetz-Samml. S. 127)[2], was folgt:

Einziger Paragraph.

Über die Auflösung einer eingetragenen Genossenschaft [nach §. 79 Absatz 2] des Reichsgesetzes, betreffend die Erwerbs- und Wirtschaftsgenossenschaften, [vom 1 Mai 1889 (Reichs-Gesetzbl. S. 55)][3] entscheidet im Verwaltungsstreitverfahren auf Klage des Regierungspräsidenten der Bezirksausschuß[4].

Urkundlich unter Unserer Höchsteigenhändigen Unterschrift und beigedrucktem Königlichen Insiegel.

Gegeben Neues Palais, den 28. Mai 1890.

(L. S.) **Wilhelm.**

Herrfurth. Frhr. v Berlepsch.

1) Erläutert in Friedrichs, Zuständigkeitsgesetz S. 204

2) Nr. 4 dieser Ausgabe.

3) jetzt in der Fassung der Bek. v. 20. 5 1898 (RGBl 810) § 81. Sachlich sind keine Veränderungen eingetreten.

4) GewO. §§ 20, 21 nicht anwendbar. Berufung LVG. § 83.

Nr. 13. Verordnung vom 20. August 1894 zur Ausführung des Artikels 3 des internationalen Vertrages zur Unterdrückung des Branntweinhandels unter den Nordseefischern auf hoher See.

(GS. 161)[1].

Wir Wilhelm, von Gottes Gnaden König von Preußen rc., verordnen auf Grund des § 121 des Gesetzes über die Zuständigkeit der Verwaltungs- und Verwaltungsgerichtsbehörden vom 1. August 1883 (Gesetz-Samml. S. 237), was folgt:

Über Anträge auf Erteilung der Konzession zum Verkauf von Mundvorrat und anderer zu ihrem Gebrauch dienender Gegenstände, abgesehen von spirituösen Getränken, an Fischer —

Artikel 3 des internationalen Vertrages zur Unterdrückung des Branntweinhandels unter den Nordseefischern auf hoher See vom $\frac{\text{16. November 1887}}{\text{14. Februar 1893}}$ (Reichs-Gesetzbl. von 1894 S. 427) und §. 2 des Gesetzes, betreffend die Ausführung dieses Vertrages vom 4. März 1894 (Reichs-Gesetzbl. S. 151) —,

sowie über die Zurücknahme dieser Konzession, beschließt der Landrat, in Stadtkreisen die Ortspolizeibehörde[2].

Urkundlich unter Unserer Höchsteigenhändigen Unterschrift und beigedrucktem Königlichen Insiegel.

Gegeben Neues Palais, den 20. August 1894.

(L. S.) **Wilhelm.**

Für den Minister des Innern
und den Minister für Handel und Gewerbe:
v. Heyden.

1) Erläutert in Friedrichs, Zuständigkeitsgesetz S. 237.

2) des Heimathafens HGB § 480; Rechtsmittel LVG. §§ 127—129.

Nr. 14. Verordnung vom 19. August 1897, betreffend die Zuständigkeit der Verwaltungsgerichte und den Instanzenzug für Streitigkeiten, welche nach reichsgesetzlicher Vorschrift im Verwaltungsstreitverfahren zu entscheiden sind (GS. 401)[1].

Wir Wilhelm, von Gottes Gnaden König von Preußen rc., verordnen auf Grund des Gesetzes vom

27. April 1885 zur Ergänzung des § 7 des Gesetzes über die allgemeine Landesverwaltung vom 30 Juli 1883 (Gesetz-Samml. S. 187), was folgt:

Einziger Paragraph

Gegen die Verfügung der unteren Verwaltungsbehörde[2], durch welche die Befugnis zum Halten und zur Anleitung von Lehrlingen entzogen wird (§. 126a Absatz 3 der Gewerbeordnung) oder durch welche die Befugnis zum Halten von Lehrlingen beschränkt wird (§. 128 Absatz 1 der Gewerbeordnung)[3], findet binnen zwei Wochen die Klage beim Kreis- (Stadt-) Ausschuß statt[4] Die Entscheidung des Bezirksausschusses ist endgültig[5].

Urkundlich unter Unserer Höchsteigenhändigen Unterschrift und beigedrucktem Königlichen Insiegel.

Gegeben Wilhelmshöhe, den 19. August 1897.

(L. S.) **Wilhelm.**

Für den Minister für Handel und Gewerbe·

Frhr. v. d. Recke. Thielen.

1) Erläutert in Friedrichs, Zuständigkeitsgesetz S. 247.

2) in Städten über 10000 Einwohner der Gemeindebehörde, im übrigen des Landrats AusfAnw. v 1 5. 1904 (MinBlHand 123) Nr. 3.

3) AusfAnw. Nr. 204.

4) GewO. §§ 20, 21 sind nicht anzuwenden.

5) Ausnahme von LVG. § 93.

Nr. 15. Verordnung vom 16. November 1899 zur Ausführung des Bürgerlichen Gesetzbuchs.

(GS. 562).

Wir Wilhelm, von Gottes Gnaden König von Preußen usw., verordnen zur Ausführung des Bürgerlichen

Gesetzbuchs vom 18. August 1896, des zugehörigen Einführungsgesetzes und des Ausführungsgesetzes vom 20. September 1899 (Gesetz-Samml. S. 177), was folgt:

Artikel 2[1].

In den Fällen des §. 43 des Bürgerlichen Gesetzbuchs[2] entscheidet über die Entziehung der Rechtsfähigkeit eines Vereins im Verwaltungsstreitverfahren[3] der Bezirksausschuß. Für die Erhebung der Klage ist der Landrat, in Stadtkreisen die Ortspolizeibehörde zuständig[4].

1) Art. 2 und 3 beruhen auf G. v. 27. 4. 1885 (Nr. 4). Die hier abgedruckten Artikel sind erläutert in Friedrichs, Zuständigkeitsgesetz S. 260.

2) und wohl auch G. m. b. H.-G. v. 20. 5. 1898 (RGBl. 810) § 62.

3) Verfahren BGB. § 44; G. m b. H.-G. § 62. Die §§ 20, 21 GewO. sind nicht anzuwenden. Rechtsmittel LVG. § 83.

4) Literaturzusammenstellung von Stier-Somlo in VerwArch. **10**, 524—528.

Artikel 3[1].

[Für die Erhebung des Einspruchs gegen die Eintragung eines Vereins in das Vereinsregister oder gegen die Eintragung einer Änderung der Satzung eines eingetragenen Vereins (Bürgerliches Gesetzbuch §§. 61, 71) ist der Landrat, in Stadtkreisen die Ortspolizeibehörde zuständig[2].

Über die Rechtmäßigkeit des Einspruchs entscheidet im Verwaltungsstreitverfahren[3] der Bezirksausschuß][4].

1) Aufgehoben durch ReichsVerf. v. 11. 8. 1919 (RGBl. 1383) Art. 124 II. Wird aber in dem vorläufigen Entwurf eines Gesetzes über das Reichsverwaltungsgericht, entworfen im Reichsministerium des Innern 1921 § 16 Nr 19 noch als gültig behandelt.

2) Erl. Kult. Min. v. 6. 2. 1904 (MinBlMed. 78).
3) GewO. §§ 20, 21 nicht anwendbar Keine Klagefrist.
4) Berufung LVG. § 83.

Artikel 15.

Diese Verordnung tritt gleichzeitig mit dem Bürgerlichen Gesetzbuch[1] in Kraft.

Urkundlich unter Unserer Höchsteigenhändigen Unterschrift und beigedrucktem Königlichen Insiegel.

Gegeben Neues Palais, den 16. November 1899.

(L. S.) **Wilhelm.**

Fürst zu Hohenlohe. v. Miquel. Thielen. Frhr. v. Hammerstein. Schönstedt. Brefeld. v. Goßler. Gr. v. Posadowsky. Gr. v. Bülow Tirpitz. Studt. Frhr. v. Rheinbaben.

1) 1. Januar 1900, EG. z. BGB. Art. 1.

Nr. 16. Verordnung vom 30. Juli 1900 zur Ausführung des Reichsgesetzes, betreffend die Abänderung der Gewerbeordnung vom 30. Juni 1900 (GS. 308)[1].

Wir Wilhelm, von Gottes Gnaden König von Preußen rc., verordnen zur Ausführung des Reichsgesetzes, betreffend die Abänderung der Gewerbeordnung vom 30. Juni 1900 (Reichs-Gesetzbl. S. 321), auf Grund des §. 121 des Gesetzes über die Zuständigkeit der Verwaltungs- und Verwaltungsgerichtsbehörden vom 1. August 1883 (Gesetz-Samml. S. 287), was folgt:

I **§ 1.** Über Anträge auf Erteilung der Erlaubnis zum Betriebe des Gewerbes eines Pfandvermittlers[2]

[Gesindevermieters oder Stellenvermittlers][3] beschließt[4] der Kreis- (Stadt-) Ausschuß.

Wird die Erlaubnis versagt, so steht dem Antragsteller innerhalb zwei Wochen der Antrag auf mündliche Verhandlung[5] im Verwaltungsstreitverfahren[6] vor dem Kreis- (Stadt-) Ausschusse zu. II

Die Entscheidung des Bezirksausschusses ist endgültig[7]. III

In den zu einem Landkreise gehörigen Städten mit mehr als 10000 Einwohnern[8] tritt an die Stelle des Kreisausschusses der Magistrat (kollegialische Gemeindevorstand)[9]. IV

1) Erläutert in Friedrichs, Zuständigkeitsgesetz S. 322.

2) AusfAnw. v. 1. 5. 1904 zur GewO. (MinBlHand. 123) Nr. 50, 53.

3) Ersetzt durch Vdg. v. 25. 7. 1910 (Nr. 20).

4) LVG. §§ 115—126. 5) LVG. §§ 69, 74 III.

6) GewO. §§ 20, 21. Berufung LVG. § 82.

7) Ausnahme von LVG. § 93.

8) ZustG. § 162. 9) LVG. § 4 II, III.

§ 2. Der Kreisausschuß, in Stadtkreisen und in den zu einem Landkreise gehörigen Städten mit mehr als 10000 Einwohnern[1] der Bezirksausschuß, entscheidet[2] auf Klage der Ortspolizeibehörde[3].

a) über die Zurücknahme der Erlaubnis zum Betriebe des Gewerbes eines Pfandvermittlers [Gesindevermieters oder Stellenvermittlers][4],

b) über die Untersagung des Gewerbebetriebs solcher Pfandvermittler [Gesindevermieter und Stellenvermittler], welche vor dem 1. Oktober 1900 den Gewerbebetrieb begonnen haben (§. 53 Abs. 3 der Gewerbeordnung in der Fassung des Reichsgesetzes vom 30. Juni 1900)

1) ZustG. § 162.

2) Verfahren: GewO. §§ 20, 21, 40 II, 54; AusfAnw. Nr. 59—62.

3) Vgl. ZustG. § 119 Anm. 3.

4) Aufgehoben wie § 1 Anm. 3.

§ 3. Diese Verordnung tritt am 1. Oktober 1900 in Kraft.

Urkundlich unter Unserer Höchsteigenhändigen Unterschrift und beigedrucktem Königlichen Insiegel.

Gegeben Helgoland, an Bord M. Y. „Hohenzollern", den 30. Juli 1900.

(L. S.) **Wilhelm.**

Für den Minister für Handel und Gewerbe und den Minister des Innern.
Schönstedt

Nr. 17. Verordnung vom 30. Juni 1901 zur Ausführung des Reichsgesetzes über die privaten Versicherungsunternehmungen vom 12. Mai 1901 (GS. 141)[1].

Wir Wilhelm, von Gottes Gnaden König von Preußen ꝛc. verordnen zur Ausführung des Reichsgesetzes über die privaten Versicherungsunternehmungen vom 12. Mai 1901 (Reichs-Gesetzbl. S. 139) was folgt:

Gemäß §. 125 Abs. 2 des Reichsgesetzes über die privaten Versicherungsunternehmungen vom 12. Mai 1901 wird die Beaufsichtigung der Versicherungsunternehmungen, soweit sie nach §. 2, §. 3 Abs. 2, dieses Gesetzes durch Landesbehörden zu erfolgen hat[2], den Regierungspräsidenten, in deren Bezirken die Versicherungsunternehmungen ihren Sitz haben, übertragen. Für den

Landespolizeibezirk Berlin[4] tritt an die Stelle des Regierungspräsidenten der Polizeipräsident.

Ferner wird auf Grund des Gesetzes vom 27. April 1885 (Gesetz-Samml. S. 127)[5] bestimmt, daß in den Fällen des §. 73 Abs. 1 des Reichsgesetzes über die privaten Versicherungsunternehmungen vom 12. Mai 1901 gegen Verfügungen der Regierungspräsidenten und des Polizeipräsidenten von Berlin innerhalb eines Monats nach der Zustellung die Klage[6] bei dem Oberverwaltungsgerichte stattfindet.

Urkundlich unter Unserer Höchsteigenhändigen Unterschrift und beigedrucktem Königlichen Insiegel.

Gegeben an Bord M. Y. „Hohenzollern", Travemünde, den 30. Juni 1901.

(L. S.) **Wilhelm.**

Gr. v. Bülow. v. Thielen. Schönstedt.
Gr. v. Posadowsky. Studt.
Frhr. v. Rheinbaben. Frh. v. Hammerstein.
Möller.

1) Erläutert in Friedrichs, Zuständigkeitsgesetz S. 337.

2) In Kraft getreten am 1. Januar 1902 Vdg. v. 24. 11. 1901 (RGBl. 489). Vgl. AusfAnw. v. 4. 5. 1902 (MinBlInn. 86).

3) Bek. RKzl. v 6. 2. 1902 (RZentrBl. 26), v. 16. 2. 1903 (RZentrBl. 477).

4) Der Landespolizeibezirk fällt jetzt wieder mit dem Stadtbezirk Berlin zusammen, G. v. 27. 4. 1920 (GS. 123).

5) Nr. 4 dieser Ausgabe.

6) GewO. §§ 20, 21 nicht anwendbar.

Nr. 18. Verordnung vom 28. Juli 1902 über die Zuständigkeit der Verwaltungsgerichte und den Instanzenzug für Streitigkeiten, welche nach dem Reichsgesetze, betreffend die Unfallfürsorge für Gefangene, im Verwaltungsstreitverfahren zu entscheiden sind (GS 294).

Wir Wilhelm, von Gottes Gnaden König von Preußen ꝛc. verordnen auf Grund des Gesetzes zur Ergänzung des §. 7 des Gesetzes über die allgemeine Landesverwaltung vom 30. Juli 1883, vom 27. April 1885 (Gesetz-Samml. 1885 S. 127)[2], was folgt:

§ 1. Die nach §. 21 Abs. 2 des Reichsgesetzes betreffend die Unfallfürsorge für Gefangene, vom 30. Juni 1900 (Reichs-Gesetzbl. 1900, S. 536) im Verwaltungsstreitverfahren zu entscheidenden Streitigkeiten unterliegen der Entscheidung[3] des Bezirksausschusses.

Gegen die Entscheidung des Bezirksausschusses ist nur das Rechtsmittel der Revision zulässig[4].

1) Erläutert in Friedrichs, Zuständigkeitsgesetz S. 342. Vgl. dazu das Gesetz vom gleichen Tag (GS. 393).

2) Nr. 4 dieser Ausgabe.

3) GewO. §§ 20, 21 nicht anwendbar.

4) Ausnahme von LVG. § 93.

§ 2. Diese Verordnung tritt gleichzeitig mit dem im § 1 angeführten Gesetz in Kraft[1].

1) Am 1. April 1903 Vdg. v 14. 11. 1902 (RGBl. 208).

Urkundlich unter Unserer Höchsteigenhändigen Unterschrift und beigedrucktem Königlichen Insiegel.

Gegeben Saßnitz an Bord M. Y. „Hohenzollern," den 28. Juli 1902.

(L. S.) Wilhelm.

Gr. v. Bülow. Schönstedt. v. Goßler.
Gr. v. Posadowsky. Studt.
Frhr. v. Rheinbaben. v. Podbielski.
Frhr. v. Hammerstein. Möller. Budde.

Nr. 19. Verordnung vom 4. Februar 1907, betreffend die Zuständigkeit der Verwaltungsgerichte für Streitigkeiten, welche nach reichsgesetzlicher Vorschrift im Verwaltungsstreitverfahren zu entscheiden sind (GS. 27).

Wir Wilhelm, von Gottes Gnaden König von Preußen 2c. verordnen auf Grund des Artikels 4 des Reichsgesetzes vom 7. Januar 1907 (Reichs-Gesetzbl. S. 3) sowie auf Grund des Gesetzes vom 27. April 1885 zur Ergänzung des § 7 des Gesetzes über die allgemeine Landesverwaltung vom 30. Juli 1883 (Gesetz-Samml. S. 127)[1], was folgt:

§ 1. Gegen den Bescheid der unteren Verwaltungsbehörde[2], der die auf Grund des § 53a der Reichsgewerbeordnung in der Fassung des Reichsgesetzes vom 7 Januar 1907 (Reichs-Gesetzbl. S. 3) erfolgte Untersagung der Ausführung oder Leitung eines Baues gegenüber dem erhobenen Einspruch aufrecht erhält (§ 54 Abs. 2 a. a. O.), findet binnen zwei Wochen die Klage[3] beim Bezirksausschusse[4] statt.

1) Nr. 4 dieser Ausgabe.

2) Erl. v. 26. 2. 1907 (MinBlHand. 50).

3) GewO. §§ 20, 21 nicht anwendbar.
4) Berufung nach LVG. § 83.

§ 2. Diese Verordnung tritt am 1 April 1907 in Kraft.

Urkundlich unter Unserer Höchsteigenhändigen Unterschrift und beigedrucktem Königlichen Insiegel.

Gegeben Berlin im Schloß, den 4. Februar 1907.

(L. S) **Wilhelm.**

v. Bethmann Hollweg. Delbrück. Breitenbach.

Nr. 20. Verordnung vom 25. Juli 1910 zur Ausführung des Stellenvermittlergesetzes vom 2. Juni 1910 (RGBl. S. 860) (GS. S. 155).

Wir Wilhelm, von Gottes Gnaden König von Preußen ꝛc., verordnen zur Ausführung des Stellenvermittlergesetzes vom 2. Juni 1910 (Reichs-Gesetzbl. S. 860) auf Grund des § 121 des Gesetzes über die Zuständigkeit der Verwaltungs- und Verwaltungsgerichtsbehörden vom 1. August 1883 (Gesetzsamml. S. 237)[1], was folgt:

I **§ 1.** Über die Anträge auf Erteilung der Erlaubnis zum Gewerbebetrieb eines Stellenvermittlers beschließt[2], vorbehaltlich der Ausnahme im § 2, nach Anhörung der Ortspolizeibehörde[3] der Kreis- (Stadt-) Ausschuß. Wird von der Ortspolizeibehörde Widerspruch erhoben, so darf die Erlaubnis nur auf Grund mündlicher Verhandlung im Verwaltungsstreitverfahren erteilt werden.

II Wird die Erlaubnis versagt, so steht dem Antragsteller binnen zwei Wochen der Antrag auf mündliche Verhandlung[4] im Verwaltungsstreitverfahren vor dem Kreis- (Stadt-) Ausschusse zu.

Die Entscheidung des Bezirksausschusses ist endgültig[5].

In den zu einem Landkreise gehörenden Städten mit mehr als 10000 Einwohnern tritt an die Stelle des Kreisausschusses der Magistrat (kollegialische Gemeindevorstand).

1) oben Nr. 4.
2) LVG. §§ 115—126.
3) ähnlich ZustG § 114.
4) LVG. §§ 69, 74 III.
5) Ausnahme von LVG. § 93.

§ 2. Über Anträge auf Erteilung der Erlaubnis zum Gewerbebetrieb eines Stellenvermittlers für Bühnenangehörige beschließt der Bezirksausschuß[1]. § 1 Abs. 1, 2 gilt entsprechend.

Im Landespolizeibezirke[2] Berlin tritt an die Stelle des Bezirksausschusses der Polizeipräsident. Gegen seinen versagenden Bescheid findet binnen zwei Wochen die Klage beim Bezirksausschusse statt[3].

1) ähnlich ZustG. § 115.
2) Vgl. oben Nr. 17 Anm. 4.
3) ähnlich ZustG. § 161 II.

§ 3. Der Kreisausschuß, in Stadtkreisen und in den zu einem Landkreise gehörigen Städten mit mehr als 10000 Einwohnern der Bezirksausschuß, entscheidet auf Klage der Ortspolizeibehörde[1]:

a) über die Zurücknahme der Erlaubnis zum Betriebe des Gewerbes eines Stellenvermittlers;
b) über die Untersagung des Gewerbebetriebs solcher Stellenvermittler, welche ihn vor dem 1. Oktober 1900 begonnen haben;
c) über die Untersagung des Betriebs eines nicht gewerbsmäßigen Stellen- oder Arbeitsnachweises.

1) ähnlich ZustG. § 119.

§ 4. Die Verordnung tritt am 1. Oktober 1910 in Kraft. Zu gleicher Zeit tritt die Verordnung vom 30. Juli 1900 (Gesetzsamml. 308), soweit sie das Gewerbe eines Gesindevermieters oder Stellenvermittlers betrifft, außer Kraft.

Urkundlich unter Unserer Höchsteigenhändigen Unterschrift und beigedrucktem Königlichen Insiegel.

Gegeben Molde, an Bord M. Y. „Hohenzollern", den 25. Juli 1910.

(L. S.) **Wilhelm.**

Sydow. v. Dallwitz.

Verzeichnis der Stichworte.

Die Zahlen verweisen auf die Seiten.

Juni 1921

Guttentagsche Sammlung

Deutscher Reichsgesetze
und
Preußischer Gesetze

Textausgaben mit Anmerkungen und Sachregister — Taschenformat Gebunden

enthält alle wichtigeren Gesetze in absolut zuverlässigen Gesetzestexten und in mustergültiger, gemeinverständlicher Weise erläutert

Das am Schluß befindliche Schlagwortregister wird geneigter Beachtung empfohlen

Zu den aufgeführten Preisen tritt bei den vor 1920 erschienenen Bänden noch ein Teuerungszuschlag des Verlages von 25%.

Vereinigung wissenschaftlicher Verleger
Walter de Gruyter & Co.
vormals G. J. Göschen'sche Verlagshandlung — J. Guttentag, Verlagsbuchhandlung — Georg Reimer — Karl J. Trübner — Veit & Comp.
Berlin W 10, Genthiner Straße 38.

15000. — VI. 21. 4.

Guttentagsche Sammlung
Deutscher Reichsgesetze.

Text-Ausgaben mit Anmerkungen. Taschenformat.

Nr. 1. **Verfassung des Deutschen Reichs.** Von Dr. **L. von Rönne. 10. Aufl.** von Landrat **P. v. Rönne** und Reg.-Assessor **v. Dobbeler. — 1912.** 3,90 ℳ

Neue Verfassung von 1919 siehe Nr. **137.**

Nr. **2. Strafgesetzbuch** für das Deutsche Reich nebst 20 der wichtigsten strafrechtl. Nebengesetze. Von Prof. Dr. **Fr. v. Liszt** und Prof. Dr. **E. Delaquis. 25. Aufl. — 1920.** 16,— ℳ

Nr. **3. Militärstrafgerichtsordnung** nebst Einführungsgesetz. Von Wirkl. Geh. Kriegsrat Dr. **A. Romen** und Kriegsgerichtsrat Dr. **E. Rissom. — 1918. 2. Aufl.** 17,50 ℳ

Feldausgabe in 2 Bänden gebunden 18,50 ℳ

Nr. **4. Handelsgesetzbuch vom 10. Mai 1897** unter Ausschluß des Seerechts. Von **Litthauer. 16. Aufl.** Herausgegeben von Geh. Justizrat Prof. Dr. **A. Mosse.** 8°. — **1920.** 30,— ℳ

Nr. **5. Wechselordnung vom 3. Juni 1908.** Kommentar von Justizrat Dr. **J. Stranz** und Rechtsanwalt Dr. **M. Stranz,** und das **Wechselstempelgesetz vom 15. Juli 1909** von Geh. Reg.Rat **P. Loeck. 11. Aufl. — 1913.** 5,85 ℳ

Nr. **5a. Wechselstempelgesetz** apart. **11. Aufl. — 1913.** 2,35 ℳ

Nr. **6. Reichsgewerbeordnung** nebst Ausführungsbestimmungen. **20. Aufl.** von Dr. **Fr. Hiller** und Dr. **H. Luppe. — 1921.** 40,— ℳ

Nr. **7. Post- und Telegraphen-Gesetzgebung.** Nebst Weltpostvertrag und Internationalem Telegraphenvertrag. **6. Aufl.** von Geh. Ob.Postrat Dr. **M. König. — 1908.** 5,85 ℳ

Nr. **8.** Die Reichsgesetze über den **Unterstützungswohnsitz, Freizügigkeit, Reichs- und Staatsangehörigkeit.** Von Geh. Rat Dr. **J. Krech. 8. Aufl. — 1913.** 5,20 ℳ

Bänden noch ein Teuerungszuschlag des Verlages von 25 %.

Guttentagsche Sammlung Deutscher Reichsgesetze.

Nr. **9.** Sammlung **kleinerer strafrechtlicher Reichsgesetze.** Von Prof. Dr. **R. H. Kriegsmann. 3. Aufl. — 1910.** 5,85 ℳ

Nr. **10.** Das **Reichsbeamtengesetz** vom 31. März 1873. Von **J. Pieper. 2. Aufl. — 1901.** 6,50 ℳ

Reichsbeamtengesetz von **1907** siehe Nr. **82.**

Nr. **11. Zivilprozeßordnung mit Gerichtsverfassungsgesetz.** Von **R. Sydow.** Fortgeführt von Reichsgerichtsrat **L. Busch** und Landgerichtsrat Dr. **Krantz. 16. Aufl.** Unveränderter Abdruck. Gr 8°. — **1920.** 35,— ℳ

Nr. **12. Strafprozeßordnung und Gerichtsverfassungsgesetz nebst den Gesetzen, betr.** die Entschädigung der im Wiederaufnahmeverfahren freigesprochenen Personen und die Entschädigung für unschuldig erlittene Untersuchungshaft. Von Reichsgerichtsrat Dr. **A. Hellweg. 18. Aufl.,** bearbeitet von Prof. Dr. **Kohlrausch. — 1920.** 24,— ℳ

Nr. **13. Konkursordnung und Anfechtungsgesetz.** Von **R. Sydow.** Fortgeführt von **L. Busch. 12. Aufl. — 1916.** 5,45 ℳ

Nr. **14. Gerichtsverfassungsgesetz** mit Einführungsgesetz. Herausgegeben von **R. Sydow.** Fortgeführt von **L. Busch. 9. Aufl. — 1905.** 2,35 ℳ

Nr. **15. Das Deutsche Gerichtskostengesetz** nebst den Gebührenordnungen für Gerichtsvollzieher, Zeugen und Sachverständige. Von **R. Sydow.** Fortgeführt von Reichsgerichtsrat **L. Busch** und Amtsrichter **Koehler. 10. Aufl. — 1920.** 12,— ℳ

Nr. **16. Rechtsanwaltsordnung.** Von **R. Sydow. 5. Aufl.** von Justizrat **M. Jacobsohn. Mit** Nachtrag, enth. die Bestimmungen vom 22. **Mai** 1910. — **1907.** 1,95 ℳ

Nr. **17. Die Deutsche Gebührenordnung für Rechtsanwälte und das Preußische Gebührengesetz** vom 27. IX. / 6. X. 1899. Von **R. Sydow.** Fortgeführt von **L. Busch. 11. Aufl. Mit** Nachtrag, **enth. die Änderungen der Deutschen Gebührenordnung vom 16. Nov. 1916 und 1. April 1918 und der Preuß. Gebührenordnung vom 6. Juli 1918 nebst Tabellen. (Nachtrag apart 80 Pf.)** **4,40 ℳ**

Guttentagsche Sammlung Deutscher Reichsgesetze.

Nr. 18. **Reichsstempelgesetz** vom 3. Juli 1913. (Börsen-, Lotterie-, Frachturkunden-, Fahrkarten-, Kraftfahrzeug-, Tantieme-, Scheck- und Grundstücksübertragungssteuer.) Mit den gesamten Ausführungsbestimmungen. Von Geh. Reg.Rat **P. Loeck.** 8°. **12. Aufl. — 1914.** 13,— M

Neue Auflage unter Berücksichtigung der inzwischen ergangenen Abänderungsbestimmungen befindet sich in Vorbereitung.

Siehe auch Nr. **131 b.**

Nr. 19. Die **Seegesetzgebung.** Von Dr. **W. E. Knitschky. 5. Aufl.** bearbeitet von Ober-L.G Rat **O. Rudorff. — 1913.** 11,— M

Nr. 20. **Krankenversicherungsgesetz (1883).** Von weil. Dr. **E. von Woedtke.** — Neue Fassung **(1911)** siehe **Nr. 107.**

Nr. 21. Die **Konsulargesetzgebung.** Von Prof. Dr. **Ph. Zorn. 8. Aufl.** von Dr. **A. Zorn. — 1911.** 6,50 M

Nr. 22. **Patentgesetz.** Nebst Ausführungsbestimmungen, völkerrechtlichen Verträgen und der Patentanwalts-Ordnung. Von **R. Lutter,** Geh. Reg.Rat im Reichs-Patentamt. **8. Aufl. — 1920.** 27,— M

(Kriegsvorschriften auf dem Gebiete des gewerblichen Rechtsschutzes. Von **R. Lutter. — 1917.** 8°. 2,50 M.)

Nr. 23. **Gewerbe-Unfallversicherungsgesetz. (1884.)** Von weil. Dr. **E. v. Woedtke.** — Neue Fassung **(1911)** siehe **Nr. 108.**

Nr. 24. **Aktiengesellschaft und Kommanditgesellschaften auf Aktien.** Von Dr. **H. Keyßner** und Dr. **H. Veit Simon. 6. Aufl.** von Amtsrichter **L. Keyßner. — 1911.** 4,40 M

Nr. 25. **Brausteuergesetz** vom 15. Juli 1909. Von Oberzollrevisor **A. Düffe. 2. Aufl. — 1910.** 4,40 M

Nr. 26. Die Reichsgesetzgebung über **Münz- und Notenbankwesen,** Papiergeld, Prämienpapiere und Reichsschulden. Von Dr. **R. Koch. — 6. Aufl. 1910.** 5,25 M

Nr. 27. **Gesundheitswesen im Deutschen Reich.** Von Dr. jur. **E. Goesch** und Dr. med. **J. Karsten. — 1888.** 2,60 M

Nr. 28. **Bau-Unfallversicherungsgesetz.** Vom 30 Juni 1900 **Von R. Chrzescinski.** Neue Fassung **(1911)** siehe Nr. **108.**

Bänden noch ein Teuerungszuschlag des Verlages von 25 %

Guttentagsche Sammlung Deutscher Reichsgesetze.

Nr. **29. Erwerbs- und Wirtschaftsgenossenschaften.** Von **L. Parisius** und Dr. **H. Crüger. 16., neubearbeitete Aufl.** von Dr. **H. Crüger. — 1920.** 13,— M

Nr **30. Invalidenversicherungsgesetz** (1899). Von weil. Dr. **E. v. Woedtke.** Neue Fassung **(1911)** siehe Nr. **109.**

Nr. **31. Gewerbegerichtsgesetz.** Von Stadtrat **L. Mugdan. 7. Aufl.** bearbeitet von Oberbürgermeister **W. Cuno. — 1911.** 3,65 M

Nr. **32.** Reichsgesetz, betr. die **Gesellschaften mit beschränkter Haftung.** Von **L. Parisius** und Dr. **H. Crüger. 14. Aufl.** von Dr. **H. Crüger. — 1920.** 7,— M

Nr. **33. Vereins- und Versammlungsrecht.** Von Dr. **E. Ball. 2. Aufl.** von Dr. **F. Friedenthal. — 1907.** 3,65 M

Reichs-Vereinsgesetz vom 19. April 1908 siehe Nr. **88.**

Nr **34.** Die **Abzahlungsgeschäfte.** Gesetz vom 16. Mai 1894. **3. Aufl.** von Land-G.Rat Dr. **E. Wilke. — 1910.** 2,10 M

Nr. **35.** Die **Reichs-Eisenbahngesetzgebung.** Von Amtsrichter **W. Coermann. — 1895.** 3,40 M

Siehe auch Nr. **66.**

Nr **36.** Gesetze, betr. die **privatrechtlichen Verhältnisse der Binnenschiffahrt und der Flößerei.** Von Geh. Justizrat **E. Löwe. 5. Aufl. — 1915.** 5,20 M

Nr. **37.** Gesetz gegen den **unlauteren Wettbewerb.** Von Justizrat **A. Pinner. 6. Aufl. — 1912.** 2,35 M

Nr. **38/39. Bürgerliches Gesetzbuch nebst Einführungsgesetz** von Dr. **A. Achilles.** In Verbindung mit Prof. Dr. **André,** Senatspräsident **Meyer,** Reichs-G.Rat Dr. **Strecker,** Staatsrat Dr **v. Unzner** herausgegeben von Wirkl. Geh. Ob.J.Rat] und Ober-L.G.Präsident **Greiff. 9.** vermehrte **Aufl.** Mit Anhang: Änderungen des BGB. in Kriegs- und Übergangszeit. 8°. — **1920.** 42,— M

Einzelverkauf. Nachtrag zur 8. Auflage: **Bestimmungen über das Erbbaurecht** v. 15. Januar 1919. — **1919.** —,80 M

Guttentagsche Sammlung Deutscher Reichsgesetze.

Nr. **40.** Gesetz, betr. die **Pflichten der Kaufleute bei Aufbewahrung fremder Wertpapiere [Depotgesetz].** Von Min.-Dir. **F. Lusensky. 3. Aufl. — 1916.** 3,25 ℳ

Nr **41. Börsengesetz.** Von **Th. Hemptenmacher. 3. Aufl.** von Syndikus **O. Meyer. — 1915.** 5,20 ℳ

Nr. **42. Grundbuchordnung** nebst preuß. Ausf.-Best. Von Prof. Dr. **O. Fischer. 7. Aufl. — 1920.** 8,— ℳ

Nr. **43. Zwangsvollstreckung in das unbewegliche Vermögen** im Reiche und in Preußen. Kosten- und Gebührentabellen. Von Dr. **J. Krech** und Dr. **O. Fischer. 8. Aufl.** bearbeitet von Prof. Dr. **O. Fischer. — 1916.** 3,90 ℳ

Nr. **44.** Das Reichsgesetz über das **Auswanderungswesen.** Von Prof. Dr. **F. Stoerk. — 1899.** 3,25 ℳ

Nr. **45.** Das **Entmündigungsrecht** mit den für Preußen geltenden Vorschriften nebst Just.-Min.-Verfügung vom 28. Nov. 1899. Von Land-G.Rat Dr. **P. Koll. — 1900.** 2,35 ℳ

Nr. **46.** Die Gesetze des Reiches und Preußens über die **freiwillige Gerichtsbarkeit.** Von Amts-G.Rat **H. Jastrow. 6. Aufl.** von Land-G.Rat Dr. **Herm. Günther. — 1921.** 28,— ℳ

Nr. **47.** Das **deutsche Vormundschaftsrecht** und das preuß. Gesetz über die Fürsorgeerziehung Minderjähriger. Von Ober-Verw.G.Rat **M. Schultzenstein** und Amts-G.Rat Dr. **P. Köhne. 2. Aufl. — 1901.** 4,40 ℳ

Nr. **48.** Gesetze, betr. den **Drogen-, Gift- und Farbenhandel** außerhalb der Apotheken. Von Dr. **J. Broh. — 1899.** 1,95 ℳ

Nr. **49.** Deutsche **Kolonialgesetzgebung.** Von Geh. J.Rat Prof. Dr. **Ph. Zorn. 2. Aufl.** von Gerichtsassessor Dr. **Sassen. — 1913.** 10,40 ℳ

Nr. **50.** Der **Viehkauf [Viehgewährschaft] nach dem BGB.** Verordnung betr. die Hauptmängel und Gewährsfristen beim Viehhandel. Von Rechtsanwalt Dr. **H. Stölzle** und Königl. Reg.- und Vet.Rat **H. Weiskopf. 5. Aufl. — 1913.** 8,45 ℳ

Bänden noch ein Teuerungszuschlag des Verlages von 25 %.

Guttentagsche Sammlung Deutscher Reichsgesetze.

Nr. **51. Hypothekenbankgesetz** vom 13. Juli 1899. Von Dr. **H. Göppert. 2. Aufl.** bearbeitet von Geh. Reg.Rat Dr. **Seidel. — 1911.** 3,40 ℳ

Nr. **52.** Gesetz, betr. die gemeinsamen **Rechte der Besitzer von Schuldverschreibungen.** Von Dr. **H. Göppert. 2. Aufl.** bearbeitet von Amtsrichter Dr. **E. Trendelenburg. — 1915.** 2,60 ℳ

Nr. **53. Reichspreßgesetz** vom 7. Mai 1874. Mit Kommentar von Bürgermeister **A. Born. 2. Aufl. — 1911.** 3,10 ℳ

Nr. **54.** Verkehr mit **Nahrungsmitteln, Genußmitteln** und **Gebrauchsgegenständen.** Von Dr. **G. Lebbin,** Nahrungsmittelchemiker in Berlin. **— 1900.** 3,25 ℳ

Nr. **55.** Das Recht der **Beschlagnahme von Lohn- und Gehaltsforderungen.** Von Justizrat **G. Meyer. 5. Aufl. — 1914.** 3,90 ℳ

Nr. **56.** Gesetz, betr. die **Bekämpfung gemeingefährlicher Krankheiten.** Nebst Ausführungsbestimmungen. Von Reg.Rat Dr **B. Burkhardt. — 1900.** 2,10 ℳ

Nr. **57. See-Unfallversicherungsgesetz (1887).** Von Ober-L.G.Rat Dr. **M. Mittelstein.** — Neue Fassung **1911** siehe **Nr. 108.**

Nr. **58. Das Recht der unehelichen Kinder nach dem BGB.** Von Amtsgerichtsrat **H. Jastrow. — 1901.** 2,60 ℳ

Nr. **59.** Reichsgesetz über die **Beurkundung des Personenstandes und die Eheschließung.** Von Amtsgerichtsrat Dr. **F. Fidler. 2. Aufl. — 1912.** 3,65 ℳ

Nr. **60.** Gesetz, betr. das **Urheberrecht an Werken der Literatur und der Tonkunst.** Von Geh. Ob.J.Rat **O. Lindemann. 4. Aufl. — 1921.** 14,— ℳ

Nr **61.** Gesetz über das **Verlagsrecht.** Von Rechtsanwalt Dr. **B. Marwitz. 2. Aufl. — 1911.** 2,60 ℳ

Nr **62.** Gesetz über **private Versicherungsunternehmungen.** Von Reichs-G.Rat **H. Könige. 2. Aufl. — 1910.** 5,85 ℳ

Guttentagsche Sammlung Deutscher Reichsgesetze.

Nr. **63. Gesetzestafel des Deutschen Reichsrechts.** Systematisch geordnete Nachweisung des z. Z. geltenden Reichsrechts. Von **H. Bruhns. 2. Aufl. — 1913.** 5,20 *M*

Nr. **64.** Gesetzsammlung betr. den **Handel mit Drogen und Giften.** Mit Anhang: landesgesetzliche Verordnungen sämtlicher Bundesstaaten. Von Rechtsanwalt **H. Sonnenfeld,** Syndikus der Berliner Drogisten-Innung. **2. Aufl. — 1912.** 5,85 *M*

Nr. **65.** Das **Weingesetz** in der Fassung von 1909. Mit Ausführungsbestimmungen von Dr. **G. Lebbin,** Nahrungsmittelchemiker. **2. Aufl. — 1909.** 3,65 *M*

Nr. **66.** Die **Eisenbahn-Gesetzgebung.** Von **W. Pietsch,** Rechnungsrat im Reichseisenbahnamt. **2. Aufl. — 1913.** 5,20 *M*

Nr. **67. Militär-Strafgesetzbuch für das Deutsche Reich.** Von Wirkl. Geh. Kriegsrat Dr. **A. Romen** und Kriegsgerichtsrat Dr. **C. Rissom. 3. Aufl. — 1918.** 14,50 *M*

— — Feldausgabe in 2 Bänden, gebunden 15,— *M*

Nr. **68.** Das **Fleischbeschaugesetz.** Vom 3. Juni 1900 Von Dr. **G. Lebbin** und Dr. **G. Baum. — 1903.** 5,85 *M*

Nr. **69.** Reichsgesetz über die **Naturalleistungen der bewaffneten Macht im Frieden** nebst den preußischen Bestimmungen Von Dr. **W. v. Hippel. — 1903.** 2,10 *M*

Nr. **70.** Das **Reichs-Haftpflichtgesetz** vom 7. Juni 1871. Von Reg.Rat Dr. **G. Eger. — 1903.** Vergriffen.

(Kommentar von Seligsohn. — **1920.** 20,— *M*.)

Nr. **71.** Gesetz betr. **Kinderarbeit in gewerblichen Betrieben** vom 30. März 1903. Von Ober-Verw.G Rat **H. Spangenberg. 2. Aufl. — 1904.** 2,35 *M*

Nr. **72. Unfallversicherungsgesetz für Land- und Forstwirtschaft.** (1886.) Von weil. Dr. **E. v. Woedtke.** Siehe Nr. **108.**

Nr. **73. Entschädigung für unschuldig erlittene Verhaftung und Bestrafung.** Anhang: Nebengesetze über Schadensersatz. Von Wirkl. Geh. Kriegsrat Dr. **A. Romen. — 1904.** 3,10 *M*

Bänden noch ein Teuerungszuschlag des Verlages von 25 %.

Guttentagsche Sammlung Deutscher Reichsgesetze.

Nr. **74.** Die **Kaufmannsgerichte** nebst Ausführungsbestimmungen. Von Prof. Dr. **M. Apt. 3. Aufl. — 1904.** 3,10 M

Siehe auch Nr. **112.**

Nr **75.** Reichsgesetz über die **Konsulargerichtsbarkeit.** Von Rechtsanwalt Dr. **A. F. Vorwerk,** Schanghai. **2. Ausgabe,** mit den Schutzgebietsgesetzen. — **1908.** 3,10 M

Nr **76. Die Rechtshilfe im Verkehr mit den ordentlichen Gerichten** nach deutschem Reichsrecht. Von Landrichter Dr. **A. Friedländer. — 1906.** 2,60 M

Nr. **77. Das Erbschaftssteuergesetz.** Vom 10. September 1919. Von Oberzollsekretär **B. Henckel. — 1920.** 28,— M

Nr. **78. Zigarettensteuergesetz.** Vom 3. Juni 1906. Von Regierungsassessor Dr. **Cuno.**

Nr. **79. Die Militärpensionsgesetze** vom 31 Mai 1906 nebst Ausführungsbestimmungen. Zum Gebrauch für Heer, Marine und Schutztruppe von Wirkl. Geh Kriegsrat Dr. **A. Romen.**

a) I. Teil: **Offizierpensionsgesetz. — 1907.** 4,95 M

b) II. Teil: **Mannschaftsversorgungsgesetz** mit Nachtrag, enth. **Kapitalabfindungsgesetz** vom 3. Juli 1916. — **1908.** 4,95 M

Militärversorgungsgesetze siehe auch Nr. **136.**

Nr. **80.** Reichsgesetzgebung über **gerichtliche Registerführung.** Von Geh. Ob.J.Rat **O. Lindemann. — 1906.** 4,40 M

Nr. **81. Urheberrecht an Werken der bildenden Künste und der Photographie.** Von Rechtsanwalt Dr. **L. Fuld. — 1907.** 1,60 M

Nr. **82. Reichsbeamtengesetz** vom 18. Mai 1907 mit Ergänzungen von Geh.Rat Prof. Dr. **A. Arndt. — 1908.** 4,40 M

Nr **83.** Reichsgesetz über den **Versicherungsvertrag** nebst Einführungsgesetz. Von Dr. **P. Hager** und Dr. **E. Bruck. 4. verm. u. verb. Aufl. — 1920.** 38,— M

Nr **84. Sammlung kleinerer privatrechtlicher Reichsgesetze.** Von Ober-L.G.Rat **G. Müller. — 1908.** 9,10 M

Guttentagsche Sammlung Deutscher Reichsgesetze.

Nr. **85. Scheckgesetz.** Von Prof. Dr **M. Apt.** Vergriffen. Siehe Nr. **113.**

Nr. **86. Die Auslieferungsverträge des Deutschen Reiches.** Von Landrichter Dr. **A. Cohn. — 1908.** 5,85 *M*

Nr. **87.** Gesetz zum **Schutz der Warenbezeichnungen.** Von Geh. Reg.Rat, Mitgl. des Kaiserl. Patentamts Dr. **Freund** und Rechtsanwalt **Magnus. 5. Aufl. — 1909.** 5,20 *M*

Nr. **88. Vereinsgesetz** vom 19. April 1908. Von Wirkl. Geh. Kriegsrat Dr. **A. Romen.** Mit den **Bestimmungen** über **Jugendliche und Gewerkschaften. 4. Aufl. — 1916.** 4,55 *M*

Nr. **89. Vogelschutzgesetz** vom 30. Mai 1908 nebst den das Flugwild betr. Bestimmungen der Preuß. Jagdordnung. Von Dr. **L. v. Boxberger. — 1909.** 1,60 *M*

Nr. **90.** Die Haager Abkommen über das **Internationale Privatrecht.** Von Dr. **G. Bogeng. — 1908.** 3,25 *M*

Nr. **91. Eisenbahn-Verkehrsordnung** mit Ausführungsbestimmungen. Von Reg.Rat Dr. **E. Blume. — 1909.** 3,65 *M*

Nr. **92.** Gesetz, betr. den **Verkehr mit Kraftfahrzeugen.** Von Amtsgerichtsrat **R. Kirchner. 3. Aufl. — 1915.** 5,85 *M*

Nr. **93.** Gesetz über die **Sicherung der Bauforderungen.** Von Justizrat Dr. **E. Harnier. 3. Aufl. — 1912.** 2,35 *M*

Nr. **94. Haftpflicht der Reichs- und Staatsbeamten** von Dr. **H. Delius. 2. Aufl.**, mit dem Gesetz über Haftung des Reichs für Beamte vom 22. Mai 1909. — **1909.** Vergriffen.

Nr. **95.** Die Berner Übereinkunft über **Internationales Urheberrecht.** Von Geh.Rat Dr. **H. Dungs. — 1910.** 1,60 *M*

Nr. **96. Branntweinsteuergesetz** vom 15. Juli 1909 mit den für das Reich erlassenen Ausf.-Bestimmungen und Kriegsverordnungen. **2. Aufl.**, bearbeitet von Reg.Assessor Dr **K. Kniebe,** Hilfsarbeiter im Reichsamt des Innern. — **1916.** 5,20 *M*

Branntweinmonopolgesetz siehe Nr. **131 a.**

Bänden noch ein Teuerungszuschlag des Verlages von 25 %.

Guttentagsche Sammlung Deutscher Reichsgesetze.

Nr. 97. **Schutzgebietsgesetz** nebst dem G. über die Konsulargerichtsbarkeit sowie den Ausf.-Bestimmungen. Von **J. Gerstmeyer,** Wirkl. Legationsrat. — **1910.** 4,40 *M*

Nr. 98. **Sechs Haager Abkommen über Internationales Privatrecht.** Von Geh.Rat Dr. **Dungs.** — **1910.** 2,35 *M*

Nr. 99. **Die Abkommen der Haager Friedenskonferenz.** Von Dr. **H. Wehberg.** — **1910.** Vergriffen.
Neue Auflage unter dem Titel: „**Wehberg, Völkerbundakte**". (Außerhalb der Sammlung.) 11,25 *M*

Nr. **100.** Gesetz über den **Absatz von Kalisalzen.** Von Geh. Bergrat **B. Voelkel.** — **1910.** 3,40 *M*

Nr. **101.** **Zuwachssteuergesetz** vom 14. Februar 1911. Von Geh. Reg Rat Dr. **W. Cuno.** — **1911.** 5,20 *M*

Nr **102.** **Urheberrecht an Mustern und Modellen** und Ges. betr. Schutz von **Gebrauchsmustern.** Von Reg.Rat **J. Neuberg,** Mitgl. d Patentamts. — **1911.** 3,40 *M*

Nr. **103.** **Reichs-Viehseuchengesetz** vom 26. Juni 1909 **nebst** Ausführungsvorschriften und dem preuß. Ausführungsgesetz. **Von** Landrat Dr **W. v. Hippel. 2. Aufl.** — **1912.** 6,50 *M*

Nr. **104.** **Versicherungsgesetz für Angestellte.** Von **O. Bernstein** und Dr. **J. Kupferberg. 2. Aufl.** — **1912.** Vergriffen. (Siehe auch Nr. **144.**)

Nr. **105.** **Das Geldwesen in den deutschen Schutzgebieten.** Von **W. Hintze,** Geh. Sekr. im Reichskolonialamt. — **1912.** 2,90 *M*

Nr. **106—109.** **Reichs-Versicherungsordnung nebst Einführungsgesetz.** Herausgegeben von Direktor Dr. **F. Caspar** und Geh. Ob Reg.Rat **A. Spielhagen. 4 Bände.**

Nr. **106.** I, V. und VI. Buch. **Gemeinsame Vorschriften. — Beziehungen der Versicherungsträger zu einander und zu anderen Verpflichteten. — Verfahren.** Von Dr. **K. Lippmann,** Senatspräsident im Reichs-Vers.Amt, Dr. **L. Laß** und **H. Siefart.** — **1913.** 8,45 *M*

Ergänzungen zum I und VI Buch Von Dr. **K. Lippmann.** — **1920.** Einzeln 1 *M*

Guttentagsche Sammlung Deutscher Reichsgesetze.

Nr. **107.** II. Buch. **Krankenversicherung.** Von Geh. Reg.-Rat **H. Siefart** und Reg.Rat Dr. **F. Sitzler.** — **1916.** 9,75 ℳ

Ergänzungen zum II. Buch. Bearbeitet von Dr **K. Lippmann.** — **1920.** Im Druck.

Nr. **108.** III. Buch. **Unfallversicherung.** Von **A. Radtke,** Senatspräsident im R.Vers.Amt. — **1913.** 11,— ℳ

Nr. **109.** IV. Buch. **Invaliden- und Hinterbliebenenversicherung.** Von Geh. Ob.Reg Rat **B. Jaup** und **H. Follmann,** Senatspräsident im R.Vers.Amt. — **1912.** Mit Nachtrag. 1914—1916. 5,85 ℳ

Nr. **110. Wehrbeitragsgesetz** mit Ausf.-Bestimmungen. Von Wirkl. Geh. Ob.Fin.Rat **A. Fernow. 2. Aufl.** — **1913.** 2,90 ℳ

Nr. **111. Reichs- und Staatsangehörigkeitsgesetz.** Von Wirkl. Geh. Kriegsrat Dr. **A. Romen.** — **1913.** 3,25 ℳ

Nr **112. Kaufmannsgerichtsgesetz** mit Best. des Gewerbegerichtsgesetzes. Von Dr. **H. Depène,** Vors des Kaufmannsgerichts zu Berlin. — **1914.** 3,65 ℳ

Nr. **113. Postscheckgesetz.** Von Oberpostinspektor **J. Weiland.** — **1914.** Mit Nachtrag **1918.** 2,35 ℳ

Nr. **113 a. Postscheckordnung** mit Ausführungsbestimmungen. Von **J. Weiland.** — **1914.** Mit Nachtrag **1918.** 2,35 ℳ

Nr. **114. Waffengebrauch und Festnahmerecht des Militärs.** Von Wirkl. Geh. Kriegsrat Dr. **A. Romen** und Kriegsgerichtsrat Dr. **E. Rissom.** — **1914.** 2,90 ℳ

Nr. **115. Das vertragliche Wettbewerbsverbot [Konkurrenzklausel].** Nebst Kommentar zum G. v. 10. Juni 1914. Von Rechtsanwalt Dr. **G. Baum.** — **1914.** 4,40 ℳ

Nr. **116. Kriegs-Zivil- und Finanzgesetze** vom 4. Aug. 1914 und die dazu erlassenen Verordnungen und Bekanntmachungen. **3. Aufl.** — **1915.** 3,40 ℳ

Nr. **116 a.** Zweite Folge: Das Jahr 1915. — **1916.** Siehe auch Nr. **129.** 2,90 ℳ

Bänden noch ein Teuerungszuschlag des Verlages von 25 %

Guttentagsche Sammlung Deutscher Reichsgesetze.

Nr. 117. **Darlehnskassengesetz.** Von Rechtsanwalt **Salomon** und Bankvorsteher **Bud.** — 1915. 2,90 ℳ

Nr. 118. **Militärhinterbliebenengesetz.** Von Rechnungsrat **Reh.** Mit Nachtrag, enth. das **Kapitalabfindungsgesetz** vom 11. Juli 1916. — 1915. — (Siehe auch Nr. 136.) 3,65 ℳ

Nr. 119. **Kriegsleistungsgesetz.** Von Rechtsanwälten J.Rat **Heilberg** und **Schäffer.** — 1915. Vergriffen. 4,15 ℳ

Nr. 120. **Telegraphenwegegesetz.** Von Postreferendar **Wolf.** — 1916. 2,35 ℳ

Nr. 121. **Direkte Kriegssteuer.** Gesetze z. Besteuerung der Kriegsgewinne. Von Ob.Verw.Gerichtsrat **A. Mrozek.** — 1916. 5,85 ℳ

Nr. 122. **Gesetz über den Belagerungszustand.** Von Kriegsgerichtsrat Dr. **H. Bürschel.** — 1916. 6,50 ℳ

Nr 123. **Warenumsatzstempel.** Von Geh. Ober-Justizrat **Lindemann.** — 1916. 3,25 ℳ

Umsatzsteuergesetze — 1918 und 1919. Siehe Nr. 132. — (Ausgabe ohne Anmerkung S. 22.)

Nr. 124. **Todeserklärung Kriegsverschollener.** Von Prof. Dr. **J. Partsch.** — 1916. 3,90 ℳ

Nr. 125. Das Gesetz über den **vaterländischen Hilfsdienst.** 3. vermehrte Aufl. — 1917. 1,50 ℳ

Nr. 126. **Besitzsteuergesetz** mit Ausführungsbestimmungen. Von Ob.Verw Gerichtsrat **A. Mrozek.** — 1917. 6,— ℳ

Nr. 127. Verordnung über die **Geschäftsaufsicht zur Abwendung des Konkurses** vom 14. Dez. 1916. Von Rechtsanwalt **G. Klien,** mit system. Einleitung von Geh. Hofrat Dr. **Ernst Jaeger,** ord. Prof. a. d. Universität Leipzig. — 1917. 2,— ℳ

Nr. 128. Gesetz, betr die **Verhaftung und Aufenthaltsbeschränkung,** vom 4. Dez. 1916. Nebst Anhang, betr. Entschädigung unschuldig Verhafteter. Von Wirkl Geh Kriegsrat Dr. **A. Romen.** — 1917. 2,50 ℳ

Nr 129. Kriegsgesetze auf dem Gebiete des **Zivil- und Prozeßrechtes,** für die gerichtliche Praxis zusammengestellt von Amtsrichter Dr **Johannes Fischer.** — 1918. 4,— ℳ

Zu den aufgeführten Preisen tritt bei den vor 1920 erschienenen

Guttentagsche Sammlung Deutscher Reichsgesetze.

Nr. **130. Ersatzlebensmittelverordnung** nebst Ausf.-Vorschr. des Reichs und der wichtigsten Bundesstaaten. Verordnungen über **Schleichhandel, Preistreiberei und Papierhandel.** Von **Heinz Emil Wendel,** Polizeirat in Berlin. — **1918.** 2,— *M*

Nr. **131 a. Reichsfinanzgesetzgebung 1918.** Bd. I. **Getränkesteuern** (Bier, Branntwein, Wein, Schaumwein, Limonaden). Von Dr. **G. Mayer.** — **1918.** 6,50 *M*

Nr. **131 b. Reichsfinanzgesetzgebung 1918.** Bd. II. **Abgabe** vom **Einkommen, Stempel, Umsatz, Kriegsgewinn** usw., **Steuerflucht.** Von Dr. **G. Mayer.** — **1919.** 4,— *M*

Nr. **132. Umsatzsteuergesetz** und Ausführungsbestimmungen. Von Geh. Ober-Justizrat **Otto Lindemann,** vortr. Rat im Justizministerium. **2. Aufl.** — **1920.** 32,— *M*

Nr. **133. Reichswuchergesetzgebung.** Von Reichsgerichtsrat Dr. **Ad. Lobe.** — **1918.** 6,50 *M*

Nr. **134. Die Friedensverträge.** Von Dr. **Karl Strupp.** I. **Die Ostfrieden.** — **1918.** 12,— *M*

Nr. **135.** Verordnung über das **Erbbaurecht.** Von Land-G Rat Dr. **Hermann Günther.** — **1919.** 5,— *M*

Nr. **136. Militärversorgungsgesetze.** Von Landrichter Dr. **Hermann Günther.** — **1919.** 6,50 *M*

Nr. **137. Die neue Verfassung des Deutschen Reiches.** Von Prof. Dr. **A. Arndt.** — **1919.** 6,— *M*

Nr. **138 a. Arbeiterschutz und Arbeitsrecht.** Von Prof. Dr. **A. Günther.** — **1920.** 25,— *M*

Nr. **138 b. Betriebsrätegesetz.** Von Prof. Dr. **A. Günther.** — **1920.** 9,— *M*

Nr. **139. Grunderwerbsteuergesetz.** Von Geh. Ober-Justizrat **Otto Lindemann.** — **1919.** 6,— *M*

Nr. **140. Die Siedelungsgesetzgebung im Reich und in Preußen.** Von Geh. Ob.-Justizrat **W. Holzapfel.** — **1920.** 12,— *M*

Bänden noch ein Teuerungszuschlag des Verlages von 25 %.

Guttentagsche Sammlung Deutscher Reichsgesetze.

Nr. **141. Sozialisierungsgesetze.** Von Rechtsanwalt Dr. **Otto Meier. — 1920.** 10,— ℳ

Nr. **142. Wirtschaftliche Demobilmachung.** Von Geh. Reg.-Rat Dr. **Gg. Fischbach. — 1920.** 5,00 ℳ

Nr. **143. Reichsabgabenordnung** mit Einleitung. Von Rechtsanwalt Dr. **Friedmann. — 1920.** 9,00 ℳ

Nr. **144. Versicherungsgesetz für Angestellte.** Von Senatspräsident Dr. **Lippmann. — 1920.** 12,— ℳ

Nr. **145.** Gesetzgebung über **Steuer- und Kapitalflucht.** Von Rechtsanwalt Dr. **E. H. Meyer.** 2. Aufl. — **1921.** 10,— ℳ

Nr. **146. Tabaksteuergesetz.** Von Rechtsanwalt Dr. **Wündisch. — 1920.** 17,— ℳ

Nr. **147.** Gesetz über **Filmzensur.** Von Regierungsrat **Szczesny. — 1920.** 9,— ℳ

Nr. **148. Reichsausgleichsgesetz.** Von Rechtsanwalt Dr. **Decke. — 1920.** 9,— ℳ

Nr **149. Reichsnotopfergesetz.** Von Rechtsanwalt Dr. **Friedmann** und Dr **Richard Wrzeszinsky. — 1921. 36,— ℳ**

Zu den aufgeführten Preisen tritt bei den vor 1920 erschienenen

Guttentagsche Sammlung
Preußischer Gesetze.
Text-Ausgaben mit Anmerkungen. Taschenformat.

Nr. 1. **Die Verfassung des Freistaats Preußen.** Mit Einleitung, vollständigem Kommentar, Landeswahlgesetz und Sachregister. Von Prof. Dr. **A. Arndt.** — **1921.** 10,— ℳ
(Ausführlicher Kommentar von Prof. Stier-Somlo. — **1921.** 35,— ℳ)

Nr. 2. Preußische **Beamten-Gesetzgebung.** Enth. die wichtigsten Beamtengesetze in Preußen. Von **K. Pfafferoth. 5. Aufl.** — **1916.** 3,90 ℳ

Nr. 3. **Aufnahme** von **Nottestamenten** durch die bestellten Urkundspersonen. Anweisung mit Musterbeispielen. Von Amtsgerichtsrat **E. Kurtz.** — **1904.** 2,35 ℳ

Nr. 4. **Gebührenordnung** für **Notare** vom 25. Juli 1910. **5. Aufl.** von Justizrat **Rausnitz.** — **1917.** 5,— ℳ

Nr. 5. Gesetz vom **24. April 1854 [betr. die außereheliche Schwängerung].** Von Dr. **Schulze.** — **1873.** 1,— ℳ
Reichs-Recht siehe Reichsgesetze Nr. **58.**

Nr. 6. Die Preuß. **Ausführungsgesetze und Verordnungen zu den Reichs-Justizgesetzen.** Von **R. Sydow.**
Ersetzt durch Busch-Eylau, Ausführungsgesetze.

Nr. 7. Allg. **Gerichtsordnung** und Preuß. **Konkursordnung.** Von **F. Vierhaus.** Vergriffen.

Nr. 8. **Vormundschaftsordnung.** Von **F. Schultzenstein.**
Reichs-Recht siehe: Reichsgesetze Nr. **47.**

Nr. 9. Die Preußische **Grundbuchgesetzgebung.** Von Prof. Dr. **Fischer.** Vergriffen; siehe Reichsgesetze Nr. **42.**

Nr. **10. Einkommensteuergesetz.** Von Wirkl. Geh. Ob.Finanzrat **A. Fernow. 8. Aufl.** — **1913.** Vergriffen! — Neue Auflage in jetziger Fassung im Druck. — Siehe auch S. 22.

Nr. **11. Gewerbesteuergesetz.** Von Wirkl. Geh. Ob.Fin.Rat **A. Fernow. 6., vermehrte Aufl.** — **1915.** 6,25 ℳ

Bänden noch ein Teuerungszuschlag des Verlages von 25 %.

Guttentagsche Sammlung Preußischer Gesetze.

Nr. **12. Allgemeines Berggesetz.** Mit seinen Novellen und Nebengesetzen. **3. Aufl.**, bearbeitet von den Oberbergräten **Schlüter** und **Hense. — 1913.** 10,40 *M*

Nr. **13. Ergänzungssteuergesetz** (Vermögenssteuergesetz). Von Wirkl. Geh. Ob.Fin.Rat **A. Fernow. 5. Aufl.** Mit Nachtrag, enth. Ges. betr. Erhöhung der Zuschläge vom 8. Juli 1916. — **1914.** 5,85 *M*

Nr. **14. Kommunalabgabengesetz** vom 14. Juli 1893 und Ges. wegen Aufhebung direkter Staatssteuern. Von Oberbürgermeister Dr. **F. Adickes. 5. Aufl.** bearbeitet von Stadtrat Dr. **Woell. — 1911.**
Vergriffen, neue Auflage in Vorbereitung.

Nr. **15.** Die **Kreisordnungen** für den Preußischen Staat. Von Land-G.Rat **O. Kolisch. — 1894.** 5,50 *M*

Nr. **16. Konzessionierung gewerblicher Anlagen.** Von Geh. Reg.Rat Dr. **W. v. Rüdiger. 2. Aufl. — 1901.** 2,60 *M*

Nr. **17.** Preußisches **Gerichtskostengesetz.** Vom 25. Juli 1910. Mit Kostentabellen. Von Kammer-G.Rat Dr. **P. Siméon. 7. Aufl. — 1913.** Mit Nachtrag: Abänderungen der Jahre 1919 und 1920. 5,85 *M*

Nr. **18.** Preußisches **Stempelsteuergesetz** vom 30. Juni 1909. Mit sämtlichen Ausführungsbestimmungen. Von **P. Loeck. 8. Aufl.** von Reg.Rat **W. Seyffarth. — 1914.** 11,70 *M*
Neue Auflage in Vorbereitung.

Nr. **19.** Das **Jagdscheingesetz.** Von Wirkl. Geh. Ob.Reg.Rat **F. Kunze. 2. Aufl. — 1899.** 2,90 *M*

Nr. **20.** Die **preußischen Erbschaftssteuergesetze.** Von Rechnungsrat **U. Hoffmann. — 1905.** 5,20 *M*
(**Reichs**-Erbschaftssteuergesetz siehe Reichsgesetze Nr. **77** und Seite 22.)

Nr. **21.** Gesetz über die **Handelskammern.** Von Min.Dir. **F. Lusensky. 2. Aufl. — 1909.** 4,40 *M*

Nr. **22.** Gesetz, betr. **Anstellung und Versorgung der Kommunalbeamten.** Von Dr. **W. Ledermann. 2. Aufl.**, bearbeitet von Dr. **L. Brühl. — 1914.** 3,10 *M*

Zu den aufgeführten Preisen tritt bei den vor 1920 erschienenen

Guttentagsche Sammlung Preußischer Gesetze.

Nr. **23. Ausführungsgesetz zum Bürgerlichen Gesetzbuche.** Von Kammer-G.Rat Dr. **P. Siméon. 3. Aufl. — 1914.** 3,10 ℳ

Nr. **24.** Die **Hinterlegungsordnung. (1879.)** Von Reg.Rat Dr. **G. Bartels. 2. Aufl. — 1908.** 2,60 ℳ
— —, Abänderungsgesetz vom 21. April 1913 siehe Nr. **53.**

Nr. **25. Preußische Kommunalbeamtengesetzgebung.** Von Mag.Assessor Dr. **F. Kremski,** Berlin. — **1901.** 4,40 ℳ

Nr. **26.** Gesetze über das **Diensteinkommen der Lehrer und Lehrerinnen, Ruhegehalt und Hinterbliebenenfürsorge.** Tabelle zur Berechnung der Ruhegehalts-, Witwen- und Waisenbezüge. Von Bürgermeister Dr. **E. Cremer. — 1900.** 3,40 ℳ

Nr. **27.** Gesetz, betr. die **Warenhaussteuer.** Von Geh. Ober-Fin.Rat Dr. **G. Strutz. — 1900.** 1,95 ℳ

Nr. **28.** Die **Fürsorgeerziehung Minderjähriger.** Von Geh. Justizrat Dr. **P. F. Aschrott.** Mit Ausführungsbestimmungen und allen wichtigeren Ministerialerlassen. **3. Aufl. — 1917.** 5,— ℳ

Nr. **29.** Gesetz, betr. **die ärztlichen Ehrengerichte, das Umlagerecht und die Kassen der Aerztekammern.** Von Amtsgerichtsrat Dr. **F. Fidler. — 1901.** 2,35 ℳ

Nr. **30.** Das **Preußische Staatsschuldbuch** und **Reichsschuldbuch.** Von Wirkl. Geh. Ob.Fin.Rat **J. Mücke. — 1902.** 2,60 ℳ

Nr. **31. Die geltenden Preußischen Gesindeordnungen. Zwei Bände.** Von Rechtsanwalt **St. Gerhard.**

31 a. Gesindeordnung für die altpreußischen Provinzen vom 8. Nov. 1810, unter Berücksichtigung der Ergänzungsgesetze, der Rechtsverhältnisse der Stellenvermittler und Reichsversicherungsordnung, sowie die Gesindeordnungen für Neuvorpommern und Rügen und für die Rheinprovinz. **2. Aufl. — 1914.** 4 40 ℳ

31 b. Gesindeordnungen für Hannover, Schleswig-Holstein, Hessen-Nassau und den Regierungsbezirk Hohenzollern. — **1902.** 3,65 ℳ

Bänden noch ein Teuerungszuschlag des Verlages von 25 %

Guttentagsche Sammlung Preußischer Gesetze.

Nr. **32. Die Städteordnung für die sechs östlichen Provinzen Preußens.** Von Dr. **W. Ledermann** u. Dr. **L. Brühl. 2. Aufl. — 1913.** 9,75 ℳ

Nr. **33. Rentenguts- und Anerbenrechts-Gesetzgebung in Preußen.** Von Land-G.Rat **M. Peltasohn** und Rechtsanwalt **B. Peltasohn. — 1903.** 4,40 ℳ

Nr. **34.** Sammlung der wichtigsten **preußischen Strafgesetze** nebst Ges., betr. polizeil. Strafverfügungen, vom 23. April 1883. Von Geh. Ob.J.Rat **Lindemann. 2. Aufl. — 1912.** 4,70 ℳ

Nr. **35. Geschäftsordnung für Gerichtsvollzieher.** Von **E. Exner. — 1904.** 4,55 ℳ

Nr. **36. Polizeiverordnungen in Preußen.** Von Geh. Ober-Justizrat **O. Lindemann. — 2. Aufl. 1912.** 3,40 ℳ

Nr **37.** Gesetz, betr. **Enteignung von Grundeigentum,** vom 11. Juni 1874. Von Ob.L.G.Rat **O. Meyer. 2. Aufl. — 1911.** 3,25 ℳ

Nr. **38. Kreis- und Provinzial-Abgabengesetz** vom 23. April 1906. Von Gemeindevorsteher **F. Schmidt. — 1906.** 1,95 ℳ

Nr. **39.** Gesetz, betr. die **Unterhaltung der öffentlichen Volksschulen.** Von Reg.Rat Dr. **A. Marcks. — 1906.** 2,90 ℳ

Nr. **40. Verwaltungsstrafverfahren** bei Zuwiderhandlungen gegen die Zollgesetze und indirekte Reichs- und Landesabgaben. Von Dr. **R. Katzenstein. — 1907.** 5,20 ℳ

Nr. **41.** Die **preußischen Jagdpolizeigesetze.** Von Wirkl. Geh. Ob.Reg.Rat **F. Kunze** und Rechtsanwalt **R. Kühnemann 2. Aufl. — 1907.** 5,20 ℳ

Nr. **42.** Die Gesetzgebung über die **Allgemeine Landesverwaltung und Zuständigkeit der Verwaltungs- und Verwaltungsgerichtsbehörden.** Von Dr. **K. Friedrichs. — 1908.** 4,40 ℳ

Nr. **43.** Gesetz, betr. die **Zulassung einer Verschuldungsgrenze** für land- und forstwirtschaftlich benutzte **Grundstücke.** Von Syndikus Dr. **R. Leweck. — 1908.** 3,40 ℳ

Guttentagsche Sammlung Preußischer Gesetze.

Nr. **44.** **Quellenschutzgesetz** nebst den Ausführungsbestimmungen. Von Geh. Bergrat **E. Voelkel.** — **1909.** 1,60 *M*

Nr. **45.** **Rechtsverhältnisse der Juden in Preußen.** Von Rechtsanwalt Dr. **M. Kollenscher.** — **1910.** 3,40 *M*

Nr. **46.** Gesetz, betr. **Austritt aus der Landeskirche,** vom 14. Mai 1873. Von Ger.Assessor **H. Caro.** — **1911.** 3,40 *M*

Nr. **47.** Gesetz, betr. die **Feuerbestattung.** Von Amtsgerichtsrat Dr. **W. Lohmann.** — **1912.** 2,10 *M*

Nr. **48.** **Zweckverbandsgesetz für Groß-Berlin** vom 19 Juli 1911 nebst Abdruck des allgemeinen Zweckverbandsgesetzes. Von den Magistratsräten Dr. **L. Brühl,** Dr. **K. Gordan** und Stadtrat Dr. **W. Ledermann.** — **1912.** 5,85 *M*

Nr. **49.** **Gesetze gegen die Verunstaltung landschaftlich hervorragender Gegenden** mit Ausführungsanweisungen. Von Regierungsrat **O. Goldschmidt.** — **1912.** 3,40 *M*

Nr. **50.** **Gesetz, betr. die Anlegung und Veränderung von Straßen und Plätzen in Städten und ländlichen Ortschaften.** Von Oberlandgerichtsrat **O. Meyer.** — **1913.** 4,40 *M*

Nr. **51.** **Das preußische Disziplinargesetz für die nichtrichterlichen Beamten** und die Privatdozenten. Von Regierungsrat Dr. **E. v. Dultzig.** — **1914.** 6,25 *M*

Nr. **52.** **Preußisches Wassergesetz** vom 7. April 1913. Von den Rechtsanwälten **G. Wulff** und **F. Herold.** — **1913.** 7,15 *M*

Nr. **53.** **Hinterlegungsordnung** vom 21. April 1913. Von Landrichter **Hagemann.** — **1914.** 3,25 *M*

Nr. **54.** Gesetz, betr. **Anlegung von Sparkassenbeständen in Inhaberpapieren** nebst Ausführungsverordnung vom 8. Mai 1913. Von Rechtsanwalt **H. Döhring.** — **1914.** 2,90 *M*

Bänden noch ein Teuerungszuschlag des Verlages von 25 %.

Guttentagsche Sammlung Preußischer Gesetze.

Nr. **55.** **Preußisches Wohnungsgesetz** und **Bürgschaftssicherungsgesetz.** Von Hochschulprofessor Dr. jur. **B. Schmittmann.** — **1918.** 6,— M

Nr. **56.** **Das preußische Tumultschadengesetz.** Von Justizrat Dr. **Bruno Friedländer.** — **1919.** 1,20 M

Nr **57.** Gesetz über **Landeskulturbehörden.** Von Geh. Ober-Justizrat **W. Holzapfel.** — **1920.** 7,— M

Nr. **58.** **Arbeitsnachweis.** Von Magistratsrat **P. Wölbling.** — **1920.** 4,— M

Nr. **59.** **Bildung der neuen Stadtgemeinde Berlin.** Von Magistratsrat **P. Wölbling. 2. Aufl.** — **1920.** 10,— M

Nr. **60.** **Umlegungsordnung.** Von Geh. Ober-Justizrat **W. Holzapfel.** — **1921.** 13,— M

Guttentagsche Sammlung
von
Textausgaben ohne Anmerkungen mit Sachregister.

Betriebsrätegesetz. 2,— M
Bürgerliches Gesetzbuch nebst **Einführungsgesetz. 13. Aufl. — 1921.** 20,— M
Erbschaftssteuergesetz vom 10. September 1919. **2. Aufl.** mit Ausführungsanweisung. 4,— M
Freiwillige Gerichtsbarkeit. — 1920. 12,— M
Handelsgesetzbuch nebst **Einführungsgesetz** und **Seerecht. 10. Aufl. — 1921.** 16,— M
Konkursordnung mit **Einführungsges. 2. Aufl. — 1915.** 1,30 M
Kriegsgewinnsteuer. — 1916. —,80 M
Die Kriegssteuergesetze. 2. Aufl. — 1917. 2,— M
Militärstrafgerichtsordnung m. **Einführungsges. — 1901.** 1,95 M
Militär-Strafgesetzbuch. 2. Aufl. — 1916. 1,55 M
Reichseinkommensteuer — Körperschaftssteuer — Kapitalertragssteuer — Landessteuer. 7,— M
Einkommensteuergesetz in d. Fassung d. Novelle v. 24 März 1921
Reichsfinanzgesetze von 1909. **— 1909.** 2,60 M
Reichsnotopfergesetz. 1,50 M
Reichsversicherungsordnung (Kranken-, Unfall-, Invaliden- und Hinterbliebenenversicherung). **20. bis 30. Tausend.** 6,— M
Strafgesetzbuch. — 1921. 8,— M
Strafprozeßordnung. 3. Aufl. — 1920. 12,— M
Umsatzsteuergesetz. — 1920. 3,— M
Verkehrs- u. Kohlensteuer u. Kriegssteuerzuschlag. — 1917. 2,— M
Verfassung des Deutschen Reiches v. 11. Aug. 1919 **2. Aufl.** 6,— M
Verfassung des Freistaates Preußen. 3,60 M
Versicherungsgesetz für Angestellte. — 1911. S **N.** 144 Vergriffen.
Wechselordnung mit Anhang: **Wechselprozeß und Ausführungsanweisung. — 1908.** 3,— M
Wehrbeitrag und **Besitzsteuer. — 1913.** 1,30 M
Zivilprozeßordnung mit **Gerichtsverfassungsgesetz** und **Einführungsgesetzen. 1921.** 18,— M
Zuwachssteuergesetz. — 1911. 1,05 M
— — **Ausführungsbestimmungen. — 1911.** —,80 M
Preuß. Ausf.-Anweis. zur **Gewerbeordnung. — 1904.** 2,90 M

Bänden noch ein Teuerungszuschlag des Verlages von 25 %.

Schlagwort-Register

R. = Nummer der Sammlung Deutscher **Reichs**gesetze.
P. = Nummer der Sammlung **Preußischer** Gesetze.
S. = Seite.

Schlagwort-Register. (R. = Reichsgesetz, P. = preuß. Gesetz.)

F.

G.

Schlagwort-Register. (R. = Reichsgesetz, P. = preuß. Gesetz.)

Schlagwort-Register. (R. = Reichsgesetz, P. = preuß. Gesetz.)

Schlagwort-Register. (R. = Reichsgesetz, P. = preuß. Gesetz.)

W.

Z.

Nachtrag

zu

Friedrichs, Die Gesetzgebung über die Allgemeine Landesverwaltung

und über die Zuständigkeit der Verwaltungs- und Verwaltungsgerichtsbehörden

Dritte Auflage

(Guttentagsche Sammlung Preußischer Gesetze Nr. 42)

Abgeschlossen 15. Februar 1932

S. 1. LVG. § 1:

Eingeführt in Waldeck durch Vdg. v. 15. 3. 1929 (GS. 11) Nr. (1) B I, 1.

S. 1. LVG. § 1:

Die Verwaltungseinteilung der Länder wird geändert werden laut

II. SparVdg. v. 23. 12. 1931 (GS. 293) § 10.

S. 3. LVG. § 4 Abs. 3:

Dasselbe Kollegium ist auch zuständig für die Kündigung von Beamten, KommBG. v. 30. 7. 1899 § 9 (2), und die Zustimmung zu gewissen Polizeiverordnungen, Polizeiverwaltungsgesetz v. 1. 6. 1931 (GS. 77) § 28 (1), § 29 (1). aber nicht § 27 (2), ferner für Gaststättensachen, Durchf.-Vdg. v. 18. 6. 1930 (GS. 117) unter I, 1 a.

S. 4. LVG. § 5:

Die amtliche Bezeichnung lautet jetzt: Hohenzollerische Lande, Vdg. StMin. v. 19. 11. 1928 (GS. 1929, 26).

S. 4. LVG. § 6:

Geändert durch PolVerwG. v. 1. 6. 1931 (GS. 77).

S. 5. LVG. § 7 Anm. 4:

Wiederholt in ZG. § 160 II und PolVerwG. v. 1. 6. 1931 (GS. 77) § 52.

S. 6. LVG. § 7 Anm. 6:

Neuere Zuständigkeiten: AusfVdg. v. 12. 3. 1926 zu § 87 des AngVersG. v. 28. 5. 1924 (GS. 120).

AusfVdg. v. 7. 11. 1930 zu § 18 des LuftverkehrsG. v. 1. 8. 1922 (GS. 281).

S. 7. LVG. § 8 Anm. 3:

Verbindung des Amtes mit dem des Regierungspräsidenten nach II. SparVdg. v. 23. 12. 1931 (GS. 293) § 10.

S. 7. LVG. § 8 Anm. 4:

Vizepräsident des Oberpräsidiums, PrBesoldG. v. 17. 12. 1927, Gr. A 1 a.

S. 8. LVG. § 10 Anm. 7:

Staatliche PolBehörden, PolVerwG. v. 1. 6. 1931 § 6.

S. 9. LVG. § 11 Anm. 2:

Vgl. G. v. 7. 10. 1925 (GS. 123) §§ 23—32.

S. 9. LVG. § 14 gilt in folgender Fassung, aus G. v. 11. 1. 1932 (GS. 9) Art. II:

§ 14. Die gewählten Mitglieder und stellvertretenden Mitglieder des Provinzialrats werden von dem Oberpräsidenten vereidigt und in ihre Stellen eingeführt.

Sie können aus Gründen, welche die **Dienstentlassung** eines Beamten rechtfertigen (§ 2 des Gesetzes vom 21. Juli 1852, betreffend die Dienstvergehen der nichtrichterlichen Beamten, Gesetzsamml. S. 465), im Wege des Disziplinarverfahrens ihrer Stellen enthoben werden.

Für das Disziplinarverfahren gelten die Vorschriften des genannten Gesetzes mit folgenden Maßgaben:

Die Einleitung des Verfahrens sowie die Ernennung des Untersuchungskommissars und des Vertreters der Staatsanwaltschaft erfolgt durch den Minister des Innern.

Disziplinargericht ist das [Plenum des] Oberverwaltungsgerichts; **der Vorsitzende des Senats bestellt den Untersuchungsführer.**

Anmerkung: Das Gesetz von 1852 ist ersetzt durch Beamtendienststrafordnung v. 27. I. 1932 (GS. 59).

S. 11. LVG. § 17:

Der Satz 2 hat seine Geltung verloren, vgl. oben § 8 Anm. 3.

S. 11. LVG. § 17 Anm. 4:

Besondere Zuständigkeiten: Fischerei-AusfAnw. v. 16. 3. 1918 (MinBlLandw. 52) §§ 119—123, in der Fassung des Erl. MinLandw. v. 16. 2. 1927 (MinBlLandw. 182) Nr. 9.

S. 12. LVG. § 20:

Bei Verbindung mit dem Oberpräsidium vertritt der Vizepräsident des Oberpräsidiums den Oberpräsidenten auch in seiner Eigenschaft als Regierungspräsident.

II. SparVdg. v. 23. 12. 1931 (GS. 293) § 10 (4).

S. 14. LVG. § 25:

Die Zahl 6 ist nicht mehr gesetzlich vorgeschrieben.

II. SparVdg. v. 23. 12. 1931 (GS. 293) § 10.

S. 17. LVG. § 30:

Satz 2 erweitert durch PolVerwG. v. 1. 6. 1931 § 49; vgl. nachstehend zu LVG. § 61.

S. 18. LVG. § 31 Anm. 3:

Das KriegsG. v. 13. 5. 1918 war am 11. 11. 1927 abgelaufen, ist aber als Dauergesetz mit rückwirkender Kraft wiederhergestellt worden durch

G. v. 3. 1. 1928 (GS. 1), Übergangsbestimmungen § 2, Einführung in Waldeck. Vdg. v. 15. 3. 1929 (GS. 11).

S. 18. LVG. § 32 gilt in der Fassung des G. v. 2. 1. 1932 (GS. 31) Art. II Nr. 2:

§ 32.

(1) Die gewählten Mitglieder und ihre Stellvertreter werden durch den Vorsitzenden vereidigt.

(2) Alle Mitglieder und ihre Stellvertreter einschließlich der Stellvertreter des Regierungspräsidenten unterliegen in dieser ihrer Eigenschaft den Vorschriften des Gesetzes, betreffend die Dienstvergehen der Richter, vom 7. Mai 1851 (Gesetzsamml. S. 218) **nach Maßgabe der folgenden näheren Bestimmungen:**

1. **Gegen gewählte Mitglieder kann nur auf Warnung, Verweis, Geldbuße bis zu einhundert Reichsmark oder Dienstentlassung erkannt werden.**
2. **Zuständig sind:**
   a) **im Falle des § 15 Abs. 2 Satz 2 der Minister des Innern;**
   b) **in den Fällen des § 17 der Minister des Innern, die Oberpräsidenten und die Regierungspräsidenten;**
   c) **im Falle des § 85 Satz 2 der Minister des Innern;**

d) im Falle des § 87 der Minister des Innern, die Oberpräsidenten, die Regierungspräsidenten und die Dienststrafgerichte.

3. In den Fällen des § 33 Abs. 2 und des § 89 Satz 1 wird der Untersuchungsführer vom Vorsitzenden des Dienststrafgerichts im Benehmen mit dem Regierungspräsidenten bestellt, zu dessen Bezirke das Bezirksausschußmitglied gehört.

4. Im Falle des § 91 wird der Beschluß dem Minister des Innern übersandt.

5. Dienststrafgerichte sind ein beim Oberverwaltungsgericht zu bildender Dienststrafsenat und als Berufungs- und Beschwerdegericht der beim Oberverwaltungsgericht zu bildende Große Dienststrafsenat.

6. Der Dienststrafsenat entscheidet in der Besetzung mit fünf Mitgliedern mit Einschluß des Vorsitzenden.

Vorsitzender ist ein Senatspräsident. Beisitzer sind zwei Mitglieder des Oberverwaltungsgerichts und zwei Bezirksausschußmitglieder.

7. Der Große Dienststrafsenat entscheidet in der Besetzung mit sieben Mitgliedern mit Einschluß des Vorsitzenden.

Vorsitzender ist der Präsident, im Falle seiner Behinderung ein Senatspräsident des Oberverwaltungsgerichts. Beisitzer sind drei weitere Mitglieder des Oberverwaltungsgerichts und drei Bezirksausschußmitglieder.

8. Für die Dienststrafgerichte können Mitglieder in größerer Zahl bestellt werden, als für die Entscheidung im Einzelfall erforderlich ist.

Soweit die Mitglieder der Dienststrafgerichte dem Oberverwaltungsgericht angehören müssen, werden

sie nach den für die Bildung der Senate beim Oberverwaltungsgericht geltenden Vorschriften durch das Präsidium des Oberverwaltungsgerichts, im übrigen auf die Dauer von fünf Jahren vom Staatsministerium ernannt.

Wird während der Amtszeit die Berufung neuer Mitglieder erforderlich, so werden diese für den Rest der Amtszeit bestellt.

9. Scheiden Dienststrafrichter aus dem ihrer Bestellung zugrunde liegenden Amte als Mitglieder des Oberverwaltungsgerichts oder des Bezirksausschusses aus, so erlischt auch ihr Amt als Dienststrafrichter.

10. Den Beamten der Staatsanwaltschaft bestellt der Minister des Innern.

Das Gesetz von 1851 ist ersetzt durch die Dienststrafordnung v. 27. I. 1932 für die richterlichen Beamten (GS. 79). Die neuen Paragraphenzahlen sind einkorrigiert.

S. 19. Anm. 1:

Anwendbar auf den Bergausschuß BergG. § 194 a VII in Verb. mit Art. V der Richter-DiszNovelle v. 11. 1. 1932, ebenso auf den Verbandsrat des Siedlungsverbandes Ruhrkohlenbezirk, G. v. 5. 5. 1920 (GS. 286) § 26 (4).

Die Anm. 2—4 fallen weg.

S. 19. LVG. § 33:

Die eingeklammerten Stellen sind endgültig weggefallen, vgl. oben § 31 im Nachtrag.

S. 21. LVG. § 36:

Verminderung der Zahl der Kreise, II. SparVdg. v. 23. 12. 1931 § 10.

Gemeinsamer Landrat des Kreises Bomst (Reg.-Bez. Schneidemühl) und des Kreises Züllichau-Schwiebus (Reg.-Bez. Frankfurt a./O.).

AusfAnw. MinInn. v. 21. 7. 1922 (MinBlInn. 767) zu § 4 Abs. 5.

S. 23. LVG. § 38:

Wegen der Fassung des Abs. VI vgl. Perlia in RuPrVBl. 1930, 432.

S. 24. LVG. § 39:

Gestrichen durch VerwDiszNovelle v. 11. 1. 1932 (GS. 9) Art. II, ersetzt durch Beamtendienststrafordnung v. 27. 1. 1932 (GS. 59) § 98.

S. 25. LVG. § 42:

Ergänzt durch PolVerwG. v. 1. 6. 1931 § 4:

§ 4.

Der Polizeipräsident in Berlin vereinigt in sich die Zuständigkeit der Landes-, Kreis- und Ortspolizeibehörden, soweit nicht die Verwaltung einzelner Zweige der Polizei dem Oberbürgermeister in Berlin übertragen ist oder durch den Minister des Innern im Benehmen mit dem fachlich zuständigen Minister übertragen wird.

Der Text wird wiedergegeben nach der amtlichen Berichtigung (GS. 1931, 136): „in Berlin“ statt „von Berlin“.

Vgl. dazu PolVerwG. § 26.

S. 30. LVG. § 47:

Aufgehoben durch G. v. 11. 1. 1932 (GS. 9) Art. II.

S. 31. LVG. § 50:

Abs. III aufrechterhalten in PolVerwG. v. 1. 6. 1931 § 11.

S. 33. LVG. § 52:

Vgl. PolVerwG. v. 1. 6. 1931 § 45.

S. 33. LVG. § 52:

Die Wiedereinsetzung ist auch zulässig bei Versäumung der Beschwerde gegen eine polizeiliche Verfügung.

AusfBest. v. 1. 10. 1931 zu PolVerwG. § 62 (MinBl. Inn. 939) Nr. 6.

S. 34. LVG. § 53:

Für polizeiliche Verfügungen ersetzt durch PolVerwG. v. 1. 6. 1931 § 53; vgl § 57 (4).

S. 34. LVG. § 53 Anm. 1 b:

Die Worte „§ 123 VI und“ sind zu streichen; vgl. Anm. 4 S. 35.

S. 35. LVG. § 54:

Im Verwaltungsstreitverfahren entscheidet der Bezirksausschuß in zweiter Instanz in Gaststättensachen, einerlei ob er durch Klage, Berufung oder Beschwerde angerufen wird, auch in erster Instanz kann das Verwaltungsstreitverfahren verlangt werden, DurchfVdg. v. 18. 6. 1930 (GS. 117) unter I 1.

S. 41. LVG. § 61:

Geändert durch PolVerwG. v. 1. 6. 1931 § 49 Satz 2:

§ 49.

... **Sofern ein Mitglied des Bezirksausschusses bei der Bearbeitung der anhängigen Angelegenheit beteiligt gewesen ist, gilt es als behindert.** ...

S. 43. LVG. § 63 Anm. 2:

Die Ausnahme § 129 II ist weggefallen. Die Klage aus PolVerwG. § 49 ist beim zuständigen Gericht einzureichen.

S. 43. LVG. § 64:

Anwendung zweifelhaft wegen des Verfahrens vor dem Bezirksausschuß in Gaststättensachen, DurchfVO. v. 18. 6. 1930 (GS. 117; Friedrichs, GaststättenG. 112) unter I 1. Unzweifelhaft aber entscheiden Bezirksausschuß und Oberverwaltungsgericht nach § 49 PolVerwG. v. 1. 6. 1931 in erster Instanz; anders Lassar in RuPrVBl. 1931, 588.

S. 44. LVG. § 64 Anm. 3:

Das G. v. 13. 5. 1918 ist Dauergesetz, vgl. § 31 Anm. 3 im Nachtrag.

S. 45. LVG. § 67 Anm. 3:

Dauergesetz, vgl. § 31 Anm. 3 im Nachtrag.

S. 48. LVG. § 71:

Die Absätze sind unrichtig gezählt.

S. 52. LVG. §§ 75, 76:

Dauergesetz, vgl. § 31 im Nachtrag.

S. 61. LVG. § 93 II:

Keine Umdeutung in Reichsmark.
OVG. in RuPrVBl. **48**, 409.

S. 66. LVG. § 103 Anm. 5:

RAGebO. v. 5. 7. 1927 (RGBl. I 162).

S. 67. LVG. § 106 Anm. 3:

Der Kostentarif ist vom 24. 12. 1926.

S. 69. LVG. § 108:

Dauergesetz, vgl. § 31 des Nachtrags.

S. 72. LVG. § 113:

Einführung in Waldeck durch Vdg. v. 15. 3. 1929 (GS. 12).

S. 75. LVG. § 117:

Kein Vorbescheid zulässig als Zustimmung zu einer Polizeiverordnung.

PolVerwG. v. 1. 6. 1931 § 25 (4), § 26 (3), § 27 (2).

S. 77. LVG. § 121:

Es ist streitig, ob die Beschwerde auch zulässig sei gegen Beschlüsse, durch die die Zustimmung zu einer Polizeiverordnung abgelehnt wird.

PolVerwG. v. 1. 6. 1931 § 26 (3), § 27 (2) (3).

S. 82. LVG. § 126:

Anwendbar auch gegen Beschlüsse über die Zustimmung zu einer Polizeiverordnung.

PolVerwG. v. 1. 6. 1931 § 25 (4), § 26 (2), § 27 (2).

S. 84. LVG. §§ 127—130:

Die §§ 127—130 sind, soweit sie sich auf die Polizeibehörden beziehen, also im ganzen Umfang, aufgehoben durch PolVerwG. v. 1. 6. 1931 § 79, m. Es sind:

LVG. § 127 I ersetzt durch PolVerwG. §§ 45, 47,
LVG. § 127 II ersetzt durch PolVerwG. § 49,
LVG. § 128 weggefallen,
LVG. § 129 I, II weggefallen,
LVG. § 129 III ersetzt durch PolVerwG. § 45 (1), § 49 (1),
LVG. § 129 IV, V weggefallen,
LVG. § 130 ersetzt durch PolVerwG. § 47 (2), e.

S. 89. LVG. §§ 132, 133:

Aufgehoben, soweit sie sich auf die Polizeibehörden beziehen, durch PolVerwG. v. 1. 6. 1931 § 79 m, ersetzt durch PolVerwG. §§ 55—57.

S. 94. LVG. §§ 136—145:

Aufgehoben, soweit sie sich auf die Polizeibehörden beziehen, also im vollen Umfang, durch PolVerwG. v. 1. 6. 1931 § 79 m. Es sind:

LVG. § 136 ersetzt durch PolVerwG. § 25 (1) (2),
LVG. § 137 ersetzt durch PolVerwG. § 25 (3) (4),
LVG. § 138 III weggefallen,
LVG. § 139 ersetzt durch PolVerwG. § 25 (4), § 26 (3),
LVG. § 140 ersetzt durch PolVerwG. §§ 32, 35,
LVG. § 141 ersetzt durch PolVerwG. § 36,
LVG. § 142 ersetzt durch PolVerwG. § 27,
LVG. § 143 ersetzt durch PolVerwG. §§ 28, 29,
LVG. § 144 II ersetzt durch PolVerwG. § 35,
LVG. § 145 ersetzt durch PolVerwG. § 38.

S. 104. LVG. § 157:

Nr. 2 aufgehoben durch VerwDiszNov. v. 11. 1. 1932 (GS. 9) Art. II, ersetzt durch Beamtendienststrafordnung v. 27. 1. 1932 (GS. 59) §§ 90—103.

S. 107. ZG.:

Eingeführt in Waldeck durch Vdg. v. 15. 3. 1929 (GS. 11).

S. 109. ZG. § 6:

Vereinigung ländlicher Gemeinde- und Gutsbezirke bezüglich der Verwaltung der Polizei mit dem Bezirke einer Stadt nach Inkrafttreten des PolVerwG. v. 1. 6. 1931 nicht mehr zulässig.

S. 118. ZG. § 17:

Nr. 4 ausgedehnt durch I. SparVdg. v. 12. 9. 1931 (GS. 179, 200) Teil IV Kap. I § 2.

S. 120. ZG. § 20:

Abs. I, II aufgehoben durch VerwDiszNov. v. 11. 1. 1932 (SG. 9) Art. IV § 11 Nr. 1, ersetzt durch Beamtendienststrafordnung v. 27. 1. 1932 (GS. 59) §§ 90—103.

S. 123. ZG. § 24:

Die früheren Bürgermeistereien in der Rheinprovinz heißen jetzt Ämter, G. v. 27. 12. 1927 (GS. 211) § 2. Die Aufhebung der Gutsbezirke ist durchgeführt.

S. 131. ZG. § 32 Anm. 5:

Die Bestimmung ist nach KommBG. § 19 Nr. 1 noch anwendbar auf die (Land-) Bürgermeister, KrO. westf. § 27 II; rhein. § 24 VI, und die Gemeinde- und Amtsvorsteher, LGO. westf. §§ 44, 73; GO. rhein. §§ 79, 106. Im übrigen gelten für die Unterbeamten der Ämter und für alle Beamten der Gemeinden KommBG. § 18 III, alles wesentlich beeinflußt durch die Gleichstellungsgesetzgebung, seit 8. 7. 1920, jetzt I. SparVdg. v. 12. 9. 1931 (GS. 179, 200) Teil IV Kap. II.

S. 132. ZG. § 33:

Nr. 4 aufgehoben durch I. SparVdg. v. 12. 9. 1931 (GS. 179, 200) Teil IV Kap. I § 2.

S. 134. ZG. § 36:

Abs. I, II aufgehoben durch VerwDiszNov. v. 11. 1. 1932 (GS. 9) Art. IV § 11.

S. 137. ZG. § 39 Anm. 1:

Die AusfVdg. zur FürsVdg. ist mehrfach geändert, zuletzt durch Vdg. v. 31. 7. 1931 (GS. 137).

S. 147. ZG. §§ 55, 56:

Die Zuständigkeit ist verschoben:

Verordnung vom 1. Oktober 1931 zur Regelung der Zuständigkeit der Landes- und Kreispolizeibehörden (GS. 231).

Auf Grund des § 3 Abs. 5 des Polizeiverwaltungsgesetzes vom 1. Juni 1931 (Gesetzsamml. S. 77) wird im Benehmen mit den zuständigen Ministern folgendes bestimmt:

§ 1.

Die Landespolizeibehörden (§ 3 Abs. 1 PVG.) sind zuständig:

f) **für die Angelegenheiten der Chaussee-Baupolizei.**

§ 2.

Die Kreispolizeibehörden (§ 3 Abs. 2 PVG.) sind zuständig für Angelegenheiten der Chausseepolizei in Ortspolizeibezirken mit weniger als 5000 Einwohnern.

§ 4.

Unberührt bleiben die Zuständigkeitsregelungen, die durch Gesetze, Verordnungen, Ausführungsbestimmungen zu Gesetzen, Kabinettsorders oder Erlasse getroffen sind, sofern diese in den älteren preußischen Provinzen nach dem 1. Januar 1850, in den neueren preußischen Provinzen und Helgoland nach deren Vereinigung mit Preußen erlassen sind.

In Kraft geblieben ist also wohl LandwegeG. v. 15. 3. 1923 für Wiesbaden (GS. 67) § 8. Die Vdg. läßt erkennen, daß die Wegepolizei nicht der Sonderpolizei, sondern der ordentlichen Polizei angehört. Daher sind die §§ 55, 56 ZG. durch PolVerwG. v. 1. 6. 1931 aufgehoben, zwar nicht mit Namen, aber unter der Generalklausel § 79 (2). Ersetzt sind:

§ 55 Satz 2, 3 durch PolVerwG. §§ 53, 55—57,
§ 6 durch PolVerwG. §§ 45—53.
Anders: OVG. in R. u. PrVBl. 1932, 72.

S. 151. ZG. § 57:

Abgesehen von dem Übergang der Zuständigkeit nach Vdg. v. 1. 10. 1931 (GS. 231) § 1 f, § 2 durch Pol.-VerwG. v. 1. 6. 1931 nicht berührt, da Zurückweisung des Einspruchs und Einziehung des Weges keine polizeilichen Verfügungen sind.

S. 152. ZG. § 58:

Nicht berührt durch PolVerwG. v. 1. 6. 1931. Aber Nr. 3 soll durch ZwVerbG. v. 19. 7. 1911 aufgehoben sein, Germershausen-Seydel, Wegerecht **1**, 275.

S. 154. ZG. § 60:

Durch das PolVerwG. v. 1. 6. 1931 nicht berührt. Die Aufhebung der Nr. 3 wird bezweifelt, Germershausen-Seydel, Wegerecht **1**, 275.

S. 156. ZG. § 63:

Zu Nr. 2. Zustimmend Germershausen-Seydel, Wegerecht **1**, 275.

S. 158. Vorbem. vor § 66:

Die §§ 68, 75, 76 der WiesenO. für den Kreis Siegen sind aufgehoben durch Beschl. v. 10. 12. 1931 (GS. 301).

S. 161. ZG. § 105:

Die Nr. 2, 3 werden vom OVG. **83**, 351 in einer hannoverschen Sache als gültig angewandt; sie lauten:

2. Bildung von gemeinschaftlichen Jagdbezirken, Anschluß von Grundstücken an einen gemeinschaftlichen Jagdbezirk oder Ausschluß von Grundstücken aus einem solchen,

3. Ausübung der Jagd auf fremden Grundstücken, welche von einem größeren Walde oder von einem oder mehreren selbständigen Jagdbezirken umschlossen sind, sowie die den Eigentümern der Grundstücke zu gewährende Entschädigung.

S. 167. ZG. § 113:

Die Beschwerde ist an eine Frist von zwei Wochen gebunden, GewO. § 20.

S. 167. ZG. § 114:

Die Erlaubnis zum Betriebe der Gastwirtschaft oder Schankwirtschaft oder zum Kleinhandel mit Branntwein oder Spiritus fällt jetzt unter GaststättenG. v. 28. 4. 1930 (RGBl. I 146); PrDurchfVdg. v. 18. 6. 1930 (GS. 117); AusfBest. v. 5. 6. 1930 (MinBlInn. 541) in der Fassung v. 25. 9. 1930 (MinBlInn. 860).

S. 173. ZG. § 119:

Zu Nr. 2 vgl. den Nachtrag zu § 114.

S. 197. ZG. § 161:

In der vorletzten Zeile ist ein Druckfehler: statt § 20 Abs. 2 ist § 20 Abs. 4 zu lesen. An die Stelle der Worte „§ 20 Abs. 4" treten die Worte „§ 20 Abs. 7" und an die Stelle der Worte „des Gesetzes vom 17. Februar 1926 (Gesetzsamml. S. 79)" die Worte „der Verordnung vom 31. Juli 1931 (Gesetzsamml. S. 137)", vgl. die gedachte Vdg. Art. 2.

S. 205. VerwRechtsratsG.:

Eingeführt in Waldeck durch Vdg. v. 15. 3. 1929 (GS. 13).

S. 208. VerwRechtsratsG. § 13:

Gestrichen durch VerwDiszNov. v. 11. 1. 1932 (GS. 1) Art. IV § 9 Nr. 7.

S. 211. VerwZwVdg.:

Eingeführt in Waldeck durch Vdg. v. 15. 3. 1929 (GS. 12).

S. 213. VerwZwVdg. § 2:

Vgl. VergleichsO. v. 5. 7. 1927 § 32.

S. 215. VerwZwVdg. § 4:

Abs. IV erhält durch Vdg. StMin. v. 8. 5. 1931 den Zusatz:

„Sie können die Verrichtung der Vollstreckungsbehörde, falls sich Mängel in der Ausführung der Vollstreckung zeigen, einer anderen Behörde übertragen."

S. 217. VerwZwVdg. § 7:

Die RAO. ist am 22. 5. 1931 neu verkündet, die einschlägigen Paragraphenzahlen sind sämtlich geändert.

S. 218. VerwZwVdg. § 10:

Abs. III lautet nach der Vdg. v. 9. 12. 1927 (GS. 204) Art. 4:

„Die **dem Urkundsbeamten der Geschäftsstelle und dem Gerichtswachtmeister** obliegenden Geschäfte werden von den dazu bestimmten Beamten wahrgenommen."

S. 229. VerwZwVdg. § 35 Anm. 3 lies:

Vgl. ZPO. § 827.

S. 234. VerwZwVdg. § 46:

Der § 46 lautet nach der Vdg. v. 8. 5. 1931 (GS. 63):

§ 46. Die Verbote und Beschränkungen, die für die Pfändung von Forderungen und Ansprüchen nach der Zivilprozeßordnung (§§ 850—852) und anderen reichsrechtlichen Vorschriften bestehen, gelten auch für das Verwaltungszwangsverfahren. **Sie gelten für das Verwaltungszwangsverfahren nicht, soweit § 4 Nr. 2 des Reichs-**

gesetzes, betreffend die Beschlagnahme des Arbeits- oder Dienstlohns, vom 21. Juni 1869 (Bundesgesetzbl. S. 242, Reichsgesetzbl. 1871 S. 63) Ausnahmen zuläßt.

Bei der Einziehung von Disziplinarstrafen und von solchen Zwangsstrafen, welche durch die vorgesetzte Dienstbehörde festgesetzt sind, **sowie in den Fällen des § 4 Nr. 2 des Reichsgesetzes vom 21. Juni 1869** unterliegt die Pfändung des Diensteinkommens und der Pension der Zivilbeamten, der Geistlichen sowie der Ärzte und Lehrer an öffentlichen Anstalten keinen Beschränkungen. Die zur Bestreitung eines Dienstaufwandes bestimmten Einkünfte sind auch in diesem Falle der Pfändung nicht unterworfen.

S. 234. VerwZwVdg. § 46 Anm. 2:

Die Geltungsdauer der Vdg. über Lohnpfändung ist bis zum 30. 6. 1932 verlängert worden.

Vdg. RPräs. v. 23. 12. 1931 (RGBl. I 779, 786) Teil VII § 2.

S. 248. VerwGerG.:

Eingeführt in Waldeck durch Vdg. v. 15. 3. 1929 (GS. 11).

S. 255. VerwGerG. § 30 a:

Der Satz 2: „Die Einleitung ... Oberverwaltungsgericht" aufgehoben durch VerwDiszNov. v. 11. 1. 1932 (GS. 9, 28) Art. IV § 10 Nr. 5.

S. 257. G. v. 8. 5. 1889:

Der § 1 lautet jetzt dauernd:

Zur Entscheidung in denjenigen auf Entfernung aus dem Amte gerichteten förmlichen Disziplinaruntersuchungen, in denen die Gesetze hierzu das Plenum des Oberverwaltungsgerichts oder das Oberverwaltungsgericht berufen, **sind der Erste oder der Neunte** Senat dieses Gerichtshofs zuständig.[1])

Die Entscheidung auf Klagen, welche die Verhängung von Ordnungsstrafen zum Gegenstande haben, steht bei dem Oberverwaltungsgerichte dem Ersten **oder dem Neunten** Senate desselben zu.

Bezüglich der Mitglieder des Oberverwaltungsgerichts bewendet es auch fernerhin bei den §§ 21, 22 und 24 des Gesetzes, betreffend die Verfassung der Verwaltungsgerichte usw., vom 3. Juli 1875 / 2. August 1880 (Gesetzsamml. von 1880 S. 328).

S. 260. Vdg. v. 26. 7. 1880 Art. 1.

Anm. 2: Vgl. G. v. 20. 3. 1928 über das Verfahren in Versorgungssachen (RGBl. I 71); ReichsversorgungsG. v. 22. 12. 1927 (RGBl. I 515).

S. 261. G. v. 12. 6. 1889:

Nicht ausdrücklich aufgehoben in PolVerwG. v. 1. 6. 1931, aber der § 3 ist aufgehoben und ersetzt durch PolVerwG. § 26 (2) (3) (4), und der übrige Inhalt hat durch §§ 22, 23 PolVerwG. an Bedeutung verloren.

S. 265. Vdg. v. 31. 12. 1883 § 2 Anm. 2:

Vgl. Internat. Abk. v. 23. 7. 1925 (RGBl. II 672) Art. 10.

---

[1]) KriegsG. v. 13. 5. 1918 (GS. 53) Art. 8, G. v. 3. 1. 1928 (GS. 1), G. v. 29. 7. 1929 (GS. 85).

MIX
Papier | Fördert gute Waldnutzung
FSC® C083411

Kolibri 360 GmbH
Ferdinand-Jühlke-Straße 7
99095 Erfurt, Deutschland
produktsicherheit@kolibri360.de